主编 朱勇
副主编 范红娟
编者 郎亚鲜　王若琳
　　　王童瑶　周鑫
　　　王震华　罗丽鹃
　　　任超凡　唐艳
　　　迟晓雪　张德天

跨文化交际
案例与分析

KUAWENHUA JIAOJI ANLI YU FENXI

Intercultural Communication
Cases and Analyses

高等教育出版社·北京

前言

随着全球化时代的到来，不同国家人群之间的跨文化交际日趋密切。加强培养具有跨文化能力的国际化人才已成为世界高等教育界的共识。以汉语国际教育专业硕士为主体的汉语教师志愿者遍布全球，他们代表着中国的形象，肩负着传授汉语与促进中国文化走出去的使命。志愿者的跨文化交际能力对其工作与生活有着重要影响。志愿者不但要具备良好的汉语语言知识、教学技巧以及目的国语言等能力，更要具备一定的跨文化交际能力。适应新的文化环境、有效而得体地与来自不同文化背景的人交往、在异国他乡顺利完成教学任务都是他们面临的一系列现实挑战。比如在澳大利亚，"现有的母语为汉语背景的教师，跨文化交流障碍是他们在学校工作中面临的最严重的问题，尤其是有些汉语教师不知道如何与澳大利亚当地的学生、同事、学生家长进行交流和沟通，造成一些澳大利亚学校不愿聘用母语为汉语的教师的倾向。"（陈申，2015:43）由此可见，对志愿者进行跨文化交际能力的培养刻不容缓。

跨文化知识、理论的学习有助于跨文化能力的提高。因为在掌握了一定的跨文化知识后，跨文化敏感度就会有所提升。而跨文化敏感度高的人具备更发达的文化识别体系。因此，经验丰富的旅行者能观察到非言语语言或沟通方式的细微差异，而幼稚的旅行者只注意到钱币、食物或卫生间的不同。区分文化差异的类别体系越复杂和成熟，理解就会越具有跨文化敏感性。良好的跨文化敏感度能够增强跨文化能力的潜能（贝内特，2012:13）。

国际汉语教育学科的发展起步比较晚，虽然对于汉语国际教育专业的学生来说，跨文化交际是一门必修课，但仅仅学习理论性知识，缺乏实践性知识，他们出国任教后大多只能在海外跨文化环境中磕磕绊绊地前行。但是，如果能够将这些"磕磕绊绊"的跨文化经历记录下来并整理分析，必将让后来者少走弯路。

案例培训的意义近年来在国际汉语教育学科已经得到了广泛认可。案例是由问题驱动而成的，具有丰富的细节、语境。案例代表了许多复杂和矛盾的问题、两难的困境及在某时某地向某人传授某些内容的复杂性。因此，如能以案例作为学习资源，可使学生与实际生活产生"认知相似性"（perceived similarity）。案例教学法提供了充分的想象活动（imaginative activity），通过情境模拟促进内在的模仿，从而内化理论，有助于学习者对知识和理论的实际应用（张民杰，2006:5）。希望本书能够部分缓解目前跨文化案例类资源短缺的困境，并唤起更多同行关注跨文化案例的搜集、整理和分析工作，为提升从业者的跨文化能力开辟一条新的路径。

不过这里要特别提醒的是，学习跨文化知识和理论切不可教条主义，面对具有特殊性的跨文化交际情境不能用一般性的跨文化理论去生搬硬套。世界上没有两片完全相同的树叶，同样，人们遇到的跨文化问题也不太可能一模一样。因此教条主义或者思维定式都会带来问题，导致跨文化交际的失败。跨文化案例都具有个体性、特殊性，读者朋友必须在相关跨文化理论的指导下，将个别上升到一般，从而用理论指导实践，举一反三地去解决跨文化交际中的问题。

跨文化交际的影响因素很多，对跨文化案例的分析也具有一定的主观性。因为除了跨文化因素外，交际双方的年龄、性别、性格、心情等个性化因素也会影响交际能否成功，所以我们的分析只是提供了一种或几种可能性，分析难免会有疏漏之处。

本书的适用对象

本书既可以作为教材或培训材料使用，也可以作为课外阅读资源，主要适用于汉语国际教育专业、外语专业的学生，外派教师，汉语教师志愿者，以及报考《国际汉语教师证书》和需要提升跨文化能力的人士等。

本书的内容体例

本书共分八章，分别是：文化模式和价值观、跨文化交际的心理与态度、跨文化的语言交际、跨文化的非语言交际、跨文化适应、跨文化人际交往、跨文化的国际汉语教学、跨文化的国际汉语教学管理。每一章前有"引言"，后有"思考题"，中间是"跨文化案例与分析"。"引言"部分主要是对本章涉及的跨文化理论做一个概述，帮助读者自上而下地宏观把握；"思考题"包括"问答题"和"实战题"两部分，"实战题"是针对一些篇幅不长的跨文化案例的实战讨论（扫描右侧二维码可查看各章"思考题"参考答案）；"跨文化案例与分析"包括四大版块：跨文化案例、理论聚焦、案例分析和延伸阅读。

跨文化案例。 本书共有71个跨文化案例，有些案例由2～3个小案例组成，大小案例共102个（另外，课后实战题有23个小案例，全书合计125个案例）。这些案例主要来自在海外27个国家任教的64位教师的跨文化日志，是珍贵的跨文化交际的第一手资料，问题意识突出，可读性强。

理论聚焦。该版块的主要目的是凸显本案例中的跨文化交际理论（或相关理论），帮助读者适当聚焦，系统掌握跨文化交际理论。

案例分析。该版块是对跨文化案例本身进行分析，指出案例中的教师在工作、生活中遇到的各种跨文化问题，分析其优点或不足，并提出相应的建议或对策。分析一般都结合有关的跨文化理论展开，希望有效帮助读者实现跨文化理论与跨文化实践之间的互动。

延伸阅读。该版块是参考性文献，旨在为读者提供针对性较强的论文、著作等资源，进一步消化案例中涉及的跨文化等理论。对于引用较多的文献，我们统一放置在全书最后的"参考文献"部分。

本书的合作分工

全书由朱勇策划、统稿，范红娟老师协助审阅。提供跨文化案例较多的作者有王若琳、方洁和杨档，参与案例分析的主要作者有范红娟、郎亚鲜、姜蕴、林佳佳、王玮琦等。北京外国语大学中文学院对外汉语教学理论方向2015级、2016级和2017级的硕士生同学，他们大多选修了"跨文化交际案例与理论分析"课程，2016级和2017级不少同学还参与了跨文化案例的分析工作。课堂上我们先学习跨文化理论，再尝试用理论来分析跨文化案例，然后课堂上集体讨论，经过师生多轮次修改、不断完善后形成部分初稿。

由于本人水平有限，书中或许存在一些问题，敬请读者朋友批评指正，联系邮箱：zhuyong@bfsu.edu.cn。谢谢！

朱 勇

2018年5月

目录

绪论   1

第一章
文化模式和价值观

案例 1	"独来独往"还是"结伴而行"？	13
案例 2	屈原之死：Sad or Silly?	17
案例 3	"人之初，性本善"？	20
案例 4	那是我的隐私	23
案例 5	性别的划分	26
案例 6	对母亲的"声讨"	30
案例 7	到底应该在什么时候工作？	33
案例 8	澳大利亚式"震撼"	37

第二章
跨文化交际的
心理与态度

案例 9	刻板印象	47
案例 10	如此中国印象	53
案例 11	我所知道的"江陵端午祭"	59
案例 12	生育观念与政策	63
案例 13	不一样的"烟火"	68
案例 14	你家有几口人？	74
案例 15	种族问题无小事	78
案例 16	排外情绪	84
案例 17	同一个中国	88
案例 18	信仰不同会影响交流吗？	93
案例 19	你不可以这样	99

v

第三章
跨文化的语言交际

案例 20	不到黄河不死心	107
案例 21	"安静"的笑话	110
案例 22	"胖"的禁忌	112
案例 23	如何称呼外国人？	116
案例 24	尊重	119
案例 25	称呼学生"您"	124
案例 26	如何有礼貌地交际？	127
案例 27	国民招呼语：How are you?	131
案例 28	语言的力量	134

第四章
跨文化的非语言交际

案例 29	抱起手来	143
案例 30	频繁的鞠躬礼	147
案例 31	坐前排还是坐后排	150
案例 32	提前15分钟该不该	154
案例 33	时间观念各不同	158
案例 34	尴尬的贴面礼	164
案例 35	我该守时吗？	168

第五章
跨文化适应

案例 36	供品与蚂蚁	175
案例 37	你今年多大了？	180
案例 38	您可以试试我们的衣服吗？	184
案例 39	我在泰国的不适应	189
案例 40	合情还是合理	193
案例 41	萝卜青菜，各有所爱	199
案例 42	中澳夸奖各不同	205

第六章
跨文化人际交往

案例 43	我该什么时候说再见？	212
案例 44	感谢你们教会我AA制	217
案例 45	你们的热情让我很不适应	221
案例 46	长幼有序，尊卑有别	225
案例 47	如何更好地与同事相处	230
案例 48	我的澳大利亚住家	233

第七章
跨文化的国际汉语教学

案例 49	等老师与迎学生	243
案例 50	如何与学生家长"周旋"？	246
案例 51	师生亲疏关系	251
案例 52	有人听课要不要告诉学生？	256
案例 53	如何表扬学生？	259
案例 54	"五行学说"是哪国发明的？	263
案例 55	加泰罗尼亚不是西班牙的吗？	267
案例 56	不爱竞争爱合作	272
案例 57	跨文化教学中的"地雷"	276
案例 58	我该完全听你的吗？	282
案例 59	中国人会夹走我碗里的东西吗？	286

第八章
跨文化的国际汉语教学管理

案例 60	请不要叫我"梅"	295
案例 61	该不该打断助教和学生的对话？	298
案例 62	文化不同引冲突	302
案例 63	学会管理课堂	306
案例 64	遭遇女权主义	311
案例 65	危险的橙子	314
案例 66	不一样的美国高中	318
案例 67	我在蒙古教汉语	323
案例 68	对儿童的特殊保护	327
案例 69	特殊儿童	332
案例 70	课堂中的"特殊"小朋友	336
案例 71	饺子，没你不行	340

参考文献　　　　　　　　　　　　　　　347
后　　记　　　　　　　　　　　　　　　350

绪　论

20世纪50年代，美国与世界各国交往增多，美国人援外的机会大增。但由于相关人员缺乏必要的跨文化培训，许多人无法胜任这类跨文化援助工作。这段历史对当下的中国应该是前车之鉴。目前中国国力大增，提升中国的国际形象意义重大，提高国人的跨文化能力则是一项现实课题。

随着2004年世界上第一所孔子学院的成立，"汉语热"已成燎原之势。截至2017年底，全球范围内已建成525所孔子学院，1 113个孔子课堂。孔子学院和孔子课堂为世界各国民众学习汉语、了解中华文化发挥了积极作用，也为推进中国同世界各国人文交流、促进多元的世界文明发展做出了重要贡献。大批的中方管理人员、汉语教师以及志愿者奔赴世界各地，传播汉语和中华文化。仅2015年，孔子学院总部就派出中方院长、汉语教师及志愿者16 100人，其中汉语教师志愿者人数为9 048人。志愿者主要从国际汉语、汉语言文学、外语等文科专业的在读研究生、本科以上应届毕业生中招募、选拔，主体为汉语国际教育专业硕士。

汉语教师志愿者是汉语国际传播的主力军。他们在世界范围内展示着汉语的魅力和中国文化的精彩，近距离展现着中国形象。对志愿者而言，适应新的文化环境、有效而得体地与不同文化的人交往、在跨文化环境中顺利完成国际汉语推广任务，都是非常现实的挑战，而他们的跨文化交际能力则是重要的影响因素。要想在海外成功传播中国文化，不仅需要扎实的语言功底、丰富的文化知识、灵活的教学技巧，还需要有较强的跨文化交际能力。刘延东在第九届孔子学院大会上的主旨报告中提出，希望孔子学院"与所在国家的文化环境相交融，贴近当地民众思维、习惯、生活的方式，提高跨文化交际能力，让孔子学院成为不同文化相互了解、不同国度人民相互走近的窗口"。

下面我们将从跨文化交际的主要类型和跨文化能力提升的对策等角度进行具体阐述。

一、跨文化交际问题的类型

跨文化交际问题主要包括语言障碍、文化差异、个体差异和工作环境等类型，本小节我们根据对多个国别（澳大利亚、意大利、波兰、西班牙、匈牙利、泰国、蒙古、尼泊尔等）的汉语教师志愿者进行访谈的记录，并结合志愿者的日志和相关案例予以举例性说明。

（一）语言障碍

语言是人类进行信息交流与沟通的主要手段，语言能力是跨文化交际能力的重要组成部分。当两种彼此难以理解的语言相遇而形成一个强大的语言障碍时，双方间的共同语言就显得尤为重要（Selmer，2006）。语言不通会给志愿者与当地人交际造成重重障碍。

语言障碍与交际广度。语言不通是志愿者交际圈狭小的一个重要原因。志愿者的主要交际圈包括外方同事、合作教师和学生。跨文化交际一般会选择一种语言作为载体进行沟通，操当地语言者往往在语言上占优。比如说，有的志愿者不懂意大利语，他们在与意大利人沟通中，需要集中注意力去听或不停地去猜，然后想尽语言或非语言的各种方式给予回应。

语言障碍与话题深度。因为语言的问题，很多志愿者无法做到维持较长的话轮，交际往往浅尝辄止、难以深入。

"……因为话题不是很深，也没有太难的词汇。太深的话题我真的也不会，比如有澳大利亚人问我中国的宗教信仰之类的问题，说到'儒家、道家、中医'之类的，我也说不明白。我对这些本来也没有太深的了解，用英语就更不会说了。"

语言障碍与讯息技巧。讯息技巧主要指在跨文化交际过程中有效利用语言和非语言传达信息的能力。我们发现，志愿者讯息技巧缺乏的主因也是语言障碍。志愿者不会说当地语言（如匈牙利语、波兰语和意大利语等），与当地人交流主要依靠英语和非言语行为。虽然有志愿者后来逐渐可用少量当地语言进行沟通，但不管是英语还是当地语言，志愿者都表示沟通困难一直存在。语言不精通导致信息无法准确传递。此外，即便使用同一媒介语，交流过程中因为社会生活、文化、习惯等的差异，双方的表达可能也会有很大差别，还是无法有效进行跨文化沟通。

语言障碍与交际信心。语言障碍一定程度上也影响了志愿者的交际信心，中外双方交流互动时，志愿者常常没有很大把握。

"我觉得没有把握，主要还是语言的问题吧，像每次去意大利的邮局寄东西或者办什么事情之前，我都挺担心的，担心自己说不清楚。平时生活中我有时也尝试着主动跟意大利人沟通，比如跟邻居聊上几句呀，但最后都因为听不懂而尴尬收尾。我发现意大利人真的很能说，我问一个简单的问题，他会噼里啪啦地回答一大堆，我顿时就傻眼了，只能回一句'我听不懂'，然后对方就没了再跟我聊下去的意愿，后来除了简单地打招呼，我就不再主动说意大利语了。"

志愿者掌握了一些当地语言，可以满足日常生活需要，但多停留在简单的寒暄阶段。语言不通带来的尴尬，让他们开始产生规避意识。根据不确定性减少理论（uncertainty reduction theory），人际交往中，人们都希望不断寻求信息以减少不确定性。如果无法预测将要发生的事情，不确定性会增加，那么就会降低互动参与者的亲密性。跨文化交际应该就是这种典型的情况。志愿者与外国人交际时，由于语言障碍而无法获得相关信息来减少不确定性，焦虑感和挫败感就会增加。在这种挫败感下，志愿者希望马上结束交际，最终导致交际失败。语言本身对人的思维、情绪和行动有着很大的指导和限制作用（彭凯平、王伊兰，2009），因此双方语言不通，会影响彼此的交际信心。

（二）文化差异

文化作为集体潜意识是一种被内化了的心理观念，是一个民族比较深层又稳定的东西。文化差异是影响人们成功编码和解码信息的最大障碍。在跨文化交际情境中，不同文化在思维方式、价值观、交际方式、行为方式、冲突处理等方面的差异都可能导致交际中的一方无法正确解码另一方的信息，引起交际障碍，从而影响交际者的交际信心和对自己跨文化效能感的判断。

不同的风俗习惯。一位刚到俄罗斯的志愿者受到了孔子学院外方院长和学生们的热烈欢迎，但学生送上黄菊花、白菊花组成的花束，让这位志愿者非常尴尬。与此类似，在泰国的志愿者也遭遇到同样的问题。在泰国，白色是吉祥如意、纯洁的象征，寄托了许多美好的寓意。一次篝火晚会时，泰国同事让宋老师戴上白色菊花参加表演，她又吃惊又为难。这些都是不同的风俗习惯导致的。

个体主义与集体主义。个体主义与集体主义是吉尔特·霍夫斯泰德（Geert Hofstede）比较文化价值观的一个重要维度。个体主义关注自己的成就，强调个人和自我（Hofstede，1980）。集体主义社会是在社会共同责任和期望的基础上赋予状态的社会（Schwartz，1990）。中国是典型的集体主义社会，人们视个人为互相依存的集体的一部分，以集体的规则约束自己，习惯在行为中不断调适自我以适应他人的需要，所以在为人处事中往往会考虑很多，会考虑自身行为是否恰当。相反，美国属于个体主义社会，人们倾向于突出自我的需要，主张自由开放地表达个体的思想、观点和看法。中美双方形成了鲜明的对比。在中小学课堂上，学生的种种表现体现出各自文化的特点。研究发现，中国志愿者到达美国中小学后，最大的不适应是跨文化课堂管理。跟中国学生尊敬老师、守纪律相比，美国学生喜欢打断老师、"坐没坐相"、顶嘴、反驳教师等，让中国志愿者非常苦恼。这里面既有权力距离的东西方差异，也有个体主义与集体主义的碰撞。

时间观的不同。志愿者在国外常常会遇到由于时间观不同而引发的问题。比如说在蒙古的志愿者张同学曾经和其他几位志愿者一起等蒙古老师等了两个小时。爱德华·霍尔（Edward Hall，1982）提出了两种时间观取向：单向时间取向和多向时间取向。单向时间取向的文化认为时间是重要资源，讲究计划性。多向时间取向的文化则认为计划可以根据具体情况随时修改，时间比较灵活。中蒙时间观有所不同，所以容易引起一些跨文化交际的误会和矛盾。

非语言行为的差异。跨文化交际中，信息的社交内容只有35%是语言行为，其他都是通过非语言行为（如眼神、面部表情、手势、体距、沉默等体态语言）来传递的（Samovar，2004）。在能否领会对方的微妙意思方面，有些志愿者表示，透过交际对方的神态、表情和身体的动作、手势等可以大致感知对方想表达的微妙意思，但部分志愿者表示对所在国的非语言行为并不敏感。

"意大利人的神态表情非常丰富，他们的体态语也很丰富，说话的时候都是伴随着手部的动作，就好像是一个复杂的暗语系统，每次都让我眼花缭乱。跟意大利人交流的时候，透过他的面部表情什么的我可以知道他是高兴的还是不高兴的，是喜欢的还是厌恶的，但是我并不知道他具体是表达一个什么样的意思。"

意大利是身势语十分丰富的国家，曾有人调侃，意大利人不打手势就说不了话。意大利人日常生活中经常使用的、能准确示意的手势就有250多种（田平沙，2015），这些手势大都独具意大利特色。相比意大利，中国人较少使用身势语，人们只是习惯性地摇头或摆手。志愿者表示，解码复杂的意大利手势语是一件十分困难的事情。

澳大利亚的志愿者访谈时则讲到乘坐公交车的经历所反映出的中澳体距文化的差异。

"坐公交车他们排队，会站得离得非常远，以至于我以为他们不是在排队。还有几件类似的事情让我觉得他们好像对身体距离还是很介意的，就不喜欢蹭来蹭去的，不像我们中国人，被挤惯了。"

（三）个体差异

跨文化交际的效果，除了受语言、文化、环境差异等客观因素的影响，还受志愿者主观因素的影响。志愿者的性格和心理差异，个人的认知方式、知识和态度等都是影响跨文化交际的重要因素。同样的交际环境，交际的效果却可能不一样。

性别差异与交际广度。志愿者中女性居多，我们发现，男性志愿者的交际面明显比女性志愿者广。大部分女性志愿者比较矜持，一方面很少主动与人交际，另一方面选择交际对象时要求较多，她们一般只选择熟悉的、有共同话题的人交往，且交往对象大都是女性。男性志愿者在这方面则相对开放一些，他们比较大胆，可以迅速接受并融入新群体。

人格差异与效能感。人格特征作为较稳定的个体特征，对人的跨文化交际具有显著影响。个体的人格特质，如外向型、开放型、宜人型、尽责型等对个体适应新的社会文化有着积极的影响，而有些因素如神经质则呈现消极影响（Costa & McCrae, 1998）。研究表明，高水平的外向型和开放型人格以及低水平的神经质能够预测良好的跨文化效能感（Mak & Tran, 2001）。访谈中我们发现，那些外向型和开放型人格取向的志愿者，比较主动、自信心高、善于交流，更愿意主动开口说话；而有些性格较被动的志愿者，在交际过程中更多地依赖于交际对方。

"因为我不是那种特别主动的，我自己不太善于交流、找话题，我比较喜欢跟有安全感的人在一起，让我觉得我跟他（意大利人）在一起怎么说都没有问题。或者我自己可以找到一些话题，跟有话可说的这种人聊天。但如果说那种我不太熟悉的，他比较乐意跟我交流，这种让我比较有安全感的，我也是比较喜欢跟他们进行交流的。"

这类志愿者的性格属于被动型，对陌生的异文化开放程度较低。在交往初期，如果对方主动找话题来亲近自己，他们才会慢慢地放开，交际才能深入地进行下去，如果对方也不主动，交际过程就容易中断。

民族中心主义与身份维持。民族中心主义是对跨文化交际影响最直接的一种心理因素。访谈发现，志愿者有不同程度的民族中心主义。民族中心主义程度较高的志愿者,在交际中更倾向于维持自己的文化认同。民族中心主义程度较低的志愿者,在交际中对不同于本民族价值判断的文化现象所持态度比较开明,容忍度和接受度都比较高。

"我对匈牙利人可以直呼老师的名字这一点至今不习惯。有一次我在上课的时候,一个外国学生直接喊我的匈牙利语名字,可能是因为已经根深蒂固的思想吧,我虽然不意外,但当下就有点生气,就觉得这对我是一种不尊重,后来我就跟学生解释了中国人比较尊重老师,一般不直呼老师的名字。"

志愿者因为外国学生直呼自己的名字而觉得不受尊重,她不是不知道学生直呼她的名字其实并没有特殊含义,但依然会觉得不舒服,这就是民族中心主义的表现(虽然不像种族歧视等那么严重)。跨文化交际过程中,很多人会不自觉地忽视双方文化的不同,按照自己的价值标准去衡量其他民族的行为。

(四)工作环境

跨文化交际的广度受工作环境影响较大。志愿者中女性居多,因处在陌生的异文化环境中,所以更倾向于选择那些熟悉的、有安全感的人交往,工作中经常接触的人就是志愿者首要的交际对象。

"我们在波兰的工作和生活环境相对来说比较单一,就是学校、孔院,然后就是生活部分,交际圈比较窄,大家平时工作也很忙,没有出去交际,所以能长时间交谈的人可能都是同事吧,就是你的工作环境决定了你所接触的生活环境,限制了你的圈子。"

志愿者的交际对象主要包括以下几种类型:孔子学院的同事(包括中方同事和外方同事,主要是中方同事、合作教师或搭班教师)、外国学生、一些普通的当地人。工作圈的人,包括同事和合作教师,都是志愿者比较熟悉且安全的人,志愿者愿意同他们保持长期、稳定的交往关系。聚焦于孔子学院同事和合作教师这两个群体,我们发现部分志愿者与这两个群体的交往也并不深入。

"其实我跟我的搭档(意大利人)每次见面的时间不是很长,我们自己住在××,其他外方教师住在其他城市,只有在去高中上课的时候才会见面。上课的时候也是我上我的课,她上她的课,只有课程中间下课那么一小会儿会说两句,在这个时候我们交流的都是汉语教学。"

随着下设孔子课堂的增多,大部分志愿者承担的是孔子课堂的教学任务。上文中的志愿者,只有在上课的时候才能跟搭档进行短暂的交流,其余时间因为不在同一座城市少有机会交往。

此外，依托于当地孔子学院和外方的照顾，志愿者生活中很多事情不需要独自去面对，因而减少了很多可能遇到的矛盾和麻烦。孔子学院大都将志愿者的住所安排在一起，便于互相照顾和管理。这也导致志愿者们除了与同事和学生交往之外，与当地人交往的欲望并不强烈。访谈中曾经遇到一位在韩国担任汉语教师志愿者的同学，她认为自己没有什么跨文化问题，因为她基本上就是"上课—回家—上课"，两点一线的生活模式。这恐怕还不是个例。

二、跨文化能力提升对策

我国大学生，尤其是涉外专业的大学生，相关的外语类和跨文化类课程要逐步完善，要更有针对性和操作性。Chen & Starosta（2000）建立了以促进交际者承认、尊重、容忍、整合文化差异，成为合格全球公民为目标的跨文化交际能力理论模型。他们认为跨文化交际能力包括在跨文化交际过程中，交际者认知、情感、行为三个层面的能力。

（一）认知层面

认知层面强调的是对自身和交际对方文化的理解，即跨文化意识。从目前来看，志愿者对本国文化和对象国文化的学习还不充分，甚至还比较欠缺。

"来之前对澳大利亚的文化也不是很了解，只有地理上的了解。比如他们很喜欢关注及讨论各类比赛，我也不是很感兴趣。"

在尼泊尔担任志愿者的赵老师有一次认真地给学生指导作业时，学生总是不停地摇头，这让她觉得很气愤，觉得学生太不礼貌了，这其实是因为她不了解尼泊尔人用轻微摇头表示同意。

知己知彼才能形成跨文化交际的知识基础和初步的跨文化意识。此外，志愿者在海外教学中普遍会遇到课堂管理问题。如果赴任前进行中外课堂管理方面的比较性知识培训，那么在海外的跨文化课堂管理工作一定会顺利得多。

（二）情感层面

情感层面强调的是个人在某种特殊的情景或与不同文化的人交际时，情绪或情感的变化，即跨文化敏感。一个跨文化敏感的人应该主动驱使自己理解、欣赏、接受不同文化之间的差异，同时这种积极的情感回应最终导致对文化差异的承认和尊重。提升志愿者的跨文化意识、培养并提高他们的共情能力，可以帮助志愿者尽快适应新的文化环境。

共情是个体通过想象在认知、情感和行为等方面进入与理解文化他者世界的能力，是形成跨文化人格的核心要素（孙有中，2016）。开放型和外向型人格的志愿者往往能以积极主动和开放兼容的心态对待与自身文化不同的所在国文化。志愿者在跨文化交际的过程中，应有意识地放开自己，在面对与自身文化观念不符的文化现象时，应学会用理性情绪对待，尝试用尊重、宽容甚至欣赏的态度去看待，通过视角的转换对文化差异进行换位理解和感受，继而克服自身的思维定式，培养多元文化人格。

（三）行为层面

行为层面体现的是在跨文化环境下完成交际任务或实现交际目的的能力，即跨文化效能。这种能力包括可以明确表达、实现交际目标并与他人成功合作，通过使用语言与非语言交际技能适应不同的情景与环境。

因此，要加强实效性的语言能力建设。语言能力是进行跨文化交际的前提，跨文化交际的有效性依托于主体正确解码跨文化交际双方传递的信息的能力，了解当地的语言有助于克服误解，使人们更容易与当地人进行沟通（Viktorija Ólafsson，2009）。语言不通是赴外志愿者跨文化沟通面临的最大困扰，不仅影响着志愿者跨文化交际的广度和深度，还影响着他们的交际信心以及跨文化效能感的方方面面。语言能力的培养不能局限于对听说读写译等语言技能的培养，语言是特定文化的产物，外语能力与跨文化能力密不可分（孙有中，2016）。

培养志愿者的语言能力，首先要让志愿者会说这门语言。对于一些小语种，如果有条件，行前培训应开设专门的课程供志愿者学习。作为志愿者，要始终保持积极学习的状态，工作之余多参加一些语言培训课程。访谈中一位志愿者提到，学习小语种让其跨文化交际状态有了一个明显的转变，最初因为不会当地语言没办法交流而害怕外出办事，学习之后，自己慢慢地开始享受与当地人交际的过程。可见，掌握所在国语言是增强志愿者交际信息和效能感的重要手段。

另外，要增强非语言能力。每一种文化都有自己的一套非语言行为模式，不同的文化中，同样的非语言行为可能表示不同的含义，这为跨文化交际的双方解码对方含义造成了一定的障碍。比如在权力距离较大、崇尚群体主义的中国文化中，人们重视等级观念，提倡"长幼有序""尊老爱幼"，也更强调上下级之间的关系，具有权力意义的符号和行为更多（比如称呼带有头衔等）。在权力距离较小、崇尚个体主义的澳大利亚，价值观念中个人的独立性更重要，强调人与人之间的平等，往往只有弱者才需要被人照顾，只要自己能够完成的事情，他们一般都不愿意让人帮助，对长幼与上下级也不存在太多区别对待，长辈或者上级常常对小辈或者下级说"thank you"。志愿者赴任前有必要了解目的国的一些常用的非言语行为，避免由此带来的跨文化交际障碍。

加强培养具有跨文化能力的国际化人才已成为世界高等教育界的共识。King & Magolda（2005）指出："在这个全球相互依赖日益加深的时代，教育的紧迫任务就是要培养具有跨文化能力的公民，他们在面临涉及多元文化视角的问题时，能够做出明智的、道德的决策。"无论是着眼于中国全方位走向世界的人才需求，还是着眼于全球高等教育的发展趋势，进入新时期的中国高等教育都应该尽快肩负起跨文化国际化人才培养的紧迫使命（孙有中，2016）。每年赴外任教的、数以万计的国际汉语教师志愿者，他们是名副其实的国际化人才后备军，加强对他们的跨文化能力培训意义重大。

第一章
文化模式和价值观

　　文化模式是文化学的核心范畴，它是内隐的，潜藏着人类社会最深层的文化概念。美国人类学家鲁思·本尼迪克特（Ruth Benidict）首创了"文化模式"概念，并指出文化模式是文化整合后的整体性特征，即文化模式是人们普遍认同的民族精神、价值取向、思维方式、伦理规范、习俗等构成的相对稳定的文化行为方式。每种文化模式都是在特定的历史发展过程中形成的，有其独特的个性，如美国文化模式的三大要素是基督传统、共和主义和个人主义，而中国文化模式的基础是儒家学说，其核心是"仁""礼"和"中庸"（朱世达，1994）。文化模式犹如水下冰山，是社会环境背后的深层力量，制约和规范着每一个社会成员的行为。

　　文化模式蕴涵着价值观。价值观是衡量"真、善、美"的价值标准，是人们在做出选择和解决争端时所依据的社会准则，反映人们关于对与错、好与坏、可取与不可取的观念。在不同文化中，人们的价值观念不尽相同。美国和日本在言谈方式上体现出明显的价值差异，美国人不喜欢沉默，喜欢明确和直率，倾向于"言过其实"和夸大，而日本人正好相反。

　　吉尔特·霍夫斯泰德（Geert Hofstede）的五维组织文化模式体系被广泛使用，他总结的五个维度分别是：权力距离（power distance）、个体主义—集体主义（individualism & collectivism）、男性度—女性度（masculinity & feminism）、不确定性规避（uncertainty avoidance）、长期导向—短期导向（long-term orientation & short-term orientation）。在这五个维度上，中外价值观表现出较大的差异。

　　权力距离。权力距离关注的是人与人之间的平等问题。权力距离越小，人与人之间就越平等。相反，权力距离越大，等级观念就越强。在中国，集体活动时的座次、人际交流中的称呼，都体现着看重等级的价值观。而在美国，孩子可以直呼长辈的名字，学生无需对老师起立、鞠躬，这就是一种重视平等的价值观。

个体主义—集体主义。 个体主义与集体主义是衡量个人与集体联系松散还是紧密的一个维度。个体主义文化强调自我，集体主义文化强调群体，这渗透到价值观的许多方面，尤其体现在人际交往当中。比如个体主义的价值观注重自立和独立，而集体主义的价值观注重互助和依靠。

男性度—女性度。 男性度和女性度代表社会对于权威、金钱和其他物质的强调程度。男性度高的文化中，男性表现为权威，人们更关注职位、薪水、房子和车子。女性度高的文化中，性别之间相对平等，人们更关注生活是否使人愉悦，工作是否能实现个人理想等问题。

不确定性规避。 不确定性规避是指一种文化在多大程度上可以容忍或避免不确定性。一些文化难以忍受不确定性，秉持严谨和规范的价值观，比如日本非常重视计划，不太能容忍计划外的情况发生。而有些文化对模糊和意外则没有心理上的压力，容忍度高。

长期导向—短期导向。 长期导向和短期导向体现人们对长期利益和当前利益的态度。长期导向意味着以追求未来回报为导向，而短期导向意味着更加注重当前的生活和享受。研究表明，欧美国家的长期导向指数普遍低于亚洲国家，这在一定程度上反映出欧美国家有享受当下的价值观倾向。

在跨文化交流中，交流双方往往有各自的价值观和文化模式，正确处理不同价值观和文化模式之间的冲突尤为重要。互相了解是交流的前提，在交流之前应尽可能多地了解对方的文化和价值观。互相适应是交流的关键，在交流过程中，应尊重对方的价值观，不将自己的价值观强加于对方。只有以开放的思想和豁达的胸怀去理解、适应对方的价值观，我们才能在跨文化环境下进行有效交流，避免无谓冲突。

案例 1 "独来独往"还是"结伴而行"？

（一）

在美国杜克项目北京班工作的第一周，我和学生一起去了长城。在爬长城的过程中，时时有学生找我用中文聊天，一路上都是欢声笑语。返程途中我与五个美国学生结伴而行，两个男生，三个女生。在游览快要结束的时候，我们一起向集合地点走去。半路上经过景区的缆车售票点时，两个学生表示很想体验一下中国的缆车。我望了一眼等候坐缆车的里三层外三层的人群，感觉在约定的集合时间之前很难轮得上。所以，我告诉他们如果坐缆车的话可能会迟到，我们不应该让所有的人都等我们。但是这两个学生仍旧不依不饶，我经不起他们的软磨硬泡，就同意他们去坐缆车。结果，原本没有要求坐缆车的三个学生也表示要去。无奈话已出口，我只好同意，只身一人赶往集合地。

独自走在长城古道上，一丝被"遗弃"的感觉油然而生。回顾今天的旅行，我发现了一个有意思的现象，路上同行的人一直在变。我突然意识到，美国学生可能没有结伴而行的习惯，在某一段路上碰到认识的人就相互攀谈，走到岔路口就很自然地作"鸟兽散"。所以，和美国学生同行的时候，一定要做好随时被"抛弃"的心理准备。

（二）

某天，我负责带四个学生去中国餐馆吃午饭。我提议去学校门口的一家新疆饭馆，对中国西北地区十分感兴趣的小森当即表示非常期待新疆菜，但是另外两个学生则表示自己已经去过许多次了、想换一个地方吃饭，第四个学生则表示去哪里都可以。根据少数服从多数的原则，我决定不去新疆饭馆了。小森的脸上写满失望，我对他说："因为有两个同学不想去吃新疆菜，所以我们今天就先不去了。"小森略带委屈地说："可是我很想去呀！"

显然，小森并没有明白我想传达给他的"少数服从多数"的原则。在整个吃饭过程中,小森一直闷闷不乐,我故意打趣说:"小森,这家饭馆的菜也不错吧?你还在想念你的新疆菜吗?"我觉得一般稍微懂事点儿的中国孩子听到这样的话,都会为自己的小情绪感到不好意思,但是眼前这位二十多岁的美国小伙子却理直气壮地说:"对,我还是很想吃新疆菜。"

从饭馆出来的时候,我正和学生在前面走着,突然发现小森不见了,一转身发现他正在一家奶茶店门口张望,我对学生们说:"小森去买奶茶了,我们等他一下吧。"小森看到我们停下来,就跑过来说:"我们走吧。"我感觉有点儿奇怪,就问:"你为什么又不买了呢?"他说:"我看到你们都在等我。"我说:"没有关系呀,买杯奶茶很快的。"学生小安说:"我希望你去买奶茶,你去买奶茶会让我开心。"可小森还是决定不买了。既没有吃到新疆菜,又没有喝到奶茶,小森今天一定郁闷死了!

现在回想起来,我发现自己做错了两点:(1)不应该试图用"少数服从多数"的原则来说服一个美国人,这是徒劳的;(2)同伴的等待对于习惯了独来独往的美国人来说或许是一种压力。

(林佳佳)

理论聚焦

个体主义—集体主义

个体主义与集体主义是吉尔特·霍夫斯泰德(Geert Hofstede)在研究53个国家文化价值取向时所考察的维度之一,也是我们理解跨文化行为、进行跨文化比较,进而解决跨文化问题的重要参考。个体主义社会中个人之间的联系比较松散,而在集体主义社会中,成员之间有着紧密的、极具凝聚力的群体内部关系。在个体主义文化中,对个体目标的关注要高于群体目标。相反,在集体主义文化中,群体的目标被视为高于个体的目标。美国、英国、加拿大等国家属于典型的个体主义文化的国家,中国、日本、印度等国家属于集体主义文化的国家。

案例分析

中国文化是集体主义的典型代表，美国文化则有鲜明的个体主义特征。个体主义与集体主义的分野大家并不陌生，但对于甚少接触个体主义文化成员的人来说，个体主义只是一个抽象的概念。案例中的林佳佳老师也是通过与美国学生的亲身接触，才对所谓的"个体主义"有了比较感性的认识。

来自个体主义和集体主义文化群体的人，他们的社会交往方式可能有所不同。"个体主义指数低的社会成员从集体为重的角度处理人际关系，个体主义指数高的文化成员从个人为重的角度进行社会交往。"（戴晓东，2011:102）林老师在游览长城时希望能有美国学生"结伴而行"，吃饭时希望能用"少数服从多数"说服小森，这都表现出了集体主义的文化特性；而说到学生的表现，无论是走到岔路口作"鸟兽散"，还是执意要坐缆车和吃新疆菜，都很明显地体现了个体主义文化的特点。

如何解决类似的跨文化问题呢？关于"鸟兽散"问题，和来自个体主义文化中的人交往时，如果我们注意到他们在集体活动中没有固定伙伴这样的一个特点，在"不被关注"时就不会有那么强烈的失落感、不适应感，从而也能心态平和地继续进行交际。关于执意要坐缆车的问题，如果学生的集体意识不强，我们可以在游览之初就给学生强调时间。同样面对集体的等待，美国的小森则宁可自己不买奶茶，也不想让大家等他，可见来自个体主义文化的人也是有集体意识的。个体主义和集体主义意识在不同文化中、在不同个体内部很少是极端呈现的，大家都处在由个体主义到集体主义的连续体之中。关于吃新疆菜的问题，因为不是在课堂上，而且是在与学业无关的课外交往中，实际上林老师不必承担"统领全局"的角色，她完全可以把自己当作整个群体中和学生平等的一员，大家一起商量做出决定，然后一起承担结果，每个人都是平等的一分子，或许这样林老师就不会纠结了。

本案例中的林老师善于记录与反思，能够调动自己的知识对其"遭遇"正确归因。俗话说，"世事洞明皆学问，人情练达即文章。"虽然在跨文化交际中，能真正做到在知识层面"世事洞明"并在行为层面"人情练达"绝非易事，但是只有在平时跟外国朋友的交流中多加留心，才能提高自己发现问题、判断问题、解决问题的跨文化能力。

（李　毅）

延伸阅读

1. 戴晓东.跨文化交际理论.上海：上海外语教育出版社，2011.
2. 冯乃祥.霍夫斯蒂德及其文化维度简介.国际商务（对外经济贸易大学学报），2008(S1).
3. 蒋莉.外语教学中跨文化交际能力和跨文化敏感度研究.哈尔滨学院学报，2008(5).
4. 王维荣.跨文化教学沟通.北京：教育科学出版社，2013.
5. Lillian H. Chaney, Jeanette S. Martin. 张莉，王伊芹译.跨文化商务沟通（第六版）.北京：中国人民大学出版社，2014.

> **案例 2** 屈原之死：Sad or Silly?

作为中国重要传统节日，端午节显然是国际汉语教学中不容错过的一个文化教学机会。

提到端午节，我们自然会想到粽子、龙舟、屈原、香包、雄黄酒等元素，但考虑到教学对象是对此节日毫无了解的新西兰小学生，我还是选择了将屈原的故事作为切入点来介绍粽子和龙舟这两个节日元素，根据不同年龄段小朋友的特点，通过实物展示、涂色做海报、制作龙面具、动手做纸龙舟等教学活动来调动小朋友的积极性。同时，端午时节正值当地毛利新年（新西兰原住民和少数民族的节日），通过赛龙舟的故事寻求与毛利文化中waka（独木舟）的相似之处，也可以增加小朋友对文化知识的熟悉度与认同感。不出意料，一个有趣的介绍屈原的故事动画吸引了他们，然而看完故事后，我却被小朋友们的种种提问给包围了。看到屈原投江的画面，有的小朋友会感慨"That's sad"，但也有小朋友会说"That's silly"。"他不会游泳吗？""他为什么不移民去别的国家？"等问题，真是让我哭笑不得。

尽管童言无忌，我却忽然意识到了这其中的文化差异。在中国文化中，死有重于泰山、有轻于鸿毛，儒家文化中也有杀身成仁、舍生取义之说，屈原忠君、爱国，投江也是为了殉国，因而受到人们的尊重。而在西方文化中，个体生命、个人价值具有至高无上的地位，尤其是在基督教文化中，自杀是被严厉禁止的，自杀者的罪过甚至等同于谋杀者。集体主义与个人主义的价值取向，对自杀的不同态度影响了我们对屈原投江的看法。其次，新西兰是一个岛国，四面皆海，几乎人人都会游泳；同时它也是个移民国家，人口流动频繁，不同种族、多元文化相互交融共存。因此，尽管这些提问听起来有些好笑，结合实际的社会文化情况一想，其实也都有据可循。

课程只有短短半个小时，小朋友只要能记得这个故事，或是学会了说"粽子"这个词，或是享受了做纸龙舟的过程，我就感到很满足了。但同时我也明白，在日后的教学中，需要更多地关注文化共通与差异之处，通过循序渐进的介绍使他们对中华文化的一些核心概念有更多的了解，对不同的价值取向有更多的理解和尊重。

（陈 艺）

理论聚焦

同质文化圈理解限制

在跨文化交流中有一种心理障碍：同质文化圈理解限制。它指的是人们面对某一事物时，总是倾向于而且常常不假思索地认为他人与我们有相同的视角、相同的诠释，而这种"相同"假设在很大程度上会成为我们理解异质文化的阻碍（陈雪飞，2010:125）。有这样一个例子：一位中国商人在新加坡驾车违规，被交警拦下，本来违规情节较轻，交警也只想稍作处罚。但是这位商人想当然地认为新加坡与中国同处华人文化圈，行为处事应该相差无几。于是他开始向交警示好，希望交个朋友，请交警不要做记录，并欢迎其去北京旅行，他会帮忙接待。结果该交警将中国商人带回警局，并以意图贿赂公职人员罪向法庭起诉。最终，中国商人被重罚。该中国商人的行为就是受到了同质文化圈理解限制的影响。

案例分析

本案例的主要冲突点在于中国和新西兰文化模式的不同，处于个体主义文化中的新西兰小朋友无法理解处于集体主义文化中的屈原投江自杀的做法，这也是同质文化圈理解限制的表现。

中国是典型的集体主义文化社会，而集体主义文化的一个显著表现就是推崇爱国精神。在古代，爱国又往往和忠君联系在一起。屈原心慕楚王，忧国忧民，屡次进言却不被采纳，后来在秦将白起攻破楚国时毅然投江，以死明志。屈原直到生命尽头仍心怀国家、忠君爱民，成为爱国诗人的代表流传千年，这是集体主义文化模式和价值观的集中体现。而本案例中，新西兰的孩子无法理解屈原的做法，这是由不同的文化价值观造成的。新西兰属于个体主义文化，而且据统计，新西兰45%以上的居民信仰基督教。与个体主义文化相对应，基督教关注个人的独立性，人们受到的教育使其认为，生命可贵，每个人都有自身的价值，并且具有通过行为改变自身和世界的能力。信奉基督教的人们不理解、更不接受自杀的做法，因此案例中有的小朋友由于对中国文化模式及价值观缺乏了解，受到同质文化圈理解限制的影响，从个体主义文化模式的立场评价屈原投江的行为，认为屈原自杀的做法"silly"。

此外，陈艺老师也注意到，自然地理环境是造成两个国家文化模式不同的原因之一。新西兰本就是个移民国家，人口流动频繁，出于个人或家庭原因考虑搬家或者移民是很普遍的现象，加之国民大都会游泳，所以小朋友不理解为什么屈原要用投江的方式结束生命，也不能理解屈原为什么不"移民"。而中国陆地面积广阔，自古就有安土重迁的传统，除非发生大的饥荒、战乱，或者政策性人口迁徙，人们一般不愿意流动，连搬家都不愿意，何论"迁国"？即使到今天，移民仍旧只是极少数人的选择。

陈艺老师根据学生的课堂反应及时意识到并且反思了两种文化的差异，认为今后的教学活动应该注重培养学生的多元文化意识，尊重其他文化的价值取向，这是十分值得称道的，说明她具有一定的跨文化敏感度，能够有意识地规避同质文化圈局限。相信这样的教学理念，结合不断丰富的教学经验，一定会让她成为更好的跨文化使者。

（孙安琪）

延伸阅读

1. 陈雪飞. 跨文化交流论. 北京：时事出版社，2010.
2. 彭凯平，王伊兰. 跨文化沟通心理学. 北京：北京师范大学出版社，2009.
3. 单敏. 交际者在跨文化语境中的文化移情. 江西社会科学，2013(3).
4. 胥琳佳，刘建华. 跨文化传播中的价值流变：文化折扣与文化增值. 中国出版，2014(8).
5. Bennett, M. J. Towards ethnorelativism: A developmental model of intercultural sensitivity. In R. M. Painge(Ed.). *Education for the Intercultural Experience*. Yarmouth: Intercultural Press, 1993.

案例 3　"人之初，性本善"？

我的教学对象是六名汉语口语高级水平的韩国家庭主妇。应学生要求，我主要教授她们中国古代启蒙阶段的学习内容，以便她们了解中国的古代文化。她们主要学习《三字经》。此书深入浅出，朴实无华，仅用三百字就讲述了中华五千年。给学生简单介绍之后她们欣然接受，次日便开始学习。然而刚讲完"人之初，性本善"就遭到了学生的强烈不满和反驳，因为这几位学生都信仰基督教，基督教认为人生来都是有罪的，"原罪说"与《三字经》中的"性善论"是完全相反的观点，最后课堂不欢而散，后来也没有再学习《三字经》。

（陈　琳）

理论聚焦

本性导向

任何个体无论处于哪一种文化之中，都要面对一个人的"价值观导向"问题。"价值观导向"面对的第一个问题就是"人的本性是什么"，即"本性导向"。本性导向主要有"性本恶""性本善""善恶兼具"等三种观点。其实，人性在自然属性中本无善恶，就像白纸一样。人性在社会属性中逐渐形成善恶一体两面，性善论乃人性优点，性恶论乃人性缺点。

案例分析

"尽管所有人都在个人层面上回答了关于人的本性的问题，但是对于人们的不同行为方式还有文化层面的解释。"（萨默瓦等，2013：66）本案例的跨文化冲突点就在于此。陈老师推荐的《三字经》认为"性本善"，而基督教的"原罪说"认为"性本恶",两者的冲突导致信仰基督教的韩国学生拒绝学习这方面的文化内容。虽然陈老师对中国的传统文化比较有信心,并且希望进行有效的交流,但最后不欢而散,《三字经》的讲解也没有再次进行。

"要理解一个民族的重要观念、价值观与行为,最有把握的途径就是宗教。"(萨默瓦等,2013:66)宗教的社会功能并不比心理学的作用逊色。有着悠久传统的宗教可以强化社会道德,规范个人行为,并为社会稳定提供共同目的和价值观的根基。基督教的伦理道德标准和行为准则与西方自由平等的个体主义文化是相互浸润的,"原罪说"强调从信教者"自我"出发,通过"原罪——救赎"这一设定,鼓励个人在现世的善行,并以此来维持人际关系和社会稳定。同样,儒家学说也与中国传统的集体主义文化紧密相关。儒家文化强调"性本善",后天出现的恶行是违背本性的,必须改正,因此用"仁、义、礼、智、信"等道德标准来规范人们的行为,本质上也是鼓励人们向善。因此,如果从二者的本质出发,双方是可以搭建起沟通、理解的桥梁的。然而案例中师生双方都只关注到了两种文化的表面,对包含其中的隐性文化因素,如价值观、行为方式等还缺乏深刻的理解与分析,而这些隐性文化恰恰是文化教学中最重要的内容和最艰巨的任务,与跨文化交际能力的关系最为密切。

案例中的价值观冲突实际上是全球文明冲突的一个缩影。在有些情况下,冲突可能很难调和。那么,海外汉语教师在面对中外文化价值冲突的时候,应该怎么办呢?应该采取什么样的立场呢?在全球化不断发展的今天,每个语言学习者不仅具有各不相同的文化身份,而且都对目的国文化甚至全球文化有着自己的认识。尽管大多数人对了解其他文化持开放态度,但这并不代表他们会毫无芥蒂地拥抱另一种价值观。比如我们海外汉语教师,当然愿意了解当地文化,从生活习俗到宗教、价值观,我们理应对此持开放、尊重态度,但是对他们引以为豪的文化,特别是宗教文化,我们应该接受吗?恐怕更多的时候,我们是带着中华文化的眼光去"旁观"另外一种文化,很大程度上不会因为尊重、了解而从心底里认同、接受甚至转变为一个信仰宗教的有神论者。正如库玛(2017)引述的甘地的说法:"我愿让世界各地的文化之风自由地吹过我的房子,但是我不想让任何一阵风把我吹离脚下的地面。"推己及人,我们也不应该把我们自认为的优秀价值观强加给学习者,而应该以一种超然的态度来介绍我们的文化,让学生通过课堂等途径理解并尊重中国人的想法,拓宽他们的眼界,培养学习者的"全球文化意识"。在更广阔的历史背景下，文化教学的真正含义和最终目的应该是培养学生立足于自己的文化根基、提升自身全球文化意识的动机和能力。

案例中的冲突本来是可以避免的，如果教师在讲解《三字经》的时候采取介绍的姿态，对比两种文化价值观的同时也鼓励学生发表自己的看法，那么完全可以是一个交流文化、增进了解的好机会。在母语文化和目的语文化的交流中，教师可以引导学生，促进两种文化的平等沟通。然而案例中的学习者不具备在本国文化和异国文化交流时理解、包容的心理态度，教师也没有在两种价值观存在冲突时，及时疏导和讲解，使得两种价值观"势不两立"，最终导致冲突无法调和。

（范红娟　孙安琪）

延伸阅读

1. 陈琳. 对外汉语教学若干案例分析. 四川大学硕士学位论文, 2014.

2. 库玛. 刘颂浩, 丁丹妮译. 库玛语言教学系列第三讲：文化全球化、个体身份与语言教学. 国际汉语教学研究, 2017(2).

3. 拉里·A·萨默瓦, 理查德·E·波特, 埃德温·R·麦克丹尼尔. 闵惠泉, 贺文发, 徐培喜等, 译. 跨文化传播（第六版）. 北京：中国人民大学出版社, 2013.

4. 王永阳. 国际汉语教学传播与跨文化交际第三空间模式. 云南师范大学学报（对外汉语教学与研究版）, 2013(1).

5. 张国涛, 苟博, 李艳. 中国故事的跨文化表达与国际传播——解析纪录片《透视春晚：中国最大的庆典》. 现代传播（中国传媒大学学报）, 2013(3).

6. Anderson, P. H., Lawton, L., Rexeisen, R. J. & Hubbard, A. C. Short-term study abroad and intercultural sensitivity: A pilot study. *International Journal of Intercultural Relations*, 2006(4).

7. Leach, F. Expatriates as agents of cross-cultural transmission. *Compare*, 1994(3).

案例 4　那是我的隐私

（一）

我曾在交流学院见习，旁听别的老师给留学生上课，有一次上课让我记忆深刻。那天是学习"我的……是……"句型，比如"我的爸爸是教师"。老师讲完句型后，让同学们用课本下面的词语进行替换练习，这些词语有"医生""警察""科学家""律师"等，然后点名让同学说出自己的句子。当叫到一个来自哈萨克斯坦的留学生时，她拒绝说出她的句子，老师问她为什么，她说："我爸爸是什么，那是我的隐私，我不能告诉大家。"老师赶紧解释说："我不是真的要问你爸爸是做什么的，我只是要你用下面这些词语练习。而且，我也不关心这个问题。"然后，这个学生明白了，造句说："我爸爸是警察。"这个场景之所以让我印象深刻，是因为我真的为他们注意保护隐私的程度而感到震惊。而对中国人来说，这根本就不是什么问题，不要说是进行练习，就是有人真的问我们父母是做什么的，我们也会毫不犹豫地告诉他。

（二）

我上高中时有一个来自美国的口语老师，每次考试结束后，他从来不当着全班同学的面读出我们的成绩，而是拿着成绩单，让同学们按学号一个接一个到他那儿去看自己的成绩，他则用手将其他人的成绩都遮起来，只留下那位同学的成绩。我们当时对他的做法感到新奇和不解，因为在中国，学生的成绩根本不是秘密。每次考试完，教师都是当着全班同学的面，一份一份地发试卷，还读出该同学的成绩。所以所有同学的成绩大家都是知道的，而且学校还会把全年级的排名贴到走廊，以便大家了解自己的名次及所处的位置。这种做法在中国司空见惯，学生也从没有什么异议。但在西方，尤其在美国，学生的成绩就像女士的年龄一样，属于个人隐私，除了学生和家长外，学校和教师没有权力公布。

（王亚妮）

理论聚焦

关系特定（specificity）与关系扩散（diffusion）

根据冯·特姆彭纳斯（Fons Trompenaars）的研究，"关系特定与扩散"是考察一种文化的七个维度之一。在关系特定文化中，人们的公共空间很大，包含在其中的私人空间却很小。在公共空间内，他们常常表现出热情好客，很容易允许别人进入，但是他们的公共空间的各个区域是相互独立的。另外，这类文化中的人们对于自己的私人空间严加守卫，除了亲近的人，一般不会允许别人进入。"关系扩散"又可以称为"关系散漫"，在关系扩散文化中，人们的公共空间和私人空间的范围大致相近。他们的公共空间相对难以进入，因此常表现为保守、不易接近。但是进入他们公共空间的人也很容易随之进入他们的私人空间，公共空间、私人空间之间和各自内部的区域划分并不严格独立，不同的圈子之间也可以相互开放。也可以说，"公共空间与个人空间规模相等，个人对公共空间也加以守卫，因为进入公共空间就意味着可以进入私人空间。"

案例分析

在关系扩散的文化中，个人空间和公共空间的界限并不分明，人们并不会过于介意在公共空间谈论自己的个人事务。但是在关系特定的文化中，相对于公共空间来说，个人空间比较小，因此个人事务与公共事务界限分明，人们十分注重保护自己的隐私，很少会在公共空间谈及。由于所属文化模式不同而导致跨文化冲突，这在语言教学中并不少见。

在案例（一）中，教师身上体现的是关系扩散文化模式。中国属于关系扩散文化，虽然课堂属于公共空间，父母职业属于个人空间事务，但是在中国教师看来，两者之间范围并非不能重合，父母的职业在中国人看来并不是什么不能公开谈论的话题。而哈萨克斯坦学生身上体现的则是关系特定文化模式，她认为父亲的职业属于自己的隐私，这与可以在公共空间谈论的话题有很大距离，于是选择在课堂活动中不配合，拒绝用这类话题造句。这根本上是两种文化模式差异造成的。尽管最后哈萨克斯坦学生得知教师只是为了操练句型而不是要探寻她的隐私时，表示理解并配合完成了课堂任务，但该案例还是提醒我们，要注意话题的隐私性，以防出现跨文化误解或冲突，影响学生学习的积极性。

同样的道理，美国文化属于关系特定文化，因此案例（二）中的美国老师认为，成绩是学生个人空间内的事情，属于应该给予尊重和保护的隐私。中国很多学校和老师都会公布学生的考试成绩和排名，这种做法则是站在关系扩散文化模式的立场上考虑的，认为学生的个人成绩是可以进行对照比较的，这有利于学生认识到自己的优势和不足。不过这种情况目前在中国已经有所改观，不少学校都关注到了保护学生成绩隐私的问题，如高校学生只能通过个人账号登录教务系统查看自己的成绩，中小学也越来越多采用邮寄成绩单或发放个人"分数条"的方式来告知成绩。这说明，虽然关系特定和关系扩散的文化模式存在差异，但是任何一种文化都不会一成不变，而是会有选择地借鉴和调整。跨文化理论帮助我们更好地关注到跨文化现象、理解跨文化冲突，进而提升跨文化能力，我们绝不能机械理解理论而产生刻板印象甚至偏见。

（孙安琪）

延伸阅读

1. 毕继万. 跨文化交际与第二语言教学. 北京:北京语言大学出版社, 2009.
2. 王亚妮. 对外汉语教学中文化冲突案例分析及应对策略研究. 西北大学硕士学位论文, 2014.
3. 徐平. 二语习得与跨文化交际意识的融合. 东北师大学报（哲学社会科学版）, 2013(4).
4. 周小兵. 对外汉语教学中的跨文化交际. 中山大学学报（社会科学版）, 1996(6).
5. Gonçalves, G., Reis, M., Sousa, C., Santos, J., Orgambídez-Ramos, A. & Scott, P. Cultural intelligence and conflict management styles. *International Journal of Organizational Analysis*, 2016(4).

案例 5　性别的划分

我是瑞典隆德大学中文系的交换教师，这个学期给新生上课的时候，我让学生填写个人信息表，其中有一项就是性别。我设计的问题是："你是男生还是女生？"在活动时，有两个学生问我"middle"在中文里面怎么说，或者这项能不能不填。

瑞典彩虹节（同性恋大游行）（刘旸供图）

我当时没有想到这个问题，在课堂上有点尴尬，就让学生把这项划掉。后来玩"猜猜这是谁"时，我也没用这两个学生的卡片。后来想想，这是我的失误，在瑞典，对性别的划分早已不是简单的男或女，而是有很多的类别。作为教师，我没有考虑到现实情况，只用了最简单、最传统的分类。

性别的划分也许是个需要我们重新考虑的问题。在国内的时候我们可以简单地把性别分为男和女，可一旦走到海外，特别是在瑞典这种对其他性别状态已经开放的国家，无论是课堂上，还是生活中，我们都应该注意不要把男、女作为对立的一组反义词，而是要多考虑身边出现的现实情况。

进一步思考，在我们的研究中，是否也应考虑到性别的多样性呢？目前，在语言教学的研究中，无论国内还是国外，都还是将性别简单分为男和女。而国际汉语教学作为一门跨文化的学科，学生性别的多样性已经超越了我们研究中对学生性别的分类。我想，不仅仅是海外的教师要注意这个问题，作为研究者，性别问题也应该引起重视。

（胡琬莹）

理论聚焦

女权主义的发展阶段

从当代西方女权主义理论和实践的发展看来,女权主义发展分为三个阶段:第一阶段是自由女权主义阶段,强调女性作为平等的参与者加入既定社会秩序的权力;第二阶段是差异女权主义阶段,强调女性内在固有的积极性,摒弃不平等的社会秩序,主张建立一种女性能够摆脱男性压迫而生存的社团或群体;第三阶段则是在后现代背景下形成的,致力于发展一个超越男女性别对立的社会(李燕,2008)。第三个阶段也就是所谓的女权后现代主义阶段。大多数后现代女性主义者都认为社会性别是文化建构的结果,不同于生理性别。他们开始质疑女权主义所运用的指涉社会、文化和心理结构的词语"女性气质的"(feminine)和"男性气质的"(masculine)以及表示生理方面性别身份的词语"女性的"(female)和"男性的"(male)(李晓光,2005)。性别刻板印象是一个与之相关的概念。性别刻板印象是指人们对有关男性或女性性别属性的相对固定的看法与观念。我国社会文化背景下性别属性的分化较西方更为突出,要求男性"独立、自信、控制、竞争",要求女性"被动、谦逊、温顺、忠诚"。

案例分析

在跨文化交流中,当我们碰到不一样的文化现象时,会不自觉地做出自己的解释。首先我们认识到不一样,然后我们会去思考为什么不一样。有时囿于个人经验以及知识背景的关系,我们对某种现象的解释可能仅仅停留在表面上,有时可能还会出现较大偏差,这都是正常的。这就要求我们把初步得出的结论当成是暂时的,不要急于下断言,有疑惑时不妨与当地朋友交流一下,在跨文化交流的实践中,不断深化自己的认识,力求接近真相。

胡老师在瑞典的教学实践中注意到了当地的性别文化,在需指明性别时,往往不是"男/女"的二元对立,可能有别的选项。但是胡老师得出的结论却让我们觉得有些吃惊，"对性别的划分早已不是简单的男或女，而是有很多的类别。""一旦走到海外，特别是在瑞典这种对其他性别状态已经开放的国家，……我们都应该注意不要把男、女作为对立的一组反义词，而是要多考虑身边出现的现实情况。"这难道是说瑞典的性别划分除了男、女还有很多其他种类？这个案例引发了我们很大的好奇心，于是我们采访了两位瑞典本地人，一位是网络工程师，一位是哲学专业的硕士研究生，看他们怎么解释这个问题。

在采访中我们了解到，在瑞典，涉及性别信息时，很可能会有三个选项，翻译成英语就是Male/Female/Other。这里的第三个选项Other并不是代表第三性，而更多是代表对前两个选项的不认可，这里的不认可与生理无关，更多是社会、政治意义上的，涉及平等、性别平权。他们当然知道自己生理上是男是女，可是在社会意义上却不希望因生理性别带来刻板印象。若是男性，可能带有刻板印象中女性具有的一些特质；若是女性，也可能带有传统观念中的某些男性特征。瑞典人为了表明自己女性主义的态度，或者为了规避性别刻板印象可能带来的负面影响，他们倾向于选择Other，或者一个都不选。案例中的学生就是这么做的，当胡老师让学生在个人信息卡上勾选自己是男是女时，学生问有没有别的选项或者能不能不选。很明显，瑞典的女权主义已经发展到了女权主义的后现代阶段，到了这个阶段，甚至连第三人称的"他/她"都分化成了三个词，Han/Hon/Hen，第一个相当于"他"，第二个是"她"，第三个就是不想指明性别的第三人称代词了。

当然也不是所有的瑞典人都赞同这样的思潮。我们采访的网络工程师则认为自己国家在这个方面走得太"过"了，并不赞同这种划分方法。但是那位哲学硕士却是这种后现代女性主义思潮的支持者，目前正在日本交流的他抱怨办所有手续时都会被不断要求填"男/女"，这种简单的二分法让他心理上非常抗拒。案例中胡老师班上也仅有两个学生对老师的做法有疑义，其他学生并没有明确表示意见。

当代中国女权主义的发展尚处于起步阶段，人们对女权主义理论和学术研究还很不了解，女性自身的认知和觉悟也还不足，亟待思想启蒙。这使得国民对女性主义的认识深度不够，哪怕是受过高等教育的高级知识分子也仍然摆脱不了性别刻板印象的束缚，国际汉语教师也不例外。比如有的老师在课堂上常常会不自觉地用一些男士形象来展示"老板"这样的词汇，认为男性应该勇敢、有上进心，认为女性应该温柔、善解人意等。这在女权主义发展阶段比较高的地区往往会引起学生的不满，而老师却不明所以。

（范红娟）

延伸阅读

1. 李晓光. 从女权主义到后女权主义——西方女性主义/女权主义的理论转型. 思想战线, 2005(2).

2. 李燕. 当代女权主义的理论与实践：从西方到中国. 学习与探索, 2008(2).

3. 李英桃. 西方女权主义国际政治理论述评. 美国研究, 2001(4).

4. 罗斯玛丽·帕特南·童. 艾晓明等, 译. 女性主义思潮导论. 武汉：华中师范大学出版社, 2002.

5. 钱铭怡, 罗珊红, 张光健, 陈萍, 姚萍. 关于性别刻板印象的初步调查. 应用心理学, 1999(1).

6. Jacobson, W., Sleicher, D. & Maureen, B. Portfolio assessment of intercultural competence. *International Journal of Intercultural Relations,* 1999(3).

> **案例 6** 对母亲的"声讨"

我们美国杜克项目北京班使用的中文教材中有一篇课文改编自《人民日报》的一篇报道,讲述了浙江一名高中生因无法承受母亲的压力而棒杀生母的案件。这篇报道涉及三个主要人物:一是高中生徐力,在老师和同学眼中,他是一个刻苦简朴、品学兼优的好学生;二是徐力的母亲,她对儿子寄予厚望,非常看重儿子的成绩排名;三是徐力的父亲,他长期在外地工作,对家人疏于陪伴和照顾。事发当天,母亲不让徐力看电视,并提出期末考试进前十名的要求,母子因此发生争执,徐力用木柄榔头将母亲活活砸死。

这篇报道在当时引起了社会轰动,人们纷纷惊讶于徐力泯灭人伦的暴行。然而,在教学过程中,我与美国学生讨论这起案件,让我感到意外的是徐力的母亲竟遭到了美国学生一致的"口诛笔伐"。

老师:你觉得在这起案件中谁最值得同情?(我的预设答案是母亲,因为她为儿子付出了很多,而儿子却无法理解,甚至将她砸死。)

学生1:如果说同情的话,我会同情那个父亲。他在外面辛苦地工作,想给自己的家人一个更好的生活,但是他的家里却发生了这样的悲剧。

学生2:我觉得没有人值得同情,因为他们都有做得不对的地方。这个家庭里的父亲只顾赚钱,没有尽到照顾家人的责任;徐力的母亲因为考试成绩而打徐力,并且不允许他看电视、踢足球,她这样做很过分;而徐力,虽然母亲对他不好,但是杀人总归是不对的,况且被杀的还是自己的亲生母亲。他们都应该对这起悲剧负责。其中,母亲的责任最大。

学生3:这个悲剧让人很难过,但不是徐力的过错。他一向是个品学兼优并且乐于助人的学生,他学习很努力,妈妈让他做什么他就做什么,他希望让妈妈高兴,但是妈妈对他的要求越来越高,他根本无法达到。妈妈不让他出去玩儿,他没有时间交朋友,他感到寂寞,结果变得很脆弱,甚至出现了心理问题,这才导致了这个悲剧。

学生4:徐力的母亲不让徐力看电视、踢足球,甚至还说要打断他的腿，他的母亲太不讲道理了。也许她让徐力去做自己喜欢的事情，发展自己的爱好，他的成绩才能提高。

当时这一案件也引发了社会各界对中国教育问题的反思，人们意识到给予子女过多学习压力也许会造成许多负面影响，但是在国内舆论中很少听到对徐力母亲的严厉指责，美国学生对徐力母亲的"严词声讨"着实让我大吃一惊。

（林佳佳）

理论聚焦

价值观

价值观是所有文化都具有的一个重要元素，是文化中最深层的部分，它是人们在社会化过程中逐渐获得的指导着人们的行为准则和日常的交际规则。人首先是在家庭中受到父母的教育，之后在学校中受到正规的教育，同时兄弟姐妹、亲朋好友、邻居同伴也会给予各种影响，电影、电视、网络资源等大众传媒和自媒体也时时刻刻施与强大的影响，所有这些在一个人价值观的形成过程中都发挥着作用。价值观一旦形成，会支配人们的信念、态度、看法和行动，成为人们的行动指南。

案例分析

"孝"文化是中国传统文化中的重要组成部分，"百善孝为先"的价值观念已经融入了千千万万中国人的心中。《诗经》《论语》《孟子》等典籍中对"孝"的推崇随处可见："哀哀父母，生我劬劳""父母之所爱亦爱之，父母之所敬亦敬之""不得乎亲，不可以为人；不顺乎亲，不可以为子"……我们不难看出"孝"在中国人心中的重要地位。

价值观决定了人们会有什么样的信念和态度。首先，从文化层面来看，由于中国的"孝"文化，包括林老师在内的大多数中国人对"弑母"这一行为有一个先入为主的价值判断。而美国文化的人文主义思想比较关注个体，在这种文化体系下，一个母亲威胁打断子女的腿，实际上和外人扬言要对你进行人身伤害没有太大的、本质上的区别。其次，从刑法理论层面上来看，美国有"激情犯罪"（在强烈的激情推动下引发的暴发性、冲动性犯罪）的完善理论，如案例中的杀人情形，其严重程度应当弱于那些有预谋的杀人犯罪，而中国关于"激情犯罪"的理论尚不完备。这些都是造成林老师和美国学生对"弑母"事件持不同态度的原因。

林老师在向美国学生提问之前，对他们的回答有相应的预期，即认为最值得同情的是"母亲"。然而，学生们的反应却让林老师"大吃一惊"。虽然林老师没有提到她是如何应对美国学生的回答的，但是在跨文化交际中遇到了冲突，规避不是解决问题的办法，努力探求冲突的原因、积极寻求解决的方式，才能使交际顺利地进行下去。

我们只有从根本上承认预期落差，并且认识到这是一种普遍的人类交际行为模式规律，才能在跨文化交际中及时地认识到诸如本案例的预期违背行为。在认识到跨文化交际中的预期违背问题之后，我们才能更有针对性地去思考问题、解决问题。就本案例来说，林老师可以正视师生间的差异，甚至可以将自己的想法跟同学们一起讨论，就预期违背问题与学生交流，这本身就是一种跨文化的训练。不论是汉语教师本人还是学生，都能通过化解跨文化冲突而更加深刻地理解中国文化以及中外文化差异。

（李　毅）

延伸阅读

1. 胡文仲.跨文化交际学概论.北京：外语教学与研究出版社，1999.
2. 肖丽.基于跨文化交际视角的中美文化对比分析.外语学刊，2016(6).
3. 邹明强.对外汉语教学中的跨文化交流.云南民族学院学报（哲学社会科学版），1996(4).

案例 7　到底应该在什么时候工作？

来澳大利亚做中文助教已有半个多月，我所在的这所公立中学依山傍海，风景如画。每天早晨八点我伴随着海鸥的叫声踏入教学楼，一直忙到下午三点结束。

刚来的时候我对各种活动和课程安排都不太熟悉，常常忙得晕头转向，仅有的休息时间是第二节课后的20分钟茶歇时间和第三节课后的30分钟午饭时间。午饭时间只有半个小时，有时候一晃就错过了午饭，更别提茶歇时间了。这里的茶歇时间是专门让老师们去教师休息室泡茶、喝咖啡，吃准备好的甜点，一起坐着聊天的。但是对我来说，结束上节课的工作，准备下节课的教学材料，调整桌椅布置，有时候自己在办公室喝口水，或者去趟卫生间，时间已经过得差不多了。没有课的时候，我也更想利用茶歇时间批改作业，收拾办公桌，或者去打印材料（茶歇时间打印机常常闲置，无须等候）。所以我刚到的第一个星期，几乎从来没有去过教师休息室。我自己觉得没什么，还感觉自己很会利用时间，可以在那个时间把零碎的事情都做了。但是突然有一天，我的指导老师非常严肃地责问我："茶歇时间你为什么总不去教师休息室？"看着老师责备的神情，我突然觉得无比委屈，出力不讨好的情绪涌上心头。

经过坦诚的交流，我才意识到，在这里社交是多么重要。茶歇时间是"推销"自己、让大家认识自己的重要时间，也是增进同事关系、培养感情的重要机会。即使你做了很多别人没做的工作，一个只会埋头苦干的员工在领导眼里也不会是好的员工。我的指导老师（二代移民，现已50多岁，父母是中国人，她在澳大利亚出生、长大）告诉我，她刚刚大学毕业开始做老师的时候，每天埋头苦干，努力工作，心里只有教学和学生，后来她带的班取得第一名的成绩，但是校长却对她很不满意，不仅没有在她的实习证明书上签字表示肯定，反而评价她sneaky，认为她不尊重和其他老师的关系，不懂社交，只会自己在背后搞小动作。

什么时候应该工作，什么时候应该放松，在这里分得非常清楚。下班后不会聊工作的事情，工作时间也不会聊私人话题。我现在的住家也是我的指导老师，有一次我在家问她明天上课打算做什么，她一脸反感，痛苦地说在家不应该谈这些；和我一个办公室的Robert，每天抬头不见低头见，但在办公室聊天仅限于问候和工作，我以为这个老师就是这样严谨、客气的人，没想到有两次他让我坐顺风车回家，像是换了一个人，一上车就开始天南海北地和我聊世界、聊人生、聊感情。

在中国，评价一个好老师常常是根据成绩和能力，但在西方社会，平衡工作和社交显得更为重要。在中国，我们在饭桌上谈论工作也未尝不可，但是在这里工作和生活划分得很严格，工作的时候谈论生活是不尊重别人的工作时间，放松的时候谈论工作是侵犯别人的休闲时间。这些经历又给我很好地上了一课，使自己更好地融入当地的生活。

（张 舒）

理论聚焦

时间观、工作价值观

灵活时间观（flexible time）文化中，人们把时间看作是灵活的、开放的资源，不按时间表做事也是可以接受的，多头并进是有效率的表现，人们对日程表被打乱有更高的忍受度。线性时间观（linear time）文化中，时间被看作是线性的，在一个时间阶段里，人们只专注在一件事情上，这样做被认为是正确、有效的。工作价值观是个体关于工作的原则、伦理、信念的认知，是直接影响员工行为、工作态度的关键因素和内在思想体系。例如：西方人更加注重建立并遵守规则和制度，习惯将工作与私人关系一分为二，认为工作是为了生活，但生活不全是工作。

文化与规则

迈克尔·拜拉姆（Michael Byram）认为，文化即规则，"大多数人在大多数情况下的行为模式"构成"规则"，而文化休克或由文化差异带来的负面情绪，一部分原因就在于没有掌握这些规则。这些规则有些是显性的，有些是半显性的，有些则是隐性的。没有遵循规则的人即被视为与群体格格不入。

案例分析

案例中的张老师初到澳大利亚任教，因为繁重的工作牺牲了校方提供的茶歇时间，然而这样的付出不但没有得到表扬与认可，反而受到指导老师的严肃责问。通过坦诚的交流，张老师意识到对待茶歇时间的不同态度背后，是更深层次的中澳时间观、工作价值观的不同，进而对跨文化交际中平衡工作与社交的重要性有了更深刻的认识。

"文化冰山"理论认为文化如同"冰山"，可分为水上（显性）和水下（隐性）两部分。隐性部分通过显性部分展现出来，作为文化之基的隐性部分更为重要且不易察觉。张老师初来乍到，正是因为不了解茶歇时间作为一种休息形式的背后，还蕴含着"推销自己、增进同事关系、培养感情"的深层次效能，才想利用这一时间加班完成教学工作，没想到招致指导老师的不理解。个体进入新文化环境之后，由于缺少对新社会文化、规范的认知，很容易产生"文化融入应激"。案例中，张老师自认为尽职尽责地工作，却没想到因为缺席小小的茶歇而被责问，顿时"觉得无比委屈，出力不讨好的情绪涌上心头"。从她的应激体验我们可以看出，真正的跨文化适应不仅体现在工作绩效上，还体现在工作舒适度、与东道国社会文化的和谐上。与当地同事和谐关系的建立，能使个体感受到来自另一种文化的社会支持，从而顺利完成跨文化适应。

从更具体的角度来看，张老师遭遇到的跨文化问题根源在于中澳时间观、工作价值观的差异。在时间观上，中国强调快速、灵活、一个时间段内兼顾多件事情，而张老师的澳大利亚同事们则更习惯于按照规定、计划行事。虽然时间是人类社会共有的认知概念，但分属不同文化的群体赋予时间的意义和利用时间的方式可能会有很大的差异，因此在跨文化交际中，时间观作为一种无形的向导，往往会对个体的言行产生重要的影响。在工作价值观上，首先，工作任务量大的时候，中国员工往往选择牺牲自己的个人休息时间，连轴转也要完成任务，而澳大利亚的员工则严格按照规定的时间表，该茶歇就茶歇，工作中不谈私事，休息时也不谈工作，把工作时间和休闲时间分得特别清楚；其次，大多数中国人认为工作是第一位的，在澳大利亚文化中，与同事的社交关系非常重要，必须处理好与同事的关系才能被认可。

海外汉语教师群体由于职业特点，在工作中或多或少都会产生文化适应压力，遭遇跨文化交际问题，因此教师们应该主动和赴任国的朋友、同事加强交流，提高跨文化交际的敏感度，关注自己的言行在异文化成员中的反映，不断调整，以减少跨文化交际的失误，尽快完成跨文化适应。

（周　鑫）

延伸阅读

1. 丁芳芳.文化差异的解读——国际汉语教师跨文化传播能力培养的案例分析.第十一届国际汉语教学研讨会论文选.北京:高等教育出版社,2013.

2. 孙进.文化适应问题研究：西方的理论与模型.北京师范大学学报（社会科学版），2010(5).

3. 严文华.跨文化沟通心理学.上海:上海社会科学院出版社,2008.

4. 张劲松.东西方时间观与跨文化交际.集美大学学报（哲学社会科学版），2003(3).

5. 赵明.从文化冲突案例入手谈国际汉语教师跨文化能力的培养.第十一届国际汉语教学研讨会论文选.北京:高等教育出版社,2013.

6. Byram, M. *Teaching and Assessing Intercultural Communicative Competence.* Bristol: Multilingual Matters, 1997.

案例 8　澳大利亚式"震撼"

（一）

在澳大利亚东海岸的这座城市，即使是上下班的高峰期，在公交车上你也不用担心自己没有座位。即使是最繁忙的线路上的公交，也能保证一人一座，车内绝对没有站着的情况。这里公交车在设计上也充分体现了人文关怀，整个车大小和国内一样，但是车身整体偏矮，车内后半部分比前半部分稍高一些，这一点和国内的公交一样，不过整个车内的过道是没有台阶的，是用一小道缓坡连接前后部分，这样的设计明显是为了方便轮椅经过。

这里的司机也有几件事情让我特别震撼——用"震撼"一词毫不夸张。一件事情是我上车前，亲眼看见司机走下车来打开车门口和路面连接的设备，微笑着送残疾人和行动不便的老人下车。另一件事情是我该下车的时候忘记按铃了，车刚启动慌了神的我急忙按了铃，司机问我刚才是不是忘了下车，我连忙点头说是。于是他在过了十字路口后找了一个合适的地方，放我下车了。还有一件事情是我上车前没有注意是否有下车的人，于是就直接上车了（这边前面的车门也可以下车，尤其是老人等行动不便的人更喜欢走前门），司机立马向我做了一个阻止前进的手势并说"wait"，我才发现车内有老人正在缓缓向前门走来，当老人顺利下车后，司机连忙对我说"sorry"，我真心觉得自己的举动考虑很不周全，也显得很没有礼貌。从那以后，我每次上车前只要是排在队伍的第一个都会先向车里面望一望，看看是否有乘客下车，然后再上车。刷公交卡的时候，也不忘热情地向司机说一声"Good morning""Good afternoon"或者是"Hi"；下车的时候，也一定会微笑地对司机说一句"Thank you"。最开始这样做的时候，我觉得当着全车的人说话很尴尬，后来觉得不说反而显得另类了。

入乡随俗，刚开始可能会觉得很别扭，但习惯之后，就有种"脱胎换骨"的感觉。当地人可能因此对你的好感度倍增，因为作为外国人，你有着和他们一样的文明礼貌的行为准则。

（二）

前段时间，听到房东给朋友打电话，简单的两句絮叨后，直奔主题："I am so sorry that I forgot your birthday. You know I am too busy with my school work."在国内因为忘记好友生日而打电话致歉的现象恐怕极为少见，从房东的语音、语调都可以感受到她认为自己的过失十分严重。

转念一想，其实房东的举动并不夸张，就我来澳大利亚这几个月的经历来看，澳大利亚真的是一个重视朋友和亲人生日的国家。开学之初，参加学校组织的露营活动，我和学生们一起住在野外，体验户外生活。期间的一个晚上副校长带了一个蛋糕到我们露营的地方，我才知道那天是参加露营的一个学生的生日。晚上，这名学生在老师和同学们的簇拥下来到蛋糕前，老师亲自为他插上蜡烛，全体师生一起为他唱生日歌，一起许愿，最后一起吹灭蜡烛。温馨的场景，伴着点点繁星，在依山傍水的野外，大家一起为他过生日，我想他一定觉得很难忘吧。

在学校系统的主页有一栏叫"What's happening today"，其中重要的一项就是"Birthdays"。无论学生还是老师的生日都会显示在这里。每到学生生日的时候，每一堂课的导入必定是生日快乐歌，所以楼道里时常会响起"Happy birthday to you"。刚开始，我并不知道系统里有这个功能，没有过多关注生日提醒，以至于被学生们用生日"玩弄"。一次上课，一名男生告诉我今天是×××的生日，提议一起为他唱生日歌，于是我兴致勃勃地教他们唱中文版的，可后来那个学生告诉我那天其实不是他的生日。我并没有感到过多的尴尬，但决定之后每次登录学校系统时，都注意看一下生日提醒。

澳大利亚人过生日的方式也是丰富多样的。学校里一名老师竟然请假两个星期去给自己的好朋友过生日，而请假去生日旅行在这边是很常见的一种现象。有一些人在家里举办生日party，请一些亲朋好友来唱歌、跳舞、吃饭、喝酒庆祝。朋友过生日，简单的生日祝福是必不可少的，进一步可以送上一张生日贺卡，再进一步就是精心挑选礼物了。

如果你处于澳大利亚的文化环境之中，请你一定用心记下自己澳大利亚朋友的生日；如果是老师，请细心记下学生的生日，这样一定会让学生对你的好感度倍增，从而有利于自己的汉语教学。

（徐燕枫）

理论聚焦

人文关怀

人文关怀是对人的生存状况的关注、对人的尊严与符合人性的生活条件的肯定和对人类的解放与自由的追求等（叶仁荪，2014）。人文关怀的核心是肯定人性和人的价值，其本质在于尊重人的主体地位和个性差异，关心人丰富多样的个体需求，激发人的主动性、积极性、创造性，促进人的自由、全面发展。在澳大利亚，公交车的精心设计，对老人、劳动者和残疾人的尊重和关爱，对每一个学生生日的重视等方面都体现出无处不在的人文关怀和平等友爱。

案例分析

案例（一）和案例（二）是徐老师在澳大利亚生活和工作时体验到的文化震撼。案例（一）反映了澳大利亚人的"公交车文化"。公交车内部的设计让徐老师感受到了澳大利亚独特的人文关怀。此外，公交车司机的行为也深深地震撼了徐老师。司机亲自为残疾人和行动不便的老年人开车门，并微笑着送他们下车；为坐过站的徐老师找适合下车的地方；阻止莽撞的徐老师，为准备下车的老年人让出一条"绿色通道"……澳大利亚先下后上的"公交车文化"以及司机乘客之间轻松、友好的关系充分体现了澳大利亚人平等、友爱、互助的人际关系。案例（二）反映了澳大利亚人对生日的高度重视。房东因为忘记朋友的生日打电话致歉；露营期间副校长和全体师生为一个学生庆祝生日；徐老师就职的学校系统主页有专门的一栏显示老师和学生的生日，这些无不体现出澳大利亚人对生日的重视。这些和中国不尽相同的方面体现出了中澳文化的差异，体现了两国不同的价值观和交际规则。

在跨文化交际中，价值观是一个至关重要的因素，它告诉人们：什么行为是社会期望的，什么行为是社会唾弃的；应该爱什么，应该恨什么；什么是好的，什么是坏的；什么是正常的，什么是荒谬的。因此，要想真正了解一个国家或民族的文化，就必须要了解其价值观。就如中澳两国同样都尊重老人，在具体表现形式上却有所差异。在中国的公交车文化中，尊重老人主要表现在主动为老人让座；在澳大利亚的公交车文化中，尊重老人则体现为"先下后上"的社会规范，司机也会主动站出来为老人"开道"。此外，不同的价值观也导致了言语行为方面的差异。中国人不习惯和不熟悉的人打招呼，一般也不会对公交车司机表达谢意。但在澳大利亚，这些都是社会"共享观念"，如果不这样做，就会显得很另类。

澳大利亚也是一个人文关怀气息非常浓厚的国家。他们强调每一个人在社会的各个领域享有平等的权利。在公共社交领域，人与人之间平等、友爱、互助。乘客上车会主动和司机打招呼，司机也会有礼貌地点头，微笑回应；乘客下车时，会对司机说"Thank you"以示感谢；司机对老人和残疾人表现出格外的尊重和关心；公交车过道的设计是为了方便轮椅的通行。在教育领域，人文关怀表现为平等、宽容的师生关系，所以副校长、老师会为过生日的学生庆生；每到学生生日时，课堂的导入必定是生日歌。这些都反映出澳大利亚社会不同身份和职业人群之间平等和谐的关系。

此外，澳大利亚还是一个个人主义价值观占主导地位的国家，个体的价值和独特性得到了充分的尊重和重视，这一点从澳大利亚人对待生日的态度就可见一斑。徐老师的房东因为工作忙碌忘记了朋友的生日，之后特意给朋友打电话表达歉意，这让徐老师觉得有些夸张；在学校组织的露营活动中，副校长带生日蛋糕给过生日的学生，老师亲自为他点蜡烛，师生簇拥着为他唱生日歌；在徐老师任教的中学，学校系统的主页也设置了每个学生和老师的生日提醒；老师们会请两周的假去给好朋友过生日或是去生日旅行；生日party见惯不怪，生日祝福、生日贺卡更是必不可少……可见澳大利亚整个社会对生日的重视程度。徐老师也渐渐被澳大利亚的这种"生日文化"所感染,即使是在课堂上被学生们用生日话题"玩弄"也不觉尴尬。

中国文化和澳大利亚文化存在着多方面的差异。这种差异表现在思维方式、社会规范和社交准则之中,又通过坐公交、过生日、打招呼等个人行为体现出来。国际汉语教师是跨文化交际的参与者,应特别注意提高自己的跨文化意识。徐老师在这方面体现出了较高的素质:徐老师上公交车时没有顾及下车的老人,被司机阻止后以积极的态度回应和接受,并能很快地改正和适应;在看到乘客上下车都会和司机热情地打招呼后,也能克服自身的尴尬和别扭,做到入乡随俗,很快地融入当地的文化中。这些都是值得我们学习的。此外,徐老师的经历也启示我们,要不断提高自身跨文化交流能力,正视文化差异与陌生感、群体间的态度举止以及伴随的压力体验(萨默瓦等,2013:295),以积极、主动的态度和开放、灵活的思维处理跨文化差异中的问题,并最终做到像徐老师一样真正享受跨文化互动。

(赵　静)

延伸阅读

1. 杜学增.澳大利亚语言与文化.北京:外语教学与研究出版社,2000.
2. 吴为善,严慧仙.跨文化交际概论.北京:商务印书馆,2009.
3. 严文华.跨文化沟通心理学.上海:上海社会科学院出版社,2008.
4. 叶仁荪.人文关怀:推动高等教育发展的力量之源——来自赴澳大利亚学习考察的体会.大学(学术版),2014(5).
5. 赵贤洲.文化差异与文化导入论略.语言教学与研究,1989(1).
6. 拉里·A·萨默瓦,理查德·E·波特,埃德温·R·麦克丹尼尔.闵惠泉,贺文发,徐培喜等,译.跨文化传播(第六版).北京:中国人民大学出版社,2013.

思考题

问答题

1. 文化模式和价值观具有稳定性,但并不是一成不变的。你能举例说明中国的文化模式及价值观有哪些变化吗?你如何看待这些变化呢?
2. 你认为价值观有好坏之分吗?在不同文化中,同一价值观的好坏是否存在差异?
3. 不同文化模式和价值观之间有相同的成分,也有不同的成分,请尝试说明中美文化模式和价值观有哪些相同之处。
4. 中国有"枪打出头鸟"的谚语,而美国谚语则说"吱吱响的轮子会得到油。"(The squeaky wheel gets the grease.)这当中体现出怎样的价值观差异?你还能想到哪些体现价值观差异的语言现象,请举例说明。

实战题

案例A

在泰国的这段时间,我印象最深的是拜师节。在泰国,教师是一个万人敬仰的职业,泰国人民对教师的尊敬表现在许多方面,独一无二的拜师节就是最好的体现。拜师节定在每年的六月,各个学校可以自行选择六月的任何一个星期四作为拜师节。清迈皇家大学是在八月份开学,因此学院就选了开学后的第一个星期四作为拜师节。"星期四"在泰语当中的意思被汉语直译为"教师日"。据佛经记载,这一天是金星最大的日子,在太阳升起之前、月亮落下之后这段最黑暗的时间里,老师就像金星一样传授我们知识,让我们的生命充满智慧的曙光。

在举行拜师节时,老师们都坐在主席台上,台下坐着整个中文系的学生。上台的那一刻我好紧张。第一次被这么多学生尊敬,觉得很不自然,但是过了一会儿我就慢慢平复了心情。我感触最深的是拜师节这天有一些毕业的学生回到母校,拜谢母校和老师的培养,回来的每个人都给老师准备了花环和礼物,跪着到老师面前,双手合十低头再次聆听老师的教诲。虽然我听不懂泰语,但我感觉得到话里话外满满的都是情,有一部分同学起身离去的时候满脸泪水,这场面令人为之动容。

(高 枫)

1. 高老师为什么在上台的一刻感到紧张?为什么第一次被这么多学生尊敬感到很不自然?
2. 这篇案例反映了中泰价值观上的哪些异同?
3. 教师在其他文化中,或其他国家与社会中的地位如何?有哪些礼仪和习俗?

案例B

中国的一家大型公司在与迪拜的代表进行谈判时,迪拜的代表每隔一个小时就要求将谈判中断一下,因为他们要去卫生间洗手洗脸,然后回谈判室跪下祷告。但由于卫生间没有干手设备,他们做祷告时手和脸都是湿的,场面颇显尴尬。到了吃饭时间,公司为迪拜的代表准备了丰盛的午餐。大家入座后,服务人员用英语为大家介绍了一道用特殊方法烹制的猪肉,所有的迪拜人员开始怒目而视,然后集体起身离座,没有跟任何人道别。就在同一天,迪拜代表团在没有做出任何知会的情况下离开了该中国公司所在的城市。

(选自陈雪飞,2010:311)

1. 为何谈判时迪拜人员每隔一小时就要做祷告?为何吃饭时所有迪拜人员"怒目而视,然后集体起身离座"?
2. 这场失败的谈判给了你哪些跨文化启示?

案例C

在国内,对于上班族而言,"加班加班加班"仿佛成了家常便饭。然而,在澳大利亚这样的国家鲜有"加班"的情况出现。我所在的学校,一名老师因为要去新西兰进行生日旅行而请了两个星期的假,然而两个星期后就是复活节假期,我当时怎么也想不明白:为什么不多等两个星期呢?临近期末考试,班里的一个学生来告诉我,她们一家要去复活节旅行,最后一周的课不能来上了,这次考试也不参加了,我在想在国内怎么可能因为这样ridiculous的原因请假,而学校竟然也会批准缓考申请。

对以"勤劳勇敢"著称的中华民族而言,这里的人们简直太会享受生活了。如果有一天身边的朋友变懒了,那你可能要怀疑一下他是否也去过澳大利亚,感受到了"休息比工作更重要"的文化。不过,中国文化中的"物极必反"和西方文化中的"All work and no play makes Jack a dull boy"有相通之处,两者告诉我们,在紧张的学习、工作之余,一定要给自己的身体和心灵放一个假。短暂的休息是为了更好地前进,但绝对不是止步不前、变得懒惰。

(徐燕枫)

1. 徐老师觉得师生因生日旅行和复活节旅行请假是件很荒谬的事,你如何看待?
2. 你觉得中国人的"勤劳勇敢"和澳大利亚人的"享受生活"背后体现了怎样的文化和价值观差异?

第二章
跨文化交际的心理与态度

跨文化交际不同于一般性的沟通和交际，它是异质文化间的碰撞和交流。这就决定了它蕴含着更多的复杂性和不确定性。在跨文化交往中，即使我们了解了不同文化的价值观和文化模式，熟悉不同文化的语言行为和非语言行为，仍然可能出现一些交际障碍。这是因为，跨文化交际的心理和态度对跨文化交际起到了至关重要的作用。在跨文化交际中，不恰当的心理因素会阻碍沟通的进行，甚至会导致跨文化交际的失败。常见的心理因素有刻板印象、偏见与歧视、社会距离、种族中心主义等。

刻板印象。 刻板印象是一种定型观念，是对某一社会群体的固定性看法或类型化判断。它是中性的，一般来源于家庭和周围人的影响、大众传媒或个人的真实经历。在跨文化交往中，这种定型观念会无意识地影响我们的思维，使我们忽视群体的个体性差异，做出笼统的判断。比如"法国人浪漫、德国人严谨、犹太人聪明、日本人古板、中国人喧闹"等，这些都是刻板印象的表现。刻板印象的积极意义在于可以帮助人们快速有效地抓住某个群体的主要特点，但它也有消极意义，即容易将群体等同于个别、一般等同于特殊。

偏见与歧视。 偏见是一种负面心理，它是对一个群体错误而僵化的负面感情。偏见可能是针对整个群体的，也可能是针对来自某个群体的个人的。偏见好比戴着有色眼镜去看待某一群体或个人。比如，认为黑人是愚蠢和危险的，中国人移民日本是不爱国的表现等。偏见是一种态度，是定型观念中不符合事实的部分，歧视则是偏见的行为倾向。

社会距离。 与此相关的概念有"陌生人理论"。"陌生人"概念最早由德国哲学家格奥尔格·齐美尔（Georg Simmel）提出，指的是没有完全融入其所属的社会或文化体系中的人群，他们和社会中其他成员之间存在着一定的"社会距离"，无法融入主流社会群体，或因自己"陌生人"的身份感到焦虑和不安，甚而引起社会混乱，如世界移民、难民问题等。今天西方世界严重的"移民问题"，其实也是不同文化群体之间，虽然长期共处一个"地盘"却仍感到自己是"陌生人"的问题（潘一禾，2011:132）。

种族中心主义（ethnocentrism）。也译作"民族中心主义"，简单来说，就是具有种族优越感，认为自己民族、种族的传统和行为是高级的、正确的，其他民族、种族的传统和行为是低级的、错误的。在跨文化交际中，种族中心主义表现为：以自己的文化为参照标准，以此来衡量其他民族、种族的文化，肯定与自己相同的文化，否定或贬低和自己相异的文化。在电影《刮痧》中，由于美国没有"刮痧"的医学疗法，美国律师以"美国没有一本医学书上有刮痧的描述"就轻易断定被告许大同在说谎，坚持认为他实施了虐童行为，这就是种族中心主义的表现。不过，对于一些轻微的自我中心倾向，我们也可以称为"我族中心主义"。

不恰当的跨文化心理因素会给跨文化交际带来消极的影响，因此，为了跨文化交际能够顺利进行，我们应当以正确的态度来对待不同民族的文化。首先，我们应该树立良好的文化意识和自我意识，认识到文化间的差异是客观存在的。同时也应该培养自我反思的能力，克服潜意识的思维定式和文化偏见。其次，承认文化差异的存在，以开放的思维和宽容的态度看待各民族文化。最后，在交际中尽量避免先入为主，学会倾听和尊重。

在跨文化交际中，交际者的心态很重要。如果我们能克服刻板印象、偏见和种族中心主义等消极心理因素，以尊重、宽容和移情的态度对待不同文化，跨文化沟通也许并不那么复杂。

| 案例 9 | **刻板印象** |

（一）

来到意大利任教已三月有余，我慢慢适应了一个人在国外的工作和生活，与我的学生们的相处也变得非常轻松融洽，每一次跟学生们的交流，都让我愉悦且满足。他们不仅是我的学生，也是我适应异文化的向导和老师。在跨文化交流中，衣着服饰这类隐形文化符号，往往也可以反映出一个民族、一种文化的特征。就比如现当代的中国年轻人多追求个性、潮流，"撞衫"是一件比较尴尬的事情，如果两个明星出现"撞衫"的情况，总会被娱乐新闻大肆评判。这也许跟中国人口众多的国情有关，因为人多，所以大家都想做特别的、唯一的、能够被别人记住的那个，于是也就表现到了服饰文化上来。

我一直认为，意大利作为一个时尚大国，人们对服装的品位和要求一定非常高，但在意大利生活了一段时间之后，我发现了一个有趣的现象。很多年轻人都很喜欢用一个叫作"Napapijri"品牌的东西，它就像是一阵席卷了全体年轻人的时尚旋风。我的学生们几乎人手一件此品牌的衣服、书包，甚至是文具盒。起初我以为是因为这个品牌物美价廉，所以学生们都喜欢使用，但当我在一家商店里看到了令人咂舌的价格后，我的疑惑就更深了。

今天在汉语课上，我和高二A班的学生讨论到中意高中生的差异问题，我向他们问出了这个我一直疑惑不解的问题："为什么你们都喜欢穿一样的衣服、用一样的书包和文具盒？"学生们的回答是："因为别人都在用，我不

意大利时尚服饰（林佳佳供图）

想和别人不一样,所以我也要用。"我似乎明白了,也许这也是文化间的差异。我一直认为西方文化是开放的、自由的,但其实意大利人在着装方面非常保守含蓄,他们并不喜欢引人注目。所以在学生眼里,和别人一样、不出格就是正确的。

在跨文化交际过程中,我们对某一个国家、某一种文化,往往会产生一定的主观判断,如:中国人就是害羞含蓄的、外国人就是开朗大方的,我们把此类现象称为"刻板印象",其实刻板印象在跨文化适应中十分常见。我们总认为意大利是一个时尚大国、属于西方文化圈,所以意大利人应该是特立独行的,在穿着上也一定非常与众不同。但事实上,很多意大利人并不会特意注重穿着打扮,也不愿意引人注目,他们是含蓄的、也是内敛的。所以,要了解一个民族、一种文化其实相当复杂,它有热情奔放的一面、也有沉静内敛的一面。因此,具体问题具体分析是我们解决跨文化问题的一大要点。

(侯东海)

(二)

来克拉科夫孔子学院实习的半年时间里,我接触了各个年龄、不同水平的波兰学生。由于在克拉科夫很少能看到亚洲面孔,我平时打交道的除了孔院汉语教师外几乎都是波兰人。在和学生的接触中,我能明显感受到波兰人的含蓄与内敛,尤其是男孩子。有几次在课上叫他们回答问题,他们竟羞涩地"唰"一下红了脸。我的课一直注重设计以交际为导向的课堂教学活动,强调互动性,增加学生的汉语使用频率与课堂参与度。女孩子大部分都很配合,有几个男生却总也放不开,我经常鼓励兼引导,课堂气氛才慢慢地活跃了起来。

那天孔院的一个老师去参加学术会议,我来替她上课。由于是代课,之前对这个班的学生情况一无所知,简单的自我介绍后便进入主题。讲到"经常"这个词便扩充了"很少""总是""从不"等频度副词,我想让学生通过回答问题来习得频度副词用法，顺便复习上一个单元学过的动词。于是便换个提问："你经常打球吗？""你经常购物吗？""你经常旅行吗？"前几个学生都答得很好。轮到一个眉清目秀的男生时，我半开玩笑地问道"你经常约会吗？"（上个单元学了"约会"这个词）空气静止了1秒钟，他竟然说："It's a little rude."我一时有点儿不知所措，原本是想以新词带旧词练习，然后通过一个小玩笑"破冰"，活跃课堂气氛，没想到却发生了这样尴尬的事情。还好我冷静下来，面带微笑地说："我没有别的意思，只是练习'经常'、复习'约会'而已，如果你不喜欢这个问题我们换一个。"然后我问："你经常游泳吗？"他也没有再说什么，回答："不，我很少游泳。"就这样算是化解了这个"危机事件"。

还有一次是在我自己的班上，学期中新转来一个男孩子。在课堂交际环节，我觉得应让他参与，便给他安排了一个简单的任务，心想有困难的话在我的帮助下他也肯定能完成。没想到他非常羞涩地说："I'm too stupid."不愿意参与。然后我又赶紧安慰这个"玻璃心"的男孩子说："并不是这样的，你很聪明。你是新同学，很快就会赶上我们的进度。"

中国传统文化中特别崇尚语言和行为的委婉、含蓄。但是对于年轻人而言，"男／女朋友"话题早已不是一个敏感的隐秘性话题，我们可以大方地谈论。而欧洲人向来给人的感觉是热情奔放、思想自由，谁知道"你经常约会吗？"这样的问题竟触到了那个男生的"雷区"。腼腆害羞、敏感、自尊心极强的男孩子好像也不太符合我头脑中的欧洲人形象。虽然这都是个例，但对波兰男孩子的性格也可窥见一斑。

刻板印象使得人们不能客观地观察另一种文化，会使人们失去应有的敏感。刻板印象最大的局限是以偏概全，忽视个体差异。它对一个群体做了过度的概括，没有考虑到个体的差异和事物的发展变化。有了这些课堂实践，我对"刻板印象"的感受尤其深刻。在此之前，我对欧洲人的印象笼统而又单一，以偏概全地认为相比中国人的含蓄内敛，欧洲人都应该是热情奔放的。在实际接触、了解他们的文化、历史后，才发现这样的刻板印象局限性太大了。波兰的地理位置、历史因素、社会发展都对他们的民族性格产生了重大的影响。基于民族性格，不同的性别、年龄等又呈现出不同的性格特点，这对我们选择教学方式、方法来说尤其重要。国际汉语教师要做的是了解当地文化、积累经验、多做反思从而提高跨文化敏感度，打破这种由自我局限而产生的文化定式，逐渐积累自己在多元文化教学背景下的跨文化交际知识。事实证明，在充分的移情后，教学工作还是能顺利、愉快开展的。比如和他们彼此熟悉、相处成为朋友后，他们可能会主动和你开玩笑；敏感害羞、自尊心极强的男孩子在宽容与鼓励下，也勇敢地开始展现自我。

（孟嘉君）

理论聚焦

刻板印象（stereotype）

刻板印象是指对某一社会群体过度简单、过度概括或夸张化的看法（陈国明，2009:50），它形成于人们从个别到一般归纳群体特点、形成概念的过程之中，但也容易忽视个体区别，比较片面地仅用肉眼看到的最明显的特征来进行总结，或以一组特征来概括全体，所以常常表现出以偏概全的特点。刻板印象包含一定的社会现实，可以为人们认识某一群人提供简便的参考标准，简化认知过程。但其概括过度或概括不足的部分则容易导致认知上的错误，影响人们做出正确的判断。而刻板印象一旦形成，便具有共享性、顽固性和一定的影响力，阻碍人们看到新的现实、接受新的观点。

刻板印象与媒介有着重要的联系。媒介不仅是拟态环境的主要营造者，而且在塑造、维持和改变一个社会的刻板印象方面也拥有强大的影响力。当媒介有选择地将具有相同特质的某些形象反复呈现给受众时，受众就容易受这些形象的影响形成刻板印象，并逐渐作用于其日常信息处理的过程之中，形成刻板化的对某个问题或社会成员或正面或负面的评价。

案例分析

刻板印象是将复杂信息简单化的处理方式,是一种比较快捷和方便的归类方法,在我们最初与其他文化中的人进行交流时,因为缺乏充分信息,往往会采用刻板印象作为辅助手段(陈雪飞,2010:136)。案例(一)中的侯老师一直认为意大利是时尚大国,也属于西方文化圈,认为意大利人在穿着上应该是与众不同、特立独行的。正是由于这种刻板印象的存在,才会在看到意大利人"撞衫""撞物"等现象时疑惑不解。事实上,这种做法正是忽视了刻板印象的最大局限:以偏概全,即对一个群体做了过度的概括,没有考虑到个体差异性和事物的发展变化。一般来说,刻板印象主要有三个来源:家庭和周围人的影响、大众传媒、个人的真实经历(祖晓梅,2015:204)。侯老师觉得意大利人接受"撞衫"不可思议,其来源可能是大众传媒。网络、电影、电视的普及,"米兰时装周"的举办,使意大利时尚大国的概念家喻户晓,从而给了作者错误印象,以为所有意大利人都追求时尚、个性。所幸,侯老师具有较高文化敏感性,能在跨文化交流时细心观察,善于反思,并意识到针对任一群体的刻板印象,不可能适用于该群体中的所有成员、所有方面。

案例(二)描述了孟老师在汉语教学过程中因刻板印象而遇到的小挫折。在大多数人印象里,欧洲人都应该是热情奔放、思想自由而不拘小节的,然而由课堂上的一个小练习"你经常约会吗?",加上教学进程的不断深入,孟老师逐渐发现很多波兰人其实是害羞、腼腆的,与其想象中的热情奔放完全不同。孟老师有一个许多人在理解欧洲社会和文化时都存在的问题,即:习惯将欧洲视为一个整体,统统以"西方"来概括,从而产生刻板印象。但其实欧洲内部各个国家之间也有较大的差别,这里不仅是对西方文化存在刻板印象,对于"西方"和"欧洲"的范围也存在刻板印象。孟老师在潜意识里认为西方人热情奔放,和波兰学生开个有关约会的玩笑无伤大雅,但其实这种预测与交际对象的性格正好相反,导致交际出现问题。刻板印象使我们在交往过程中无意识地给对方分类,这种分类使我们对对方的行为产生期待和预测,而这些期待和预测的正确程度则会直接影响交际。正确率越高,我们交际就越顺利,反之,则越困难。

在跨文化交际过程中,刻板印象是普遍存在的,它可以帮助我们快速地把握一个群体和文化的特点，但又容易使我们以偏概全，忽略个体特点。国际汉语教师的个人心理因素和反思能力对于最大限度地利用其积极影响并尽力避免或消除消极影响起着很重要的作用。案例（一）中的侯老师善于观察和反思，能够敏感地捕捉到与意大利学生交往过程中产生的跨文化现象，并对此进行探究和思考。案例（二）中的孟老师在自我分析时注意到波兰的地理位置、历史因素和社会发展赋予了波兰人民独特的民族性格，且不同的性别、年龄又呈现出不同的特点，由此反思到刻板印象容易使跨文化交际参与者失去原有的敏感。

跨文化敏感度是人们激发自身理解、欣赏并且接受文化差异的主观愿望。Bhawuk & Brislin（1992）强调跨文化敏感度有三个特征：思想开放，对其他文化有兴趣；注意到文化差异；尊重其他文化与本土文化差异，灵活变通，能够根据文化差异相应地调整行为。为了提高跨文化交际能力，国际汉语教师需要克服刻板印象，提高自己的跨文化敏感度，调节自我，接受、理解、尊重、欣赏文化差异，同时注意提高跨文化交际技巧和实际解决问题的能力。

（姜 蕴）

延伸阅读

1. 王艳玲. 培养文化敏感型教师：多元文化教师教育的议题与挑战——美国哥伦比亚大学师范学院A. Lin. Goodwin教授访谈. 全球教育展望, 2012(2).

2. 俞玮奇. 来华汉语学习者的跨文化交际能力实证研究：敏感度与效能感. 世界汉语教学, 2012(4).

3. 张喜华. 中西跨文化交流理想之境. 中国文化研究, 2013(1).

4. Bhawuk, D. P. S. & Brislin, R. The measurement of intercultural sensitivity using the concepts of individualism and collectivism. *International Journal of Intercultural Relations*, 1992(4).

5. Hofstede, G. Cultural differences in teaching and learning. *International Journal of Intercultural Relations*, 1986(3).

案例 10　如此中国印象

（一）

今天上课的时候，Richard Li 一直问我是不是 vegetarian，因为他是华裔，他奶奶是中国人，他奶奶就是素食主义者。他一直问我吃不吃这个肉，吃不吃那个肉，我有一点儿不耐烦，因为是上课时间，而且今天中文老师没来，是别的代课老师在上课，我作为助教也不能一直照顾他，但是他一直追着问我，还问我日本侵略的事情。因为得过脑卒中，口齿不清，所以我也没太听懂，我就一直让他做 worksheet。难道这些华裔孩子真的一点都不了解中国吗？

（迟晓雪）

（二）

由于在公立中学任教，再加上生活在智利一座海滨城市旧城区，我接触的基本都是社会底层的智利人。当然，这里也生活着不少的中国人，他们多数是从浙江、福建和广东一带出来经营超市、餐馆、游戏厅等的商人。

有一次在办公室，我的一位非常"哈韩"的男同事弗朗西斯告诉我他想去韩国，想变成韩国人的单眼皮。于是我就问他："为什么不想去中国呢？"他犹豫了一会儿，告诉我，韩国人比中国人好看。虽然大家都心知肚明是整形手术的缘故，我并没有马上拆穿。接着，他就很直接地告诉我，中国人很脏、几乎不梳妆打扮，毫不在乎自己的形象等，最让我震惊的是，他竟用"disgusting"这个词来形容中国人，我当时强忍着自己的怒火。这位男同事私下里也几乎不会叫我名字，而是用"chino（中国人）"称呼我。圣诞节的时候，弗朗西斯邀请我去他家吃饭，他妈妈发现他一直叫我"chino"而责骂他不懂礼貌。我也在想，我明明有一个很好发音、毫不拗口的单音节名字，为什么他还次次轻蔑地称呼我为"chino"，反倒是我每一次见到他的时候都是称呼他全名。除此之外，弗朗西斯还时不时发出"你是黄种人，我有白人血统"的论调。这算种族歧视吗？后来，我渐渐发现，不少在这座旧城区经商的华人衣着朴素，女性华人也很少化妆，生活轨迹通常就是自己的小店和住所两点一线，甚至很多商铺是商住两用的，所以就更用不着出门。华人保持着自己圈子的独立性，在当地人看来多了几分神秘。

在南部旅行期间，我认识了一名学新闻的智利大学生托伦佐。因为小眼睛和不太明显的双眼皮，他被朋友们直呼为"chino"。跟大多数的外国人见到中国人都会或委婉或直接地问"你吃不吃狗肉"一样，托伦佐也这样问我。我立即回答说我不吃狗肉，我家人也不吃狗肉，但是在中国的确有人吃狗肉。当YouTube被广西玉林荔枝狗肉节霸屏的时候，全世界的人大概都在等着拷问中国人了。随即，我解释说："在中国南部靠近越南的一个省的一个小城市（或者小村落）确实存在着吃狗肉的习俗，这是他们的一个节日，是当地的习俗。但是除此之外，绝大部分的中国人并没有吃狗肉的习惯，我们都很爱狗，很多人也无法接受吃狗肉的行为。中国面积广阔，不同民族之间的生活方式和文化习惯也不尽相同，就像南美大陆的智利人无法理解复活节岛上的智利人一样，即便存在误解，我们仍然共存。"后来，托伦佐又告诉我，他家所在的城市也生活着不少中国人，他问我：为什么大多数中国人看起来都是嘴角下垂、紧抱双臂，一副唉声叹气的pesado（心情很沉重）模样？中国很穷吗？中国人都很不开心吗？

我的室友露易丝是智利瓦尔帕莱索大学法律系的本科生，已经26岁了，是一名独立女性，尚无男友，主张不婚主义。露易丝不喜欢旅游，除了首都大区和瓦尔帕莱索大区，至今没去过智利其他地方，但她仍多多少少了解一点中国。露易丝时不时会和我讨论中国大陆的社会主义制度和台湾的资本主义制度，在她眼里中国大陆所有的东西都是白菜价，超便宜。有一次她拿着当月的水电费账单抱怨物价奇高的时候，竟问我在中国大陆人民是不是不用缴水电费，因为她认为社会主义就是免费。我告诉她中国大陆的社会主义是有中国特色的社会主义制度，我们开放市场经济，引入个体资本，日常生活和其他国家并无两样。值得一提的是，在智利私立的教育机构、医疗结构是优于公立的，而在中国大陆最好的却是公立学校、公立医院。当我告诉她智利普通大学本科一个月的学费相当于中国普通大学本科一年的学费的时候，她一副若有所思、好似明白的样子。还有一次，露易丝问我在中国大陆不能上Facebook、Twitter、YouTube等网站，中国人是不是就与世隔绝、不知世界风云变幻了。我立即打开了我的手机，给她介绍我常用的几个APP：新浪微博相当于Twitter，微信相当于Whatsapp，但是功能更为整合，QQ相当于Facebook，开发时间最早。除此之外，我还时不时展示下各大电商APP，告诉她中国不像他们想象的落后。

在智利北部世界旱极旅游的时候，我们在一家旅行社咨询当地报团的情况，工作人员很详尽地帮我们挑选、组合了好几条路线。正当我们犹豫不决、拿不定主意的时候，他补充了一句："我看新闻说中国的空气污染很严重，很难见到蓝天，你们一定会爱上这里的天朗气清的。"瞬间，我们脸上全"挂上了黑线"。

无知？偏见？刻板印象？还是别的？留给我的是一串问号！

（周　镇）

理论聚焦

偏见（prejudice）

当消极的刻板印象长期保存在头脑当中，并成为人们进行错误评价的根据时，偏见就会形成。偏见是由我们对某一群体的错误或片面看法累积而成的僵化态度，是一种负面性的评断，它已经进入了态度的范畴（陈国明，2009:55）。态度是行为的潜伏动因，当对他人怀有偏见时，人际间就会产生消极的情感，导致人与人之间的隔阂。在偏见的影响下，人们容易对他人做出不正确的评价，甚至直接做出诸如诅咒（语言上嘲讽指责）、规避（排斥交往）、歧视、攻击（肢体暴力）等行为。

经历的群体和想象的群体

个人的跨文化经历是有限的，经历的群体也是有限的，因此难免将对自己经历的群体的感受和看法扩展到该群体所在的更大的群体，由此产生不客观、片面的印象。案例（一）中的华裔男孩将自己经历的群体（奶奶）和想象的群体（所有中国人）等同，案例（二）中周老师所接触的智利人将自己经历的群体（旧城区经商的华人）泛化到了一个想象的群体（整个华人圈及中国）。在跨文化交际中，为了避免产生片面认知，形成客观的看法，应将信息来源多样化，从多角度去认识和了解一个群体及其背后的文化。

案例分析

偏见是由我们对某一群体的错误或片面看法累积而成的僵化态度，是一种负面性的评断。而在跨文化交际中，由于个人真实的跨文化经历有限，与某一群体和文化的接触也有限，因此极易将自己经历的群体等同于想象中该群体所在的更大的群体，从而将其对所经历的群体的不好印象扩大到想象的群体，形成对其背后的更大的文化群体的偏见。当对他人怀有偏见时，人际间就会产生消极的情感，导致人与人之间的隔阂。

案例（一）中迟老师的华裔学生，由于接触的中国文化的范围有限，只有奶奶一人，所以很难对中国文化群体有全面的认识。因为奶奶是素食主义者，所以他认为中国人或者大多数人都是素食主义者，他频繁问老师吃什么肉、不吃什么肉，引起老师的不耐烦，并且让老师产生了华裔孩子一点都不了解中国的疑问。其实与华裔学生相比，交际障碍在老师的身上表现得更为明显。迟老师由于对方是华裔，就认为对方理所应当对中国有充分的了解，当发现学生的表现不符合自己的预期时，迟老师表现出了焦虑的情绪，并在潜意识中把障碍的产生归咎于学生"一点都不了解中国"，这实际上是非常不应该的。华裔的孩子，由于自小生活环境的不同，对中国所知甚少完全可以理解。在成长过程中，受家庭的影响或者后天自己的选择，对中国的了解可能会越来越多，正如案例中的学生，正是因为对中国的相关事物非常感兴趣，所以才抓着老师问各种问题。老师本应为此感到高兴并大加鼓励，却由于对学生抱着过高的、不切实际的预期而对学生的好奇表现出"不耐烦"的态度，这很有可能会打击学生了解中国文化的热情。

案例（二）描述了一些智利人对中国的刻板印象和偏见，不管是在工作中，还是在生活中，抑或是在智利其他城市的旅行过程中，周老师总会遇到一些对中国存在偏见的人。案例中提到了四个智利人：同事弗朗西斯、大学生托伦佐、室友露易丝，还有一名旅行社工作人员。弗朗西斯对中国人的外貌有很深的刻板印象，他当面对周老师说中国人很脏、不梳妆打扮、形象差，而且认为中国人"disgusting"；私下里，他叫周老师"chino"，而不称呼其名字，他的母亲都责骂他不懂礼貌；他歧视黄种人，觉得自己高人一等。弗朗西斯的这些认识和行为，都与他长久以来对中国人的负面刻板印象有关，这些刻板印象，或许是源于对当地华人（经历的群体）形象的主观认知，并将这种主观认知扩及所有中国人（想象的群体）身上；或许是来源于当地社会的主流偏见、新闻媒体片面的报道；又或许是来源于中国人和智利人不同的着装打扮以及当地华人群体与主流社会的疏离感……这些都值得我们思考。托伦佐、露易丝、旅行社职员对中国也有一定的负面刻板印象，但与弗朗西斯不同，他们的刻板印象还没有发展到形成偏见的程度。托伦佐的认知上存在中国人吃狗肉的刻板印象；路易丝对中国的认识还停留在过去落后、愚昧的状态，认为中国什么都免费、与世隔绝；旅行社职员觉得所有中国人都很难见到蓝天。所谓"好事不出门，坏事传千里"，消极的信息、体验和人员会比积极的信息、体验和人员造成更为深刻的影响，坏消息比好消息更能引起受众的关注、引起其更深刻的联想以及获得更广泛的传播（丁娜妮，2015）。从他们三个人不同的刻板印象中我们可以发现，大多数智利人对当代中国还缺乏了解，他们关注到的和环境中广泛传播的信息是"吃狗肉"和"污染严重"，他们将信息主体由局部扩展到了全部，对中国社会的认识还停留在很久以前。

大部分汉语教师在海外任教的过程中都会遇到关于中国这样那样的刻板印象或偏见。刻板印象和偏见的形成包含很多因素，与人们认知能力、推理能力的局限性有关，与国际社会对中国的不了解有关，与主流媒体的片面报道有关，与中西方意识形态的不同有关，也与不同文化之间的差异有关。刻板印象、偏见一旦形成便很难消除，对于那些负面的部分，我们只有尽可能地去缓解、弱化。然而，要消除中西方由于意识形态产生的隔阂并不容易，通过媒体来改变大众的态度也极其困难。在这种情况下,加强群际间的沟通和交流不失为一个好办法。海外汉语教师就承担着一部分这样的重任,像案例中周老师对托伦佐、露易丝的解释,虽然无法完全消除他们心中的刻板印象,但至少给他们提供了一个客观认识中国的视角。所以,在面对外国人对中国表现出的刻板印象、偏见歧视时,我们要持不卑不亢的态度,本着相互学习和探讨的精神,帮助他们用全面、客观、发展的眼光看待中国。另外,汉语教师在海外也要时刻注意保持良好的自身形象,毕竟大多数的海外民众能看到的中国人有限,汉语教师就构建了他们认知里的中国人形象。

(姜 蕴 郎亚鲜)

延伸阅读

1. 陈国明.跨文化交际学(第2版).上海:华东师范大学出版社,2009.

2. 丁娜妮."坏事传千里"的传播学探析.新闻世界,2015(8).

3. 胡文仲.超越文化的屏障——胡文仲比较文化论集.北京:外语教学与研究出版社,2004.

4. 梁晓波.中国国家形象的跨文化建构与传播.武汉大学学报(哲学社会科学版),2014(1).

5. 薛可,梁海.基于刻板思维的国家形象符号认知——以《纽约时报》的"西藏事件"报道为例.新闻与传播研究,2009(1).

6. 赵欣.在华旅居者隐性偏见的实验研究及跨文化分析.新闻与传播研究,2014(2).

案例 11　我所知道的"江陵端午祭"

2016年夏天，我与几位在华的韩国留学生——素希、显姬、亨俊走得很近，平日里多有交流，那段时间彼此的关系倒也当得起"朋友"二字。恰逢端午，我便借着过节的由头，约了他们一起出来吃饭。

甫一落座，最活跃的素希就打开了话匣子："其实我在韩国都不怎么过端午节呢，怎么在中国，这是一定要出来聚餐的日子吗？"她来自大田，是韩国的六个广域市（地位仅次于首尔特别市，有点类似中国的直辖市）之一，经济、教育、科技各方面发展都不错。听到她这样说，我一开始以为，这是因为她从小生活在城市扩张比较迅速、经济比较发达的广域市的缘故。谁料，显姬和亨俊也都对这一说法表示赞同，说自己在韩国几乎从来不过端午节。显姬来自公州市，是忠清南道的一个普通城市，而亨俊则来自一个离首尔不远的县城，不过18岁以后他就一直在首尔市里念书，很少回到县里。

借着这个话题，我小心翼翼地提出了一个疑问："你们知道江陵端午祭申遗成功的事情吗？"要知道，这个话题如果放在早几年前的中国互联网上，可是会让人吵得不可开交的。尽管一再有学者出来解释称，江陵端午祭是韩国独有的民俗节日活动，与中国的端午节区别很大，因而韩国用此活动申遗成功，不存在"强抢"这样的说法，更无谓"强盗"之说，但仍有不少不明真相的网友对韩国这一行为嗤之以鼻、表示不屑，甚至说出许多恶毒的话语。我很怕在韩国的互联网上也会有类似的情况，更怕眼前的三位韩国朋友联想到一些不好的争执而感到郁闷。谁料，三人互相看了许久，才迟疑地点头："啊，似乎曾经在报纸上看到过新闻。"看样子，眼前的他们不曾卷入过互联网大战中，因为他们甚至对申遗成功的事情都记忆模糊。

为了深入了解江陵端午祭在他们心目中的地位，我又赶紧追问："那么，只有江陵地区过这个节日吗？你们都不受影响的吗？"他们纷纷表示,自己所在地区的人都未曾受到影响,亨俊更是直言,在首尔这样繁华而匆忙的大城市里,举办这么盛大的活动只为了过端午节,几乎是不可能的。另外两位也表示,她们所知道的,整个韩国,只有江陵这个城市,才会这么隆重地过端午节。我心下了然,也终于明白了网络"键盘侠"们究竟无知在哪里……

前几年网络上爆发"端午节被韩国人抢走"的说法时,我便心生疑窦:节日还能被人抢了去?随后,我便仔细查阅,弄清了整个事件的来龙去脉,心中逐渐有数。中国的网友对此无比激愤,无非两个原因:一是错把"江陵端午祭"直接等同于"端午节",因而自然地认为江陵端午祭被韩国申遗成功就意味着端午节被人申遗成功;二是错把端午节在中国的地位与其在韩国的地位画上等号。诚然,在韩国,所有人都知道江陵端午祭这个负有盛名的活动,但除了本地人以外,很少会有别的地区的人去江陵参与,或者在其他地区以同样隆重的方式过端午节。我接触到的三位韩国朋友就从未特意去江陵参加这个活动,他们也直言,其实在他们的心目中,这种活动不算是过节,更像是一种表演仪式。这其实和中国的某些节日很相似,例如在清明节,陕西省会举办公祭轩辕黄帝典礼;在三月三上巳节,传说中黄帝诞生的日子,河南省又会举办黄帝故里拜祖大典。当然,江陵端午祭的性质是比较民间的,历史也远比这两个正式的官方活动要悠长久远(其实这样的祭祖大典自古已有,清明节、上巳节也有固定的仪式活动,不过流变过程比较复杂,在此不能一一赘述),但不可否认的是,就像大部分中国人不会每逢三月三专程跑去黄帝故里参加拜祖大典一样,大部分韩国人也不会在端午节那天专程去江陵参加端午祭,那么自然地我们可以推导出,在韩国,端午节的地位并没有我们想象中的这么高。正是因为不了解,所以我们才虚构出了一幕幕"强盗""抢夺"的画面,以为自家宝贝被别人夺了去,但深入了解以后就会发现,你以为的宝贝在韩国的地位根本没有这么重要,最关键的一点是,人家的宝贝和自己的宝贝,其实根本不是一个东西。所以说,口无遮拦的谩骂背后,其实是深深的不理解，再由于种种其他原因，戾气便随着无知的风蔓延开来了。

（潘麒丞）

理论聚焦

偏见的表现

广义来说，偏见是与某一群体相关的令人深信不疑的感受，或者说是对一类群体僵化的、不合理的概括，多由负面的刻板印象造成。Ruscher（2001）曾指出，在交流环境中，抱有偏见的人的消极情绪和态度经常"溢于言表"，而在语言上表达出来的话就会出现群体标签、充满敌意的幽默，或是断言一个群体要比另一个群体先进。Allport（1954）曾指出偏见有五种表现，首先最常见的是言语嘲讽或诅咒，表现为对某些群体使用贬义称呼，开恶意玩笑或发表恶意言论等；其次是规避，表现为在行为上疏远不喜欢的人群，例如美国民权运动之前黑人和白人不能同上一所学校；然后是歧视，指在某些方面排斥某些群体成员享有就业、住房、教育、公共服务等方面的平等权利；再次是人身攻击，指由偏见引起的肢体暴力和冲突，例如一些烧毁犹太人商铺和住房的行为；最后，由偏见引起的最严重的后果是种族灭绝，其中最著名的事例是二战期间纳粹对犹太人实行的种族灭绝政策。偏见是跨文化正常交流的很大阻碍，应当积极克服。

案例分析

案例中潘老师在和三个韩国学生交流的过程中，发现江陵端午祭在韩国学生心中的地位并不那么重要，于是在自己查阅资料后发现中国的端午节和韩国的江陵端午祭并不一样，就该项目申遗的问题，部分中国人对韩国存在偏见。

偏见是对某一个群体的成员建立在错误而僵化的概括基础上的负面感情。一般来说，偏见大多来源于不了解，例如案例中很多中国人由于不了解韩国江陵午祭和中国端午节的区别，在部分网络媒体的不实宣传影响下，针对韩国江陵端午祭申遗问题有很多负面的言辞。偏见会给跨文化交际带来十分不利的影响，所以国际汉语教师应当尽量采取灵活策略和积极行动消除偏见，以平等、尊重的态度对待其他文化群体。潘老师面对部分中国人对韩国的偏见，没有盲目跟风，而是选择查找资料，保持认知的客观性，这一点是值得肯定的。

跨文化冲突是指在跨文化情境中基于文化差异引起的不一致（严文华，2007:81）。跨文化冲突的应对策略主要有规避、竞赛、妥协与合作四种。我们都知道由于端午节申遗问题中韩两国人民在互联网上确实起过冲突，主动提及这种敏感话题其实是有风险的。作为教师，如果自己对谈论的话题一知半解、没有深入了解过的话，在学生没有主动提问的情况下，不宜主动提及。相反，如果前期做过大量调查，深入了解过相关知识且对自己的处理能力有信心，不一定非要对敏感话题敬而远之。潘老师就中韩端午问题做过深入调查，了解整件事情的来龙去脉，所以有足够的自信谈及这个话题。对于敏感问题的处理态度，既不能"唯恐避之不及"，故意地束之高阁，又不能每次都拿出来大谈特谈，强迫学生接受自己的观点，中间的度该怎样把握其实还有赖于汉语教师自身的文化知识储备和教学经验。跨文化交际中遇到敏感话题，没有哪种策略是万能的，我们能做的就是给学生提供更多的信息量，或者提供一些可供检索的信息资源，让学生自己去查找资料，得出相对全面、客观的结论。

（姜　蕴）

延伸阅读

1. 韩红. 全球化语境下外语教学中的跨文化意识. 外语学刊, 2002(1).
2. 李智. 当代大学生跨文化交际能力的建构与培养. 江苏高教, 2014(5).
3. 王松, 刘长远. 外语学习者的跨文化意识培养. 外语学刊, 2016(5).
4. 徐平. 二语习得与跨文化交际意识的融合. 东北师大学报（哲学社会科学版）, 2013(4).
5. Allport, G. W. *The Nature of Prejudice*. Oxford: Addison-Wesley, 1954.
6. Ruscher, J.B. *Prejudiced Communication: A Social Psychological Perspective*. New York: Guilford Press, 2001.

案例 12　生育观念与政策

（一）

中国的计划生育政策推行了很多年，影响深广，甚至连外国人都知道一些。这也成为我认识的马来西亚人，甚至马来西亚华人很感兴趣的一个话题。我经常会被问到这样的问题："你们家有几个孩子？""你有兄弟姐妹吗？"我如实地回答说："我还有一个弟弟、一个妹妹。"他们就很好奇："中国家庭不是只可以生一个孩子吗？为什么你们家有那么多孩子？""多生孩子会受到什么样的惩罚？""为什么你们一定要生男孩儿？""中国是不是有很多被抛弃的孩子？""你以后想生几个孩子？"等。

这些问题涉及了中马生育观念及政策。马来西亚人几乎全部是穆斯林，他们的宗教规定不可以堕胎，即使在怀孕期间胎儿被检查出是残疾，大多数父母也会选择把他们生下来。所以在吉兰丹这个伊斯兰教占主体的州，经常可以看到畸形人。除了宗教规定，马来西亚政府也给予马来西亚人很多福利，如孩子上学免费、在政府医院治病免费等，这在一定程度上也鼓励了马来西亚人多生多养。

也会有同事和朋友问："中国孩子不寂寞吗？""如果可以多生，你们会选择多生吗？"孩子少自然会寂寞，而且也容易滋生很多问题，如老人溺爱孩子、老人与孩子父母教育子女意见相左、独生子女结婚后如何赡养双方父母等，有的独生子女甚至会为在哪里过年这样的小事情闹矛盾。所以作为多子女家庭的孩子，我很感谢我的父母，他们历尽千辛才把我们三个孩子养大。也因为有弟弟、妹妹在家照顾父母，才减少了我对家人的牵挂。但由于中国的社会保障和福利制度还不够完善，养育孩子的成本很高，所以即使全面开放"二胎"政策，很多年轻夫妻还是坚持只要一个孩子，或者延迟生育"二胎"的时间。

（方　洁）

（二）

曾经有学生向我问起过中国的生育政策，他们表示生育的权利是每一个人最基本的权利，以前中国政府实行"计划生育"的政策是不人道的，政府为什么要控制民众的生育权利呢？我告诉他们："中国有自己的国情，中国在实行计划生育政策的前提下人口已达14亿。可想而知，如果没有计划生育政策，中国的人口会更多，这是一件很可怕的事情。中国不像波兰，波兰总人口只有3800万，而且是一个老龄化的社会，政府会给生育二胎的家庭补贴。国情不同政策也会不同，当然现在很多年轻人因为生育观念和生活压力的改变，也选择只生一个孩子。因为现在出生率很低，所以中国现在开始实行二胎政策。"

我本来以为波兰的年轻人都对中国知之甚少，但是，一次和一个波兰男生的对话却让我很受触动。他说："中国能取得现在的成就真的是一件很了不起的事情。以前的中国很贫穷，甚至有的人吃饱饭都成问题；现在中国发展很快，我虽然没有去过中国，但是知道中国有很多的大城市，大城市里有很多的高楼大厦，越来越多的人过上了好生活。"我也感叹中国能有现在的发展真的是不容易，说道："其实波兰和中国有很多相似的地方，波兰以前也是社会主义国家，在波兰转型的20多年里，有很多人的生活并不是特别好，最近的几年，波兰发展也很快，真希望我们两个国家都能越来越好。"说完我们两个人举杯畅饮。

他说："我觉得中国的爸爸妈妈是很伟大的。"他突然说的这句话让我有点儿摸不着头脑，我问他为什么这样说，他说："不论在城市还是在农村，中国的父母总是想让孩子接受最好的教育，再怎么难，都会尽自己最大的力量供自己的孩子读书，希望他们能够有所成就。我知道很多在农村的父母工作很辛苦，有的人离家去很远的大城市打工，挣钱也不多，但是无论如何，他们都觉得子女的教育是最重要的。"

我很吃惊，但更多的是感动，因为我从来没有遇到过这么懂中国现实的外国人，有人印象中的中国可能是北上广的摩天大楼，是"Made in China"的各类产品，是中国崛起的强大和"威胁"。我向他表示了自己的感动和感谢,他补充道:"其实我也来自波兰农村,我的爸妈为了我的教育也付出了很多,所以我才有机会在一所好的大学接受教育,才有机会和一位中国人聊天。中国也有很多像我一样的年轻人,所以我很感谢我的父母,很感谢中国那些为了自己的子女付出很多的爸爸妈妈。所以我在这方面可能比别人更深切地了解中国。"我说:"那我们为你的爸爸妈妈和中国的爸爸妈妈们干杯!""干杯!"我们两个人一饮而尽。

我经常告诉自己的学生:"我觉得波兰和中国真的很像。两国都有着坎坷的历史,两国都曾是实力强大的国家,但是到了近代都被战争破坏,波兰曾被德国侵略,中国也曾被日本侵略,你们难以忘怀卡廷惨案、华沙起义,我们也难以忘怀南京大屠杀。中国是社会主义国家,波兰也曾是社会主义国家。中国改革开放30多年来迅速发展,而波兰也有相似的发展历程。我希望两个国家都可以实现自己的'中国梦''波兰梦'"。

(杨 档)

理论聚焦

个人经历与跨文化交际能力

跨文化交际能力的培养除了加强情感、知识层面的发展,更需要跨文化交际参与者结合个人经历进行反思。有相同或类似的个人经历,在跨文化交际过程中更能察觉到异文化背后的文化共通性,产生情感共鸣,从而体会到不同文化看似冲突的表象背后一致的文化和情感内核。如案例(二)中的波兰男孩,他就是将自己的经历融入到了对异文化的理解中,才获得了更好的"移情"能力。

案例分析

在跨文化交际中存在一种心理障碍：同质文化圈理解限制，它指的是人们面对某一事物时，总是倾向于而且常常不假思索地认为他人与我们有相同的视角、相同的诠释，而这种相同假设在很大程度上会成为我们理解异文化的阻碍（陈雪飞，2010:125）。案例（一）中马来西亚人由于宗教信仰和社会福利的缘故崇尚多生多养，案例（二）中波兰人也认为生育权是人类的一项基本权利、不应被限制，所以他们对中国的计划生育政策很不理解。不同的生育政策主要是建立在两国社会历史和现实基础上的，是文化异质性的典型表现，不能说谁对谁错，仅仅是两国国情不同、政策不同罢了。中国的国情与马来西亚和波兰并不相同，无论是计划生育政策还是当今的二胎政策都是在特定的社会发展阶段制定的，具有特殊性。而案例中马来西亚人和波兰人对中国生育政策的不解甚至是反对，其实是建立在两国国情相同的假设上，基于自己的文化视角得出的结论，这种看法主要就是由于同质文化圈理解限制引起的。

而案例（二）中让杨老师深感触动的波兰男生由于自身对中国情况较为了解，知道中国的历史和现状，因此能够明白中国发展的不易，以理解、包容的心态看待中国现存的问题，而不是单纯的疑惑不解或反对、抵制。同时基于其个人经历，他对中国父母为孩子教育的付出深感敬佩："其实我也来自波兰农村，我的爸妈为了我的教育也付出了很多……所以我在这方面可能比别人更深切地了解中国。"这名波兰学生身上体现出了跨文化交际中可贵的移情。移情就是我们愿意想象着把自己置身于我们并不熟悉的其他文化世界，站在他人的立场上看待问题。移情是对同质文化圈理解限制的突破，对跨文化交流有十分重要的促进作用。案例中杨老师及时解释中国国情，对比两国文化差异，引导学生从中国角度看问题，也是一种消除文化障碍、促进学生移情的表现。

面对交流中的错误诠释和理解障碍，国际汉语教师应当做到"有意识的注意"，包括：接纳信息、察觉各种变化、对不同语境保持敏感、留意各种视角、适应当前环境。简单来说就是能够时刻意识到文化的差异性，假设新文化与我们的文化是有差异的，而不是简单套用某个指标上的定型观念。计划生育这个问题可以先从中国的人口出发，解释控制人口的必要性（基数太大），而现今社会由于人口老龄化的加剧，计划生育政策又转变成了开放二胎政策，中国的一系列政策都是根据社会发展不断调整的，相信其他国家的政策也都是针对各国国情制定的。作为教师，我们没必要统一思想，只要能够给学生提供更多的信息，启发学生从多层次来思考问题，就达到目的了。

作为国际汉语教师，面对由于文化的不同而引发的价值观或政策讨论，我们要持有客观、公正的态度和开放、包容的心态，从各国国情出发，寻找政策的立足点，引导学生具体问题具体分析，尤其要帮助他们获得对中国客观、全面的了解，从而在了解的基础上通过反思、交流达到理解。同时，在跨文化交流中，教师不仅要做到移情，提高自身的跨文化敏感度，还要引导、培养学生的移情能力，从而促进其跨文化交际能力的发展。

（姜　蕴）

延伸阅读

1. 程翠英.论跨文化交际深层障碍.华中师范大学学报（人文社会科学版），2003(1).
2. 李秋洪.跨文化心理学研究中的文化偏见.心理科学，1992(6).
3. 单敏.交际者在跨文化语境中的文化移情.江西社会科学，2013(3).
4. 孙雷.语境文化差异造成交际障碍的分析与策略研究.内蒙古农业大学学报（社会科学版），2017(2).
5. Ting-Toomey, S. *Communicating Across Cultures*. New York: Guilford, 2012.

案例 13　不一样的"烟火"

（一）

　　我来到意大利已经四个月了。社会班A1班的一对中年夫妇西蒙和安娜课下时常提问，因此我与他们走得稍近一些。十二月的第一个星期，他们热情地问我周末是否有时间，邀请我去他们家做客，并在家吃饭，因为他们的父母也在，所以用餐时他们的父母也会参加，加上我一共5个人。我欣然答应了。因为是第一次去意大利人的家里做客，我特意准备了一束鲜花和从中国带去的小饼普洱茶。

　　按照约定，我上午十点到了西蒙家，西蒙和安娜就带我到小镇的中心去四处逛逛，一起在阳光下喝了一杯正宗的cappuccino。十二点我们返回家中，准备午餐。一进门我就被眼前的一切震住了，我简直不敢相信这是家庭的餐桌。餐桌很大很长，是长方形，两边分别放着两把椅子，还有一把置于顶端。餐桌上铺着淡黄色的桌布，非常精致，上面井然有序地放着每个人的香槟杯、红酒杯、水杯、刀、叉、盘子、餐巾，极其讲究。紧接着他们让我入座，居然让我坐在顶端的位置，西蒙夫妇和他的父母分别坐在了餐桌的两边。从入座的那一刻开始，我真的有点儿"连手都不知道放哪儿"的感觉。这时我才发现餐桌中间那个精致的容器并不是装饰，打开盖子，里边装的是意大利面。西蒙妈妈开始为大家分面，分量跟我们去餐厅点的一份差不多，然后大家就开始愉快地用餐了。

意式美食（林佳佳供图）

我心里非常纳闷,这么正式的餐具布局,居然就这一个菜啊?而且还是面条。虽然很好吃,但是在中国,怎么可能啊?民以食为天的中国,如果在家请客吃饭,那得多少鸡鸭鱼肉的美味佳肴啊。不一会儿,大家都吃完了。这时西蒙妈妈起身收走了所有人的餐具,但谁知她转身却抬出一个更大的容器,揭开以后,是一块香喷喷的、硕大的牛排,接着我被分到了其中最大、最好的那块。我正在庆幸之前吃的意面还不算太多,但这醇香的牛肉也确实需要我发挥"大胃王"的功力去"征服"啊。当我终于吃下了最后一块肉时,西蒙妈妈又开始收走餐具啦。我内心已经在"报警",难道还有?谁能想到是真的还有,还不止一个!接着又上了水果拼盘、巧克力蛋糕和咖啡。而且每一道我都被分到了最大、最好的那份。别忘了,就在半小时以前我还喝了一杯浓浓的cappuccino,说真的,其实吃完牛排的时候,我就已经很饱了。可人家这么盛情的款待,我怎么能不吃完呢?结果可想而知,撑足了礼貌的"面子",也胀坏了自己的肚子。

意餐和中餐在餐桌布置、餐具、吃法上都存在着很大的不同,意餐非常注重顺序,前菜、主菜、餐后程序分明,一道菜接着另一道菜,这是他们饮食文化的传统,备受珍视;而中国的则是"大圆桌",上满大大小小的餐食,同时享用,相互分享。如果不清楚这些饮食文化的细节,很可能会闹出笑话。

(陶 冶)

(二)

初来马来西亚,第一次逛超市,我就觉得这里的蔬菜水果太贵了。本来马币兑人民币汇率就高,商品标价又这么高,说好的这里消费低呢?我悻悻地挑了几种比较便宜的菜就回去了。下次再逛才发现这里的东西都是按"公斤"卖的,而不是"斤",才觉得划算点。

我在的这个州马来人居多,经济不是很发达,超市的东西也很匮乏,完全没有在国内消费的那种快感。菜的种类很少,而且不新鲜。听说这里有专门的"巴刹"(菜市场),但是很远,需要打车过去,那里是我很

"神往"的地方之一。

来这儿三个月后，刚认识的华人朋友信圳开车载我去了所谓的"巴刹"。东西依旧很少，但是可以买到猪肉，大部分的老板也都会讲华语。这时发生了一件很有趣的事情。老板问我要多少肉，我说要一斤。然后老板让我看着电子秤说总共600多克。我以为老板看我是从中国来的，所以多给我100多克，还很感谢他。完全没有注意到信圳很奇怪的表情。

过了一段时间，我和他的聊天涉及了体重。我说我47公斤，将近100斤。他说他70多公斤。我说那你就150斤左右，然后我就忙别的事情去了。不一会儿，他拿着手机计算器很认真地对我说："你算得不对。"我觉得很好笑："我的数学有那么差吗？不就是乘以二吗？怎么可能会算错？"一看他的手机才知道，他是乘以二点几来算的。我很奇怪："一公斤等于两斤，为什么不是乘以二，而是乘以二点几？"向来好学的他就问起了"谷歌"，这时才知道不同国家对"斤"的定义不同，"斤"和"公斤"的比例也有差异。他说："怪不得那次买肉时，老板给你600多克的肉，你说什么只要500克呢。"

我问："马来西亚的'斤'和中国的'斤'哪个划算？"然后拿出本子算来算去。一会儿气嘟嘟地说："哎呀，你们可真够坑的。我们一斤相当于500克，一公斤可以买两斤东西。马来西亚一斤相当于600多克，一公斤只能买一斤多的东西。"一会儿又觉得自己算得不对，还是马来西亚的计算方式比较划算。这下可把经常犯糊涂的我郁闷坏了。我纠结了很长时间之后，终于在信圳的点拨下明白不同国家的"斤"只是中文翻译相同，其实它们是不同的单位。全球通行的是"公斤"，只要价钱定下来，换算成本国的"斤"就可以，和别国的"斤"没有关系。最后发现他也没算对，按照马来西亚"斤"和"公斤"的比例，应该乘以一点几。所以按照马来西亚的算法，我只有70多斤。听起来是不是很瘦？

像我这种智商的人，就不应该思考这么复杂的事儿。幸好国际通行的

"公斤"是一致的,要不多麻烦啊?最近正在热播《芈月传》,感觉统一度量衡还是蛮重要的。

(方 洁)

理论聚焦

文化三层次

文化渗透到了社会生活的一切外显和内隐的思维及行为模式中。每种文化都有对世界的独特认知,并在此基础上构建文化交往、互动的模式。许嘉璐(2007)将文化分为三个层次:表层文化(物质文化),是围绕衣食住行所体现的弃取好恶;中层文化(制度文化),包括风俗、礼仪、制度、法律、宗教、艺术等;底层文化(哲学文化),是人的个体和群体的伦理观、人生观、世界观、审美观。文化间的差异表现在文化的各个层次上,如习俗和礼仪,它们是确定一种文化中的人们正确行为和举止的规则,常与具体的、特殊的场景和场合联系在一起,在不同文化中有不同的规约。

案例分析

这两篇案例记述了两个有意思的小故事,读来十分有趣。案例(一)讲述了陶老师到意大利学生家里做客的一段"神奇"经历,朴实的面条似乎与豪华的布置、考究的氛围不太搭调,但它只是开场菜,引人进入一场真正的意餐盛宴。案例(二)记录了方老师发现马来西亚"斤"的"奥秘"的过程。

两篇案例都体现了不同社会的文化差异。餐饮习俗和度量衡文化均属于文化中的中层文化(制度文化),中层文化还包括社会制度、宗教信仰、礼仪体系、教育规制、称谓系统等。餐饮习俗规定着人们什么时候、在什么地方、与什么人吃什么，在餐桌旁的行为举止应当怎样，是餐饮活动中需要遵循的行为规范与准则。度量衡制度是一种文化对物质大小、容量、重量乃至价值的衡量及规约。

意大利与中国一样，是历史悠久的文明古国，其饮食文化同样丰富多彩。意大利人重视正餐，喜欢周末邀请朋友到家中吃正餐或晚餐，将其当作一种交际和联络感情的方法。这里简单比较一下中国和意大利的宴请习俗与规范。中国人在宴请宾朋时，习惯采用圆桌，主人坐于主位，客人坐在主人左右；意大利人一般使用长桌，家庭聚餐中，为显示客人的尊贵，主人会让客人坐在自己的位置，也就是位于长桌顶端的主位，主人则坐在客人的左右，方便聊天。中餐重分享，满桌珍馐、大家其乐融融共同享用；意餐重程序，一道道菜品程序鲜明。一般来说，在中国人家里做客，主人会准备各种美味佳肴，摆上满满一桌，显得诚意十足，大家围坐一团边吃边聊，气氛融洽而活跃。在意大利人家里做客，则很少能见到这样的情景，意式宴请讲究井井有条的程序性和彬彬有礼的仪式感。首先，在餐食准备上，意餐一般有三至四道菜式，包括前菜（沙拉或火腿）、第一道菜（意面、烩饭或汤）、第二道菜（肉类或海鲜，主菜）和甜品（水果、蛋糕等，搭配浓缩咖啡），各菜式依序而上，往往所有人都吃完前一道菜之后，后一道菜才会出场。其次，在就餐气氛上，意餐虽然也讲究边享受美食边交流感情，但相对于中餐的热闹场景，彬彬有礼的谈吐和举止显得更为重要。案例（一）中，陶老师第一次到意大利人家中做客，对于家庭式的接待方式不甚了解，她本以为家庭聚餐可能不会如正式场合的餐厅那样复杂，不曾想其隆重程度有过之而无不及，即便她对基本的西餐礼仪有所掌握，但当真正地身临其境，还是无法自如地将这些知识转化到跨文化交际活动中。

马来西亚在度量衡的计算方法方面与中国略有不同。目前国际单位制的基本质量单位为"千克"，也就是"公斤"。不同地区又有不同的质量单位，中国人的"斤"与马来西亚华人的"斤"虽然是相同的表达，但实际内涵不同。中国的"斤"换算成公制的克是500克，而马来西亚的"斤"则接近于604克。方老师起初不知道两者的区别，以为当地人口中的"斤"和我们的"斤"等同，误以为肉店老板因为她是中国人而多给了她100多克，但实际上并没有优惠。她后来与华人朋友聊天时再次碰到换算重量的问题，才意识到原来中国和马来西亚的度量衡是有区别的。方老师和朋友争辩的过程虽然纠结但十分有意思，也让我们看到跨文化间的差异有时候也是充满趣味的。

在跨文化交际过程中，遭遇文化差异在所难免，能理解并自觉比较双方文化，在比较中发现和理解中外文化表层和深层的异同，是跨文化交际中非常重要的一点（孙有中，2016）。各民族文化尤其是主流文化，都是该民族智慧的结晶，在遇到跨文化问题时学会沉着冷静、灵活变通，用宽容的心态对待文化差异与冲突，尊重不同文化，及时发现问题、反思问题、解决问题，对我们摆脱自身文化约束、变换新的观察视角有很大帮助。

（郎亚鲜）

延伸阅读

1. 马勒茨克. 潘亚玲译. 跨文化交流——不同文化的人与人之间的交往. 北京：北京大学出版社, 2001.

2. 李婷婷, 冯静. 中西方餐桌上的礼仪差异. 边疆经济与文化, 2014(3).

3. 孙有中. 外语教育与跨文化能力培养. 中国外语, 2016(3).

4. 许嘉璐. 什么是文化——一个不能不思考的问题. 前线, 2007(9).

5. 阳君. 意大利的饮食文化. 世界文化, 2001(1).

6. Holmes, P. & O'Neill, G. Developing and evaluating intercultural competence: Ethnographies of intercultural encounters. *International Journal of Intercultural Relations*, 2012(5).

案例 14 你家有几口人？

《你家有几口人？》基本上都会在零起点汉语教材中的前几课出现，它句型很简单，而且可以引入数字和家庭成员的汉语表达，同时也很贴近生活。没想到就是这么"顺理成章"的一课，我在比萨的课堂上却出现了一些状况。

我教的是社会班，由在读大学生和社会人员组成，其中有一半是来自各行各业的成年人，比如银行职员、律师、机场工作人员，年龄在30岁至60岁之间。我按照教学计划开始上课，在讲完生词、句型以后，进行操练："你家有几口人？""我家有×口人，我的……、……、……"提问班上大学生的时候，他们回答得很顺利，但到了58岁的中年男士皮耶罗时就出问题了。他的回答是："我家有一口人。"我马上意识到，在意大利一辈子只恋爱不结婚是一件很正常的事，甚至可以有孩子、但不结婚。所以皮耶罗可能就是没结婚没孩子，同时也没有兄弟姐妹，但他的这个回答，为什么听起来总觉得很别扭呢？这个操练是按座次依次往下进行的，当我还在思考这个句子应该怎么反馈的时候，他邻座的50岁的阿尔巴托已经开始自动输出了，他说："我家有两口人，我和我的女朋友。"

对中国人来说，这突如其来的两个句子足够让人"大惊失色"地"窃窃私语"一阵了，但全班没有人露出丝毫惊奇的神情，好像他们的回答与我们心中应有的标准答案"我家有×口人，我的爸爸、妈妈、哥哥……"或者"我家有×口人，我的丈夫、女儿……"没有任何区别。但是我怎么觉得他们的回答还是怪怪的呢？我能纠正"女朋友"并不是家人吗？可他就是没结婚呀，如果纠正会不会过度"窥探"学生的隐私反而带来更大的麻烦？所以我压住了内心的纠结，没有打断他们，顺其自然，轮到下一个同学作答。

但是课后，我越发纠结，到底要不要问"你家有几口人"这个看似平淡无奇的问题？因为在意大利，这个问题的答案可能不会像中国传统的"三口人""四口人"那么中规中矩。如果学生真是孤零零的一个人，

"一口人"这个答案算错吗?再比如两人恩爱有加,跟家人一模一样,但没结婚,我们能接受"男朋友"或者"女朋友"作为家庭成员这样的回答吗?我想这一课的教学,尤其是面对学习者背景较为复杂的社会班,教师最好能通过一些途径事先了解一下学习者的情况,如家庭、职业、学习经历等,这样在听到一些"不一样的"声音的时候,内心也有一个准备,不至于不知所措。

上述情况到底算错还是算对,也许真的很难界定,或许可以试着通过别的方式展开教学,比如出示很多不同的家庭成员图片,改为问"他家有几口人",让学生看图说话,这样既能达到教学目的,同时也保护了学生的隐私。

(陶冶)

理论聚焦

家庭观

家庭是重要的社会单位,是社会的缩影,不同的家庭模式背后折射出不同的家庭观。家庭观是价值观的重要组成部分,经由家庭观,我们可以透视出不同社会中文化传统与价值观念的差异。家庭观集中体现在家庭结构和家庭关系两个方面。家庭结构,即家庭中成员的构成,从社会学上来看,两种主流的家庭结构是核心家庭和主干家庭。核心家庭,即由父母和未婚子女所组成的家庭;而主干家庭是由父母和一对已婚子女,比如由父、母、子、媳所组成的家庭,这两种家庭结构都是建立在一定的婚姻关系和亲缘关系上的。除此之外,还有单亲家庭、丁克家庭、单身家庭、同居家庭等非主流家庭模式(王昭,2001),这样的家庭结构则不一定需要婚姻关系或亲缘关系的维系。家庭关系,即家庭成员间的关系取向,主要包括夫妻关系、亲子关系等。不同文化中的家庭关系取向不尽相同。就夫妻关系来说,中美家庭观念有所不同,传统中国家庭中男性常常居"一家之主"的地位,而美国家庭中夫妻关系相对平等,在家庭分工和社会分工中有同等的选择权。

案例分析

中国人在日常生活中十分喜欢谈论家庭，相应地，"你家有几口人"就成了汉语教材中经典的一课。不料，陶老师在给意大利学生讲授这堂课时却遇到了一点儿小意外。在讲完生词、句型之后，陶老师按计划进行"我家有×口人"这个句型的操练，令陶老师意外的是，58岁的中年单身男士皮耶罗回答出"我家有一口人"这样的答案。无独有偶，邻座50岁的阿尔巴托又输出了"我家有两口人，我和我的女朋友"这样的句子。这两个答案都令陶老师感到十分别扭，因为这与我们熟悉的"三口人""四口人"这样的"标准答案"不相符。而在场的其他意大利学生却不以为奇，这里师生两种截然不同的反应其实就是两国不同的家庭观造成的。

在中国，家庭一般是建立在婚姻、血缘或收养关系基础上的。因此，中国家庭结构以核心结构和主干结构为主，大部分家庭是三口之家或四口之家，还有很多家庭三代甚至四代同堂。而在有些国家的文化里，家庭不一定需要婚姻关系或亲缘关系的维系，或者有时由于婚姻观的自由开放，人们常常有多段婚姻关系，这就造成了家庭关系的相对复杂。以意大利为例，除核心家庭外，还存在着大量的单亲家庭、丁克家庭、单身家庭、同居家庭等非主流家庭结构。这样，回答这个问题就显得不那么容易，一个已经离开父母独立生活多年的单身成年人家里应该有几口人？男女同居多年甚至几十年，育有子女，难道不是一家人？这些都引发我们的思考。一种国家的语言往往与这个国家的文化联系在一起，具有中国特色的"你家有几口人"换个文化环境或许就会"水土不服"，这里"水土不服"的意思是让我们觉得别扭、与我们认为的标准说法不一致。有些老师在面对学生的"不标准"回答时，会去纠正学生，解释说女朋友、男朋友不是家人。但是这里我们真正应该思考的是，到底是因为他们没理解我们所说的家庭的意思，还是因为他们认为的家庭与我们的不一样。

在国际汉语教学中，尤其是对一些社会文化概念，教师应该特别注意比较其与中国认知的不同，了解语言在不同时间空间文化下的不同诠释和内涵，还可以更进一步地将其应用于教学。我们有必要清晰区分"能指"和"所指"——"能指"是表示具体概念和事物的语言符号，"所指"是语言符号所表示的具体概念或意义。如"家庭"这个"能指"常表示建立在血缘和姻亲关系基础上的父、母、子、媳等组成的集体（所指）。然而语言在时间、空间的变异（文化）中又会产生不同的诠释和感知（内涵），因此一个概念可能有不同的"能指"，看似相同的"能指"在不同的语言环境下可能又会有不同的具体含义，如案例中意大利学生对"家庭"的理解就与陶老师所理解的不同。

（赵馨怡）

延伸阅读

1. 王添淼. 文化定势与文化传播——国际汉语教师的认知困境. 中国文化研究, 2011(3).
2. 王昭. 家庭观的文化差异模式. 黑龙江社会科学, 2001(6).
3. 文娟, 李政涛. 当代教育研究中的全球视野、跨文化能力与中国特色. 全球教育展望, 2013(7).
4. 张喜华. 中西跨文化交流理想之境. 中国文化研究, 2013(1).
5. Borghetti, C. Integrating intercultural and communicative objectives in the foreign language class: A proposal for the integration of two models. *The Language Learning Journal*, 2013, 41(3).
6. Martin, J. N. & Hammer, M. R. Behavioral categories of intercultural communication competence: Everyday communicators' perceptions. *International Journal of Intercultural Relations*, 1989(3).

案例 15　种族问题无小事

（一）

德国大学的午餐时间，我拿出微波加热的自己带来的米饭炒菜，德国同事掏出两片面包加奶酪的简单三明治，两人照例边吃边聊，在下午上课前享受片刻的休闲时光。

同事的女儿洛特刚上小学，同事兴致勃勃地聊起洛特和小同学们一起捡栗子的活动。听着听着，我无意中问了一句："北威州外来移民比例这么高，洛特班上德国孩子多还是外国孩子多呀？我听说有的小学开家长会，一半妈妈都是戴头巾的呢。"

话音刚落，我就看到同事捏着三明治的手突然一僵，表情也不自然起来，似乎有些吃惊，甚至还有些尴尬。我立刻反应过来——一不小心，我看似随意的问题又触及他们最为敏感的"种族"话题了。在仍然背负犹太大屠杀罪行阴影的德国人看来，只要涉及"人种""移民""内与外"，都是极其容易说错话、违反政治正确性的敏感话题，能不讨论最好，一旦提起就会战战兢兢、小心翼翼，唯恐祸从口出，给自己带来种族主义的嫌疑。于是我赶忙补上一句："小朋友们从小就可以在多元文化环境中成长，是非常有益的。对了，洛特上次给我画的中国娃娃真好看，最近又画了吗？"

同事顿时松了口气，接着说起了洛特画画儿的故事。午餐继续愉快进行。餐毕同事去上课，我回忆着刚才的小插曲，不禁联想起自己从事汉语教学十年来的许多经历。

研究生时，我获得参与研发一套中美合作汉语多媒体教材的机会。当时教材的主人公有黑人、白人少年各一个，在中方的初步情节设计中，黑人少年擅长篮球和街舞，白人少年爱上网。最后是白人少年通过了选拔，获得了去中国留学的机会。这一设想马上遭到美方人员的反对："这不行，会被批评种族主义的！"最后，就是依了他们的意见，让黑人少年最终成绩更佳、脱颖而出前往了中国，同时也淡化了黑人少年擅长篮球和街舞这一特点。

正式走上讲台不久,学校组织各国学生赴陕西参加语言实践活动。回来后学生们兴致勃勃地在教学楼走廊里贴了几张板报展示实践趣事,其中有一张照片是两个意大利姑娘站在兵马俑旁边,用手把眼角向斜上方拉起,模仿一些兵马俑单眼皮、细长眼睛吊眼梢的特点。没想到第二天照片旁就被其他留学生用英文写上了措辞严厉的评语:"这种行为涉嫌种族歧视!"事后,两个姑娘虽然有些沮丧和不快,但也反复跟老师解释:"我们真的没有那个意思!"中国老师们一直好言安慰,同时也有些不解:这点儿小事,怎么就会有人联想到种族主义呢?

再后来,为赴美的汉语教师志愿者组织培训,其中一个环节是请在美国任教多年的教师介绍经验,其中一位老师反复提到,学生如果以自己民族、宗教节日原因请假,不但必须批准,回复的措辞也要格外谨慎。曾有教师就是因为半开玩笑地回答:"怎么又要过节又要请假啦?你们这个族裔的节日似乎格外多啊!"就被学生投诉至学校的平权委员会,饱受质问乃至检讨之苦。

这样的例子还有很多,简直不胜枚举。经过这些年,我已经充分意识到美国和欧洲一些国家、地区对于种族问题的敏感程度远远超过我们的想象,甚至到了"草木皆兵"的程度。

首先,凡是对特定族裔,特别是少数族裔的批评、否定,都要慎之又慎。一些在德国多年的中国留学生就告诫过学弟、学妹,即使被外貌特征明显的某类不法分子盗窃或抢劫,去警局报案时也不能做任何针对特定族裔、移民群体的抱怨和指责,否则很可能会留下"有种族主义倾向"的不良记录。有时候,说者无心听者有意,看似无害的玩笑也会被解读成讽刺嘲笑。

其次,也尽量不要表现出刻板印象。汉语教材里设定黑人学生就是爱好打篮球和街舞,就很可能被视为是一种基于刻板印象的"微歧视"。

最后,甚至连看似客观的比较、区分都不能做。我随口问的一句外国孩子在德国幼儿园的比例如何,在德国同事听来就是划分内外,区分异同，与危险的比较、评价种族优劣乃至民族中心主义仅有一步之遥……教师、公务员等公职人员，对此类话题更是敏感，能不谈就不谈。真是种族问题无小事，对于缺乏相关文化背景、敏感程度相对不足的我们，真是有做不完的功课！

（张京京）

（二）

我所在的国家是比利时。在汉语教学过程中，很多问题的开端都发生在课间。

那天天气不错，课间休息的时候我去打了杯水，刚准备上课就被学生拦住了。一个平时非常活泼、思维很跳跃的男孩问我："老师，这个词汉语怎么说？"我一看是"种族歧视"，还没等我开口说些什么，其他几个女孩子就对我说："老师、老师，他有种族歧视，不过只是不喜欢黑人，老师呢？"

听到学生们这么说，我当时真的有些不知所措。我们这些在国外教书的汉语教师对"种族歧视"这个词多多少少是有些敏感的，毕竟我们的肤色和当地人不同，有时也会遇到种族歧视带来的问题。但是面对这些只有十几岁的青少年，我不知道我该从哪个角度去说这个问题，或者我到底该不该和这些孩子讨论这个问题。

经过一番思考，我决定还是不要和他们讨论这个话题，但是我又得回答他们接二连三的问题，所以在告诉他们种族歧视用汉语怎么说之后我就给他们讲了个故事：

很久以前造物者打算创造人类，他把造好的人类模型放到造物箱里加热，过了一会他觉得可能可以了就尝试着打开箱子拿出了一部分看看，看着白色皮肤的小人儿造物者很满意，随即他又打开箱子取出了一部分，这时的小人儿已经是偏黄的肤色了，造物者很开心的同时还有些小小的惊喜，随手又打开箱子取出最后一部分发现这部分小人儿的肤色是偏黑的，这时造物者兴奋地开怀大笑，抱着黑、白、黄这三种颜色的小人儿爱不释手，亲切地对他们说："亲爱的孩子们，我很幸运能够给予你们生命，虽然我让你们肤色不同，但是对于我来说你们都是一样的，我会给予你们相同的爱，相同的眷顾。"

"好了，故事讲完了。其实对于老师来说，黑、白、黄，这三种肤色的人都是一样的，只是造物者取出的时间不同，在生命与追求幸福上他们永远都拥有相同的权利。我们开始上课。"

我用讲故事的方法结束了这个话题，也阐述了自己的观点，看得出，在听故事的同时，学生们也在思考，希望我的故事会带给他们新的思考。

（王婷婷）

理论聚焦

民族中心主义（ethnocentrism）

民族中心主义，也译为"种族中心主义""我族中心主义"，是一种认为自己文化优于他文化的信条，按照本族文化的观念、标准去理解和衡量他族文化中的一切，包括人们的行为举止、交际方式、社会习俗、管理模式以及价值观念等。民族中心主义有多种表现形式。在跨文化沟通中，最为突出的表现是把在特定文化中得出的概念、观念和理论运用到其他文化中。特定的概念、观念和理论在形成时本身就处于某种文化的影响之中，其本身就有文化前因，使人不自觉地受到理论背后所携带的文化的局限。如20世纪60年代美国掀起的"唯英语"运动便是种族中心主义的最好例证，当时美国人大都不屑学习他国语言，认为在美国境内只能使用英语一种语言，传承欧洲文化遗产。对于跨文化交际者而言，了解并正确认识种族中心主义有利于平衡心态，更好地进行跨文化交际活动。

种族歧视（racism）

人类种族区分的存在缺乏生物学上的证据，遗传标记所显示的特征，揭示出的是一种逐步的转变，而不是能足以区分出不同种族的清晰的差异。不断的人口混合已经确保了所有人来自一个共同的基因血统。我们中的每个人都有相当大的可能是非洲人加亚洲人加欧洲人。"种族"划分是社会构念而非基于生物学，社会惯例创造出了一些通过肤色和面部特征来定义的"种族"群体。"种族"反映的是族群特性，是人们社会化所处的不同社会环境。种族歧视是指一个人对除本身所属的人种外的人种，采取一种蔑视、讨厌及排斥的态度，并且在言论行为上表现出来，既有公开的种族歧视，也有隐蔽的种族歧视。

案例分析

跨文化沟通中个体难免把自己文化的传统和行为看作是对的，而把其他文化中的传统和行为看作是错的，特别是涉及社会传统和价值观的问题，每个人心中都或多或少地存在"种族中心主义"。

"种族"在许多国家都涉及政治、历史、社会等多层面的问题，特别是德国、美国等国家由于特殊的历史原因，对其非常敏感。海外汉语教师在教学中也时常会遇到由此带来的教学困难。在中国，种族问题还未上升为社会敏感问题，大部分汉语教师潜意识中也容易忽视"种族问题"，即使了解其他国家在这一问题上的敏感性，日常教学时稍有不注意，还是会出现"划分内外，区分异同"的话语，这种不自觉的隐性的"种族中心主义"不易克服，值得注意。案例（一）中，张老师在与同事闲聊时，无意间触碰到了敏感的种族问题，凭借海外汉语教学经验和多次跨文化经历中培养出的跨文化敏感性，张老师迅速察觉到了对方异常反应的原因，及时转移话题，避免了"祸从口出"。而案例（一）提到的教材编写者可能不自觉地依据自己对某一类人的"刻板印象"进行人物设定，教材最初编写时让黑人少年酷爱篮球和街舞、白人少年爱好上网，从而使教材带上了种族主义色彩。而美方人员的修订意见又体现了美国社会在种族问题上的极度敏感性。

作为海外汉语教师，碰到种族问题不可不慎。案例（一）中，张老师能够迅速意识到谈话出了问题，显示出张老师具有高度的跨文化敏感性，而这种敏感性是进一步、适当解决跨文化冲突的前提。其次，张老师能够准确定位问题所在，反映了张老师对所在国的相关背景比较了解，所以才能往正确的方向修正自己的话语，避免产生误会，保证沟通顺畅进行。张老师根据自身经验，提醒我们对种族问题保持警惕，要积极地进行"自我审查"，以适应当地文化，处理好敏感问题。案例中（二）中王老师充分利用了青少年学生的心理特点和学习特点，采用讲故事的方式告诉学生什么是种族，通过故事中蕴含的种族平等的思想潜移默化地影响学生，然后再回答学生提出的"种族歧视"用汉语怎么说的问题，可以说将"语言教学"提升到了"教育"的高度。

如何与学生谈论敏感的种族问题，是海外汉语教师不得不应对的一大难题。尤其是海外汉语教师面对与自身不同种族的青少年学生时，更需要技巧和智慧。在青少年时期，儿童的社会化和个体情绪发生着巨变，步入青春期后青少年会更多地进行反思，不断探究自我以及身处的世界。青少年的自我概念和认知能力都处于快速的发展之中，逐步形成自身的人生观、世界观、价值观。青少年学生和老师之间的关系也会发生变化，从小学时期的依赖老师，逐渐转变为拥有独立的判断，渴望表达自我，从而使得有些学生会与老师顶嘴、作对等。因此，对于青少年学生，教师一味地灌输概念和观点并不能起到很好的作用。案例（二）中的王老师选择将种族平等的观念融汇于生动的故事中，符合了青春期学生的心理特点和学习特征，在阐述观点的同时启发了学生新的思考，在这样的基础上再给学生讲汉语中"种族歧视"的说法，就不仅仅限于语言传授，而是追求"育人"的目标。

（李丹悦）

延伸阅读

1. 李清源, 魏晓红. 中美文化与交际. 上海:复旦大学出版社, 2012.

2. 潘晓青. 影响美、日来华留学生跨文化人际适应的文化差异研究. 北京:中国社会科学出版社, 2015.

3. 史密斯, 彭迈克, 库查巴莎. 严文华, 权大勇等, 译. 跨文化社会心理学. 北京:人民邮电出版社, 2009.

4. 赵金铭. 国际汉语教育中的跨文化思考. 语言教学与研究, 2014(6).

5. Altshuler, L., Sussman, N.M.& Kachur, E. Assessing changes in intercultural sensitivity among physician trainees using the intercultural development inventory. *International Journal of Intercultural Relations*, 2003(4).

案例 16　排外情绪

我刚到波兰的时候，有报道称一位华沙大学的教授因在电车里说德语被暴打。没过两天华沙又发生了一起被定义为带有明显"种族歧视"的事件：在华沙的一节公交车厢里，一位波兰的年轻人看见一位亚洲面孔的女性上车以后，就开始对她大骂"滚出我们的国家""你们没有居住在我们国家的权利"等侮辱性的话语。而被侮辱的"亚洲女性"情绪倒不是很激动，只是口头上辩解了几句。波兰年轻人没有听懂，不但没有停止自己的不当行为，反而说"你应该去学习波兰语"等。后来在同车厢的波兰人制止下，才平息了这次冲突。波兰媒体报道的这起定性为"种族主义"的歧视事件，引起了很多人的关注。跟我同来波兰的几位女性志愿者老师也对此类事件表示担忧。

开始教学前，我去波兰的教育部门处理在克拉科夫第二初中教学的相关事宜。预约等待后，我拿着相关的文件走进了办公室。看到工作人员时我微笑示意，工作人员也回以微笑。正当我关门的时候，他开始说一连串我不懂的波兰语，我转过身很不好意思地道歉并表示我不会说波兰语，只能够用英语来沟通。他打量了我一下，表情立刻变得有些严肃，然后低下头去处理刚才的文件，用带有波兰口音的英语低沉地说："我其实并不怎么想说英语，如果你在波兰工作的话，你应该说波兰语，你为什么不学习波兰语？"我表示了自己的歉意，并表明了我的汉语教师身份，说："我将在克拉科夫教授一年汉语，我的学生们会学习说汉语，另外在教小学和初中汉语课时我有波兰语助教。"他重复了"波兰语助教"这个词，抿了一下嘴不置可否，最终切换到英语交流模式，顺利地处理完了文件，沟通和交流也没有出现问题。告别时，我用波兰语说了一声："谢谢！"他立刻扬起嘴角说："Not bad！"

"你应该去学习波兰语。"同样的话语，不同的说话者，这句话背后反映的是某些波兰人心中某种程度上的民族优越感和"排外情结"，甚至在有些波兰小孩子的行为中都有所体现。有一次，在孔院儿童班的课上，我正像往常一样授课，带领学生们做口语操练。就在休息的间隙，一个男生不知怎么突然大声地说出了一个词，旁边的两位学生哄笑了起来，其他的学生先望向了那个大喊的孩子，接着和助教有些错愕地不约而同望向我。我不知道发生了什么，满脸的困惑。正当我打算向助教询问时，助教走到了喊叫的学生旁边，面色凝重而严肃地说了一些话，那个学生争执了一句，转而愤愤不平地低下了头。助教转而向全班学生说了几句话，课堂安静下来，我大概猜到学生应该说了不文明的词。助教也告诉我："他说了一些不好的词，我已经批评他了，对不起！"我问那个男生之所以这么表现的原因，她解释称可能是从别的学生那学来的不好的话。作为一名正在课堂教学的老师，我并不想被这种破坏课堂纪律的事打乱正常的教学节奏，只得在满腹疑惑中结束了那堂课。和助教离开校园时，我们边走边谈课上发生的事情，她告诉我那个男生说了一些对"亚洲人"的歧视性称呼。我愣住了，赶紧询问自己是否在课上有过不当的行为。她说没有，是那个孩子自己的问题。令人意想不到的是，这时，那位在课上已经挨过批评的男生在远处又挑衅似的冲着我和助教说了相同的词。助教让我先离开，称她会处理好这件事并和学生的父母、学校交流，并保证不会再发生这样的事。她生气地往回走去找那个有过激行为的孩子。我怀着巨大的疑惑、气愤、挫败感独自走出了校园，百思不得其解："为什么这么小的孩子就会说这些种族歧视的话语？到底是哪里出错了？"

（杨　档）

理论聚焦

国家身份认同

与民族（种族）中心主义相反的还有另一种多极的民族身份认同观：通过民主达成共识，将少数民族群体的思想传承到国家体系中，将民族历史上有过关系破裂的经历和其他族群对民族共同体所做出的贡献一并纳入国家的集体记忆当中，美国即是这样一种民族身份认同观（扎拉特等，2016:175）。同时还有一种二元模式的国家身份认同观与之对立。这种身份认同观将国民和外国人对立起来，刻意强调边界的重要性。全球化背景下，"中国威胁论"等思潮的影响让本来就经历过民族危机的波兰人通过树立敌我的方式，加强自己的身份认同，这实际上是一种身份认同危机的反映。

案例分析

案例中，杨老师到华沙之初便因报道中当地人强烈的排外情绪而感到忐忑不安。之后他果然也在华沙遭遇了此类事件。先是杨老师到华沙教育局办理有关手续时，工作人员对其不会说波兰语表示不满，并一再强调他应该学习波兰语。接着在杨老师的课堂上，有男生公然用波兰语进行挑衅，甚至在遭到助教批评后，仍在课后使用侮辱性词语。杨老师深感疑惑与挫败，不明白部分波兰人的排外情绪为何如此强烈。

波兰人强烈的排外情绪源于其强烈的民族归属感和二元模式的国家身份认同，正是出于对波兰民族的归属认知和感情依附，出于对波兰语的强烈自豪感，一部分波兰人希望在波兰境内只使用波兰语，相关的表现是他们对说波兰语的外国人更为友善。另外，波兰人基于自身二元模式的国家身份认同，对外族人表现出强烈的排外情绪。案例中杨老师应对此类事件的做法很值得提倡，在教育部门见到工作人员时主动微笑示意、面对突发状况温和解释，在课堂上规避冲突并交由助教解决等，无一不是在最大限度地释放善意。作为一名海外汉语教师，在遭遇排外问题时所处的位置是极其尴尬的，稍有不慎便可能加剧冲突，不仅有碍教学活动的进行，还有可能影响国际友谊。因此，尽力缓和冲突或交由当地同事帮忙解决无疑是明智的。

在海外传播中国语言文化的过程中，对种族中心主义保持警惕是十分必要的。遭遇因种族中心主义带来的不公正待遇时，保障自身安全是首要的任务。案例中一开始提到的报道中因说德语被打的华沙大学教授以及因"亚洲面孔"而遭辱骂的"亚洲女性"，还有杨老师自己的教育局遭遇和课堂上男学生的挑衅等，为众多海外教师敲响了警钟。在种族中心主义强烈的国家和地区，我们的老师应在了解当地人的情绪倾向后适当地提高警惕,以免遭受不必要的伤害。种族中心主义往往是一个民族共同的心理特征,过强的种族中心主义可能会发展为强烈的排外情绪。作为海外教师,很难与一个民族的排外情绪做斗争,最好的做法是在保障自身安全的前提下,以最大的善意融入当地社会,同时调整好心态,以平和的态度对待可能存在的、因种族中心主义带来的偏见和曲解。本案例中杨老师的应对策略(如温和应答以及用波兰语道谢等)值得肯定,但是或许可以更进一步,以更为积极的态度学习当地语言、拥抱当地文化,这不仅有利于海外汉语教师的日常生活及教学,从另一个角度来说,一种对当地语言文化积极学习并由衷欣赏的态度无疑会增加当地人对我们的好感,在一定程度上消解其排外情绪。

海外教师在国外任教过程中,会不断遇到各种各样的难题和困惑,如何从各种"险境"里全身而退便是一门大学问。用平和的心态、包容和尊重的视角去看待问题或许会大有益处。有时,有意地规避冲突或许比轻率地直面矛盾更有利于跨文化交际。此外,海外教师也应该以更为积极的态度学习当地语言、融入当地社群。总而言之,跨文化交际对每一位参与者都不简单,只有不断地积累知识和经验,才能提高我们的跨文化交际能力。

(唐 艳)

延伸阅读

1. 宋银秋. 唯英语教育——强制同化时期美国联邦政府印第安教育政策. 历史教学(下半月刊), 2010(11).

2. 王艳玲. "局外"与"局内":多元文化学校情境中教师的跨文化适应及其课程实施取向探究. 全球教育展望, 2014(4).

3. 奕如寒. 浅论民族归属感与国家认同. 内蒙古统战理论研究, 2011(2).

4. 扎拉特,莱维,克拉姆契. 傅荣等,译. 多元语言和多元文化教育思想引论. 北京:外语教学与研究出版社, 2016.

5. Mitchell, K. Education for democratic citizenship: Transnationalism, multiculturalism, and the limits of liberalism. *Harvard Educational Review*, 2001(1).

案例 17　同一个中国

　　我所在的克拉科夫孔院与波兰的培训机构合作，为波兰当地企业提供培训，曾在波兰的拉瓦举办过中国文化推广活动。汉语入门课上，我和三组共75名企业员工做了互动，并问了同一个问题："当你听到'中国'时，你会想到什么？"有的人说长城、故宫、熊猫，有人说北京、上海、广州，还有的人说小米、华为、腾讯。然后我问："你们能说一些对于中国饮食、中国书法、中国建筑、传统思想的了解吗？"接下来是一阵沉默，这些信息面很广的IT企业的员工也并没有特别了解中国。经过了解，有不少的波兰人对中国的看法还非常浅显、片面。

克拉科夫孔子学院（孟嘉君供图）

　　同样，中国的年轻人，尤其是80后、90后对波兰也知之甚少。当我们提到"波兰"这个国家时，更多的是想到二战时德国闪击波兰或者2010年斯摩棱斯克空难，或者把它定义为"欧洲中部一个经济落后的国家"。我所在的克拉科夫是波兰的古都，是欧洲著名的艺术家之城，有许多历史悠久的建筑和文化古迹，但是却少有人听过这个城市的名字。近几年来，波兰在欧盟中的地位越来越重要，被普遍认为是"欧盟新成员中市场规模最大和最具成长潜力的国家"，波兰在过去20年中，经济始终处于稳步上升的态势。波兰的自然环境受到严格保护，出产的肉类、水果制品以自然、纯正的品质享誉欧洲，可惜关于波兰的种种，鲜有人知。

　　误解和偏见一方面来自于无知和不了解。某些问题是某个时期我们在生活中碰到的与国家社会相关的一些重大的带有原则性的核心问题，学生对这些问题也比较感兴趣，也会把这些话题在公开场合拿出来议论。例如，学生会问我关于台湾的问题，在他们的认知中，台湾有着"独立国家"的一切要素。在汉语教师以往的教学理念中，像这类既涉及国家政治利益，又明显存在中外思想观念、文化冲突的敏感话题，教师一般应采取规避策略，以免引起不必要的冲突和纠纷。但事实上，规避策略本身不仅无用，反而使这类问题因缺乏理性分析和引导，造成不良的后果。所以我会选择积极地去解释，试着让他们去了解。

关于台湾问题，我告诉他们，其实在克拉科夫也有一些从台湾过来工作和做生意的人，并问他们是否有人认识。他们都摇头，我说："你们有机会可以和他们聊聊天或者有一天去台湾看看。他们有一些是年纪比较大的人，有一些是年轻的教师或者学生。如果你问年龄大的人：'你是中国人吗？'他们很多人其实会说：'我是中国人，我来自台湾。'因为他们接受的是中国传统的家国意识，他们会说自己是中国人。你要是问年纪较小的人，他们很多人会说：'我是台湾人！'为什么呢？因为台独势力的增长以及长期的宣传，台湾年轻人接受的是'去中国化'的教育，虽然他们和中国大陆人一样，都有一样的文化、语言和民族节日，但是台独势力就是向这些年轻人灌输'中国是中国，台湾是台湾，台湾要独立'的思想。这真的是荒谬的。试想一下，你们克拉科夫人如果从小被学校、新闻媒体、市政府整天教育你们'你们是克拉科夫人，你们不是波兰人！波兰人是波兰人，克拉科夫人是克拉科夫人'，那现在的你们会怎么想？"我接着问："你们知道蒋介石吗？"他们纷纷点头，我说那就没有必要强调他这个人的重要性了。我问他们："那你们觉得蒋介石要求台湾独立吗？他接受台湾独立吗？"他们表示不清楚。我说："从蒋介石离开中国大陆一直到死也从来没有要求台湾独立，一直表示台湾是中国的一部分，他反对两个中国和一中一台的提议。他还说了'谁搞台独，我搞他脑袋！'"大家都瞪大了眼睛，表示很吃惊。为了缓和气氛，我笑着问道："那你们现在还觉得台湾是一个独立国家吗？"他们纷纷笑起来，同时说道："台湾是中国的一部分，中国大陆是中国的一部分，两个加起来是一个中国。"

（杨　档）

理论聚焦

文化冰山理论（iceberg model of culture）

"文化冰山理论"把文化比喻成冰山，"露出水面的只不过是冰山的一小部分，且这一部分需要隐藏于水下的部分作为支撑，而隐藏部分往往是重要的基础。"该理论主要的研究焦点是组成文化的要素以及这些要素中显性和隐性的部分。事实上，文化中存在某些显性的部分，如建筑、艺术、烹饪、音乐、语言等，比较容易观察到，但是文化中更为重要的基础部分则不易被察觉，例如代表某一群体文化的历史、习俗、价值观以及对于空间、自然和时间的态度等。我们往往能够发现其他文化中的显性部分，但却不能立即发现支撑显性部分的隐性基础，因此了解来自不同文化的人有时是很难的。

知识与跨文化能力

掌握异文化的知识并不代表具备了跨文化的能力，也可以说掌握的知识和跨文化能力并不是成正比的。异文化的知识无穷无尽，我们倾尽一生都不可能全部掌握，而对异文化知识的获取能力和对异文化的思考分析能力则是可以习得的。案例中的波兰学生仅仅是学习了一些关于中国的信息，却没有习得利用这些信息获得更为全面的知识和反思异国文化、社会问题的能力。

案例分析

杨老师在波兰的教学实践中发现，波兰人对中国文化的了解仅限于北京、长城、腾讯等一些浅层文化的东西，而对于中华民族文化核心层面，例如思想、价值观等方面知之甚少；而中国人对波兰也是同样的情况，这正是文化冰山理论的典型表现。冰山的特点是大部分隐藏在水面之下，露出水面的部分只占冰山的很小一部分，把文化比喻成冰山，那么冰山中露出水面的部分就是文化中显性的、可视的文化，同理，水面下隐藏的部分就是文化中隐藏的、核心层面的文化。像案例中所说的，长城、故宫、熊猫、北京、上海、广州、小米、华为、腾讯等都是中国文化的显性部分，这部分是波兰人民了解得最多的，也是最容易了解的；然而，对于中国文化的隐性部分，大多数人知之甚少，也没有想去做更多的了解。当然，中国人对波兰同样也是所知甚少。

实际上，显性文化和隐性文化是相互关联的，隐性文化驱动并影响着显性文化，同时隐性文化又通过显性文化来体现它的存在（陈雪飞，2010:27）。一般来说，我们平时观察到的显性文化其实只是冰山一角，真正造成表象不同的是隐藏在水下的部分。然而，因为隐藏在水下的部分不好获得，不能掌握显性文化产生的根源，就容易对显性文化的表现进行误读。案例中波兰学生只看到了台湾好像拥有独立国家一切要素的表象，并没有深究台湾和大陆的历史渊源，没有深入了解中国的传统思想和两岸的社会历史现状，所以才对台湾问题产生了误解。

如上所述，某些时候误解的产生很大程度上来源于"不了解"，波兰学生因为不了解中国的历史、社会、价值观，所以对台湾问题产生怀疑。关于敏感问题，大多数汉语教师会采用规避策略，这种方法在某些特定情境下的确会避免冲突加剧，但如果一味保持沉默，反而会在某些程度上固化偏见。如果一直把敏感话题束之高阁、避而不谈，那它就一直是敏感话题，反之，谈得多了、谈得自然了，那它就不再是敏感话题了。

由于敏感话题很难避免，国际汉语教师应该如何应对此种情况，是一个很值得探讨的问题。深入剖析学生提出问题的缘由、建立双方都能接受的解释体系、尽力给学生提供足够信息、帮助学生意识到世界上存在不同的社会文化和价值观念等，是我们建议的解决方法。一般情况下，学生提出类似敏感问题大多并不存在主观上的恶意，多因文化定式或信息接收不全所致。针对这种情况，汉语教师应当尽可能地给学生提供全面的信息和多方的观点，就像杨老师做的那样，告诉波兰学生台湾的老年人是怎么想的、年轻人是怎么想的，以及蒋介石当年是怎么想的。单一的价值体系和信息渠道一定会让学习者对某一事件进行片面的解读，而多方的信息来源和观点有助于学生们"解放思想、实事求是"。另外，杨老师在解释过程中没有选择从己方入手进行宏大叙事，说出诸如"台湾自古以来就是中国的一部分"等言论，而是选择贴近波兰社会生活的方式进行类比，引导学生从自己的角度思考问题，巧妙激发学生的移情能力，同时以轻松愉快的方式结尾，既表明了自己的立场，又避免了冲突加剧，取得了良好的效果。

作为中华语言文化的传播者、中外文化交流的桥梁，我们的教学目标绝不是培养出能说着流利汉语却对中国充满偏见的自大狂与一叶障目者。我们更希望看到的是学生通过老师的引导，在学习汉语的过程中能够了解并理解世界上还有很多不同的社会文化和价值观念，知道这个世界"和而不同"，并因为世界的丰富多样而保持好奇心。所以，遇到敏感问题不要怕，因为善于倾听者毕竟是大多数，找对方法，引导学生们用平等、客观的态度看待世界，不卑不亢，有理有据有节，这是我们能做到的。

（姜　蕴）

延伸阅读

1. 高艳. 从社会文化理论的角度论语言教师的中介作用. 外语教学理论与实践, 2008(3).
2. 亓华. 论汉语国际教学中的"敏感话题"及其应对策略. 北京师范大学学报（社会科学版）, 2013(2).
3. Allport, G. *The Nature of Prejudice*. Oxford: Addison-Wesley, 1954.
4. Rusher, J. B. *Prejudiced Communication: A Social Psychological Perspective*. New York: Guilford Press, 2001.

案例 18　信仰不同会影响交流吗？

（一）

英国文化委员会的那位英语助教学生走后，我任教的泰国学校又招聘了一位来自加纳的黑人英语教师。作为学校的外教，早上我们要并排站在学校门口用各自所教的语言向学生问早安，这时候我们免不了在空闲时间交谈，平常聊的内容也都正常，不外乎各自国家的风土人情一类。有一天，这位加纳的老师问我的宗教信仰是什么，我一下蒙了，说我没有宗教信仰，于是他就跟我说："怎么可以没有宗教信仰呢？上帝让你在困难的时候有依靠，可以让你心想事成，实现你的一切愿望。"然后拿出一张纸条，上面写着一行文字，我只看懂了"基督教"这个单词。他对我说："你可以加入基督教，我会教你怎样祷告。你每天祷告，这样上帝就会听到你的愿望和困难，就会帮助你实现愿望、解决困难。"我尴尬地笑了笑说："对不起，我不想加入。"然后便有意识地把身体偏向另一边，不再跟他说话了。也许我第一次表现得比较冷漠吧，之后他再也没有跟我讨论过这个话题，只是偶尔会说："我昨晚祷告了，希望上帝让我心想事成。"我也都只是微微一笑不说话。

网友说，回答这个问题的时候，最不好的答案，可能就是说自己是无神论者。你如果给出这个答案，好心的基督徒就会开始耐心地向你传教，因为他们认为这是在拯救你的灵魂。没有耐心的基督徒，就会对你避而远之。在西方大部分人眼中，没有信仰和唯利是图是画等号的。在西方，有身份的中产阶级以上人士几乎都是信徒，而社会底层的失业者没有信仰的居多，他们天天过着浑浑噩噩的日子。

从网上得知，宗教在西方国家其实是一个敏感话题，我当时也感觉到他在跟我说这些话的时候有意识地压低了声音，但我真的不知道他这种在公开场合下向我传教的行为对不对。周围的本土教师和外教老师一般都有自己的宗教信仰，在外的汉语教师志愿者如果真的遇到了传教的行为，我们应该怎么办呢？

（赵梦凡）

（二）

马来西亚是一个多民族的国家，主要有三个群体：马来人、华人、印度人。马来人大多信仰伊斯兰教。华人就比较复杂，有信仰伊斯兰教的，有信仰基督教的，有信仰佛教的，也有信仰道教的。我目前跟印度人接触不多，猜测多数人信仰的是印度教。

我是一个典型的没有具体信仰的人。来到这样的一个国家，尤其是来到一个绝大多数人都是穆斯林的州，我还真有一点忐忑。"会不会有很多禁忌？""会不会影响我的生活？""他们对我会很不一样吗？"……还来不及欣赏马来西亚的风情，在吉隆坡只待了一晚，第二天一大早我就被"发配"到了吉兰丹。Iza带着我到USM（马来西亚理科大学）报到，把我交给这边的马来同事后，我被问到的第一个问题就是"你是穆斯林吗？"我摇头说不是，想着："这儿本来明确要求志愿者是穆斯林的，因为中外方院长在人员安排方面没有提前协调好，就把我和另外一个穆斯林女生换了地方。他们不会不要我吧？"好在她马上就说不是穆斯林也没关系，我才安心了一点儿。

学校还没有正式开学，我需要帮忙接待一些对选修汉语还有疑惑的大一新生。有一天在走廊上碰见Normin，她看见我穿的一条裙子就皱起了眉头，很郑重地告诉我裙子一定要过膝盖。而我在来马来西亚前就咨询过总部的华人老师，她说可以穿裙子，但要有袖子、及膝。因此我重新买了很多衣服，没有袖子的就配件小外套穿，不够长的就没带过来。没想到这条及膝的裙子竟然也不能穿。考虑到这儿伊斯兰教占主体，居民都很保守，刚开始我每次出门都会给自己的肩膀裹一条丝巾，尽量不露出胳膊。后来发现这儿的人很淳朴善良，对我这个外国人充满好奇和宽容，并不在意我"奇怪"的穿着。慢慢地，不上班的时候我就相对放宽了对穿着的要求，只要不过分暴露即可。

马来同事最关心的就是信仰问题，不止一个同事问过我信仰什么宗教。我回答说没有信仰。他们就用很意味深长的一句"哦"来回应我，并说没有信仰没有关系，眼神中却透出对我深深的同情。有时竟当着我的面告诉别的同事我是自由信仰者，再引起他人的好奇和同情。我就装作听不懂，不去争辩有无信仰的好坏，至少我要尊重他们的信仰。其中最影响教学和生活的就是穆斯林每天要做五次祷告。因为不同课程的时间安排没有间隔、空间距离较远，我的课是选修课，又多在下午5点到7点，再加上要做祷告，我的学生经常迟到，有时会迟到半个小时以上。我需要调整教学计划来适应他们的时间。有两次我和穆斯林朋友在外面玩，4点左右的时候她们就会急匆匆地要回去，因为到了祷告时间，需要赶在没堵车之前回到住处。而我玩兴正浓，却不得不和她们一起走。

与华人朋友相处就简单很多。他们热情、守时、重约定，虽有信仰，但不排斥别的宗教。比如信仰佛教的华人，可以跟信仰基督教的同学参加他们的中秋晚宴。信仰基督教的同学可以跟着信仰佛教的同学参观佛堂。道教支系很多，我认识的朋友有信仰道教的，却说不出所以然来。我感觉和我没有什么差别。印度教堂非常精美，游客只要脱掉鞋子、保持庄重，就可以随意游览，甚至拍照。

所以在这个种族较多、信仰复杂的国家，人与人只要尊重彼此的信仰、有一颗虔诚善良的心，就可以包容彼此的不同，化解彼此的不理解，从而和谐相处。

（方　洁）

理论聚焦

宗教与文化

宗教是人类社会发展到一定历史阶段出现的一种文化现象，其本质是一种精神寄托和终极关怀。宗教信仰是信仰中的一种，指信奉某种特定宗教的人群对其所信仰的神圣对象（包括特定的教理、教义等）由崇拜认同而产生的坚定不移的信念及全身心的皈依，它能够为人的生活提供情感、行动等的根基，是人的价值观中至关重要的构成部分。基督教、伊斯兰教、佛教并称为世界三大宗教。英国人类学家E.B.Tylor在《原始文化》中将"文化"定义为：文化是一个社会的成员所获得的知识、信仰、艺术、法律、道德、习俗及其他能力的综合体。从广义上说，文化是一群人的生活方式，是影响某一群体总体行为的态度和价值观。宗教信仰对文化有着重要的影响，不仅塑造了信仰某一宗教的人们的价值观、道德观和社会观念，也影响着习俗、艺术、思维方式等社会生活的方方面面，在宗教较为强势的国家和地区，宗教对文化的影响更为持久而深远。不同文化之间的差异有时即源于宗教信仰之间的巨大差异。文化距离（cultural distance）是指知觉到的母文化与东道国文化的异同之处。宗教信仰的不同影响文化距离的大小，从而间接影响到跨文化适应和跨文化沟通的有效性。

案例分析

当个体进入到陌生的文化环境时，往往会因为不同文化之间的差异而引发问题，如何面对并且解决这些问题，在跨文化交际中至关重要。"当我们置身于不同的文化环境，我们应该按照这种文化的社会期望和社会规范扮演每个人所必须扮演的角色——按其角色去做事情、说话和交往，非如此不能取得预期的交往目的。"（林大津，2008:126）这实际上说的就是"入乡随俗"，"入乡随俗"的确能够避免许多冲突、解决许多问题，但是，"入乡随俗"真的适用于所有的问题吗？

对很多国家而言，宗教生活是国民生活中非常重要的一部分，有的国家甚至全民信教。这时作为一个不信教或是信仰其他宗教的人，面对当地人的传教，又能否入乡随俗呢？

有人认为，"我是无神论者"在面对传教时是最不好的回答，因为这会被认为是"唯利是图"，从而丢失很多拓展人脉的机会。其言外之意，仿佛可以虚与委蛇，加以拖延，或是假装同意。然而，由于信仰者对于宗教的热忱和不同文化背景的高低语境文化的差异，委婉地拖延、拒绝很有可能并不会让传教者放弃。如果本身是坚定的无神论者或者已有其他宗教信仰，那么这种"委婉"则会让自己陷入进退两难的尴尬境地；而假装同意，则更是非常错误的行为，既损害自己的人格，也是对对方宗教的侮辱，是真正的"没有信仰""唯利是图"。宗教信仰作为一种特殊的信仰形式,具有鲜明的个体性特征,即充分且明确地表现了个人意志、决心和生活态度,是其心甘情愿接受某种世界观、人生观、价值观的过程,是神圣的选择,是不能"入乡随俗"的。

当个体进入异文化面临整个文化群体的合力时,往往就会选择"从众"。"从众"是个体为了避免真实的或想象的群体压力,而进行的潜意识的一种选择。我们在进行跨文化交际时,最常见的一种思维就是"避免冲突",所以经常要"入乡随俗"。"入乡随俗",实际上就是一种从众,是个体对一个文化群体文化合力的顺从。一个无神论者进入一个以信仰某种宗教为主的社会时,不需要为避免冲突或惧怕成为少数而选择从众,接受传教。与其"入乡随俗",倒不如"求同存异",彼此尊重。毕竟,世界上绝大多数宗教都以追求真善美为终极目的。虽然大多数中国人不信仰宗教,但根植于中国人血脉深处的儒家文化同样提倡"仁者爱人"。由此可见,不同文化、不同信仰之间存在着共通之处,未必不能在彼此交流的过程中"求同存异"。

案例(二)中,方老师前往马来西亚吉兰丹进行汉语教学,那里绝大多数居民信仰伊斯兰教,而无宗教信仰的她遇到了一系列与宗教有关的问题。从言谈、着装到课堂教学等,方老师在马来西亚的每时每刻都存在与穆斯林之间的交往和沟通问题。方老师采取的方法是尊重、理解和包容不同的宗教信仰,主动适应当地的宗教文化,调整教学计划,并积极与不同宗教背景的当地人互动,以更好地适应马来西亚文化和社会。

对宗教信仰的尊重和适应主要体现在尊重当地社会生活习俗和调整课堂教学管理两个方面。穆斯林社会对女性的服饰要求较为保守,方老师就重新购买符合要求的衣服;穆斯林学生每天都要定时做祷告,方老师就调整教学计划来适应学生的时间。此外,方老师还积极与当地不同宗教信仰的华人建立联系,并参观印度教宗教建筑,与东道国的不同群体加强交流沟通,从而获得更多当地人的支持,更深入地了解和适应马来西亚当地社会文化。

但是,毕竟宗教文化不同,海外汉语教师很多时候无法完全入乡随俗,案例中的方老师刚开始还尽量做到保守一些,后来发现当地人淳朴善良,对外国人比较宽容后,就放宽了对穿着的要求。这里特别要提醒海外汉语教师的是,尽管可能大多数居民心态温和,但即使在同一片地区,也可能会有极端保守人士,在我们社会中"不过分暴露"的穿着在他们眼里很可能是"极度暴露"。因此把握好这个度就尤其重要，如果分寸拿捏不定，那么宁可采取保守一点的做法。这不仅关系到能否与当地人和谐相处、赢得当地人的尊重与好感，有时还涉及自身安全，不可不慎。

作为海外志愿者教师，我们首先要提升自己的跨文化适应能力和跨文化沟通能力，特别是要了解当地宗教文化，知晓宗教禁忌，并对其尊重、理解和包容，谨言慎行。其次要积极和不同文化背景的当地人交流交往，增进沟通，减少因文化距离产生的隔阂，保证工作和生活顺畅、愉悦。处在宗教氛围浓厚的文化环境中时，不对其他宗教妄自非议，求同存异，是一种尊重；但面对别人传教，不虚与委蛇、假意逢迎，也是一种尊重。我们应该根据不同对象、场合、情形灵活判断，采取相应的对策。

（张德天　李丹悦）

延伸阅读

1. 戴维·迈尔斯.侯玉波,乐国安,张智勇等,译.社会心理学（第8版）.北京:人民邮电出版社,2006.
2. 林大津.跨文化交际研究：与英美人交往指南.福州:福建人民出版社,1996.
3. 刘学惠.跨文化交际能力及其培养：一种建构主义的观点.外语与外语教学,2003(1).
4. 蒋瑾.跨文化能力分类及培养的思考.比较教育研究,2013(9).
5. Good, T. L. Two decades of research on teacher expectations: Findings and future directions. *Journal of Teacher Education*, 1987(4).
6. Redfield, R., Linton, R. & Herskovits, M. J. Memorandum for the study of acculturation. *American Anthropologist*, 1936(1).

案例 19　你不可以这样

（一）

巴厘岛三语文桥学校小学四年级C班里有一个聪敏乖巧的学生Alice，她不仅汉语说得好，平常表现也很积极，常常担任老师的小助手，很多老师都非常喜欢她。

某天汉语课后，Alice跑来讲台上问我关于汉字的问题。我也很喜欢这个聪明好学的学生，便伸手想摸摸她额前的刘海以示赞许。可是Alice立刻收起笑容，紧张地躲开了，严肃地摆着手对我说："老师，你不可以这样。"其他学生看见后也纷纷附和。我举着手不知该不该收回，感到十分尴尬。事后，我找到当地的老师询问情况，才知道巴厘岛的宗教氛围很浓，当地大多数的孩子因为信奉印度教，是很反感被别人摸头的。

我恍然大悟，这才发现自己的行为是多么失礼。尽管以前在国内已经学习过各国的宗教和社交礼仪，但在现实生活中遇到时，还是没能处理得当、照顾到对方的感受。正所谓"纸上得来终觉浅，绝知此事要躬行"，通过这次事件，我才发现身为一名国际汉语教师，在与外国学生相处时，一定不能局限于自己固有的思维模式，这样才能减少鲁莽和无礼的行为，避免跨文化交往中尴尬场景的发生。

（岳　琪）

（二）

我是一名来自马来西亚的留学生。在我们国内，由于多数人民信仰伊斯兰教，生活中常常会看到女性戴着各种各样的头巾来遮蔽头发。很多中国人不了解这种情况，看到戴头巾的马来西亚女性常常会问："你是回族人或者印度人吗？

马来西亚留学生

你为什么戴头巾？是不是没有头发所以用布来遮盖你的头顶？"许多类似这样的问题让我初到中国时感到难以接受。有人还会对我说："你们国家的男人很幸福，可以娶好几位妻子。"这让我觉得他们对伊斯兰教的了解还是比较缺乏的。更让人啼笑皆非的是，有时候我们会因为时间到了就在机场做礼拜，旁观者经常会对此充满疑惑："他们在干什么？这是坐飞机之前的仪式吗？每次坐飞机前都要这样做吗？"

（哈菲珊）

理论聚焦

宗教习俗

宗教习俗既是一种历史遗留，又是一种现实存在，它源于宗教悠久的历史文化，又鲜活地存在于人们的生活之中。这些习俗作为一种典型的文化符号，无时无刻不在传达着来自宗教的信念与影响。在很多宗教比较盛行的国家中，一些看似平常的行为，其背后也都有着深厚的宗教文化内涵。不同的宗教有着不同的习俗，它们都寄寓着不同的宗教含义。有时候仅仅是一个微小的细节，在不同的文化、宗教背景下也会有重要的意义。在文化交往日益频繁的今天，跨文化交流中的细节尤其应该被注意，如印度人视左手为不洁，用左手吃饭、递物都是很不礼貌的等。同一动作在不同的文化和宗教背景下的解读常常截然不同，为避免非本意的矛盾冲突，跨文化交流中的文化和宗教习俗更应该受到重视。

案例分析

案例（一）中的岳老师希望用抚摸额头的方式表达对Alice的喜爱，却因为对方信仰印度教而遭到拒绝，因此感到十分尴尬。案例（二）中的中国人本无意冒犯，但却问出了关于头巾、多妻制等令穆斯林学生难以接受的问题。这些行为因为触碰了宗教中的避讳和禁忌，才使人们在无意中冒犯了对方。令人遗憾的是，对于宗教中的禁忌问题，人们依然知之甚少。

岳老师在巴厘岛遇到的问题，可以从两个方面进行分析。一方面，是由于对宗教的特殊习俗不了解：印度教是世界主要宗教之一，也是在巴厘岛最有影响力的宗教。在印度教徒看来，头部是至高无上、不可侵犯的身体部位，抚摸他人的头部带有侮辱和挑衅的意味（纪可，2012:57、97）。另一方面，身体接触在不同的文化背景下，既可能表达积极的感情意义，又可能带有负面信息，抚摸头部这种身体接触的方式在中国是表达喜爱的，但在印度教背景下却有消极的意义。

而哈菲珊在中国听到的问题，也说明了国人缺少一定的宗教常识。伊斯兰教是马来西亚的官方宗教，有近53%的国民信仰。《古兰经》和圣训对穆斯林生活的方方面面都做出了规定。其一，伊斯兰教法规定，男人的羞体是从肚脐至膝盖，女人除脸、手和脚以外均为羞体，应当加以遮盖。因此马来西亚妇女们衣着比较传统，且必须佩戴头巾。其二，大多数穆斯林都遵循一夫一妻制。伊斯兰教虽然允许多个妻子的存在，但有极其严格的限制。在伊斯兰婚姻制度中一夫多妻是特例，而不是通则。其三，虔诚的穆斯林一天中要在特定的时间做5次礼拜（分别是晨礼、晌礼、晡礼、昏礼和宵礼），一般不得延缓或免除。哈菲珊他们在机场做礼拜就是因为到了必须做礼拜的时刻。而在宗教氛围不太浓厚的环境中长大的中国人眼里，哈菲珊的这种严格的宗教仪式不太容易被理解。从另一个角度看，哈菲珊的遭遇也折射出了国民素质问题。随着"一带一路"倡议得到更多的响应，国人参与跨文化交往的机会越来越多。这也要求我们不断提升跨文化交流的素养，做到尊重、包容、接纳，理性地对待不同的宗教文化习俗。

俗话说"入境问禁、入国问俗、入门问讳"，在越来越多的跨文化交往中，宗教习俗的影响总是在不经意间显现出来。大到国与国之间的交往，小到人与人之间的交际，不同宗教引起的矛盾冲突并不鲜见。岳老师的摸头动作、令哈菲珊难堪的问题，都在一定程度上反映了我们对宗教习俗了解比较少，没有深入认识宗教习俗的细节及其背后的文化内涵。这激励我们不断探索，了解不同的宗教习俗，积累跨文化的经验。

正如岳老师在反思时所感慨的，"纸上得来终觉浅，绝知此事要躬行"。在不断的跨文化经历中，宗教习俗的细节之处将会被慢慢地揭开面纱。在这一过程中，我们会不断地"犯错误"，这些错误终会成为我们积累的知识和经验，不断提升我们对不同宗教文化的了解、提高跨文化交际的能力。

（马赟鹤）

延伸阅读

1. 郝晶晶. 短期来华留学生的跨文化敏感和效力研究. 长春大学学报, 2015(10).

2. 纪可. 中国—东盟民族习俗比较研究. 北京：人民日报出版社, 2012.

3. 李阳. 东南亚文化禁忌研究. 苏州大学硕士学位论文, 2015.

4. 刘彩霞. 跨文化交际禁忌习俗文化研究. 四川师范大学硕士学位论文, 2010.

5. Koester, J. & Olebe, M. The behavioral assessment scale for intercultural communication effectiveness. *International Journal of Intercultural Relations*, 1988(3).

6. Ruben, B. D. Assessing communication competency for intercultural adaptation. *Group & Organization Studies*, 1976(3).

思考题

问答题

1. 有学者认为,要把跨文化理论应用于实践,首先需要过心态关。你认为跨文化交际者的心态重要吗?请举例说明。
2. 跨文化交往中,良好的自我意识可以起到自我监控作用。你认为自己对异文化是否存在刻板印象呢?如果有,你认为是什么原因造成的?
3. 种族中心主义是一种普遍存在的现象。有老师在海外教学遭遇种族歧视,轻则受到辱骂,重则遭受人身攻击。遇到类似的情况,你会如何处理?
4. 美国心理学家Elliot Aronson曾经运用"课堂拼图"策略(分组合作、利用信息差完成课堂任务),在多种族课堂中营造合作而非竞争的氛围,从而消除了美国白人和拉丁裔美国人、非洲裔美国人之间的种族冲突。这一做法对我们有何启示?
5. 在面对文化差异时,我们是否应该入乡随俗?什么情况下应该入乡随俗,什么情况又应该坚守自我?如需入乡随俗,又应该如何把握好"度"?

实战题

案例A

有学者做了一个调查研究:找若干黑人和白人大学生回答研究生入学考试中很难的语词问题。随机抽取一半被试者,引导他们相信这个考试是为了测评他们的智力;另一半学生只被告知,实验所关心的是他们在解决问题中的心理素质。结果发现,当黑人学生认为测验是用来检测他们的智力时,他们的成绩只达到白人学生成绩的二分之一;而当黑人学生认为测验只是考查心理素质时,测试结果显示黑人学生与白人学生几乎没有差别,这也是文化影响IQ的一个实例。

(选自陈雪飞,2010:135)

1. 对于同样的试题,为什么不同测试组的黑人学生成绩差别如此之大?
2. 请你从黑人学生的角度分析,在得知测评为智力测验后,为什么他们的成绩比白人学生低?

案例B

范·迪克曾考察荷兰报纸对进入荷兰的泰米尔人报道的标题和引语中所使用的词语。他发现在描述移民和难民时，存在着一个大量涌入的"水"的概念性隐喻，具体语言表现为在与"水流"意义相关的词汇域里进行不同的词汇选择：stream（川流不息）、wave（浪潮）、flood（洪水）、tide（潮流）等。并且，这些词汇本身所具有的特征通过关联性而发生转换，即移民和难民洪水般涌入，哪怕是在某个时间段里移民或难民的人数很少，这些词语依然在使用。例如：

在过去的几个星期里，数千泰米尔难民洪水般地涌入西欧。（Vrije Volk，1984年12月5日）

很难容纳川流不息的泰米尔人。（Volkskrant，1985年1月22日）

泰米尔潮流带来紧急情况。（Vrije Volk，1985年3月20日）

联邦警察开始调查泰米尔人的入侵。（Telegraaf，1985年3月）

（选自熊伟，2010:123）

1. 上述词汇的选择反映了荷兰媒体怎样的心态？
2. 用诅咒、规避、人身攻击等来表达负面情绪会导致严重的后果。有人认为，用概念隐喻（从一个具体的概念域向一个抽象的概念域的系统映射，如案例B中用"洪水"隐喻"难民"）形式来表达负面的情感倾向不会带来严重的后果，因为它往往不易被察觉。你认同这样的说法吗？

第三章
跨文化的语言交际

语言是人类的本质特征之一，也是人与人之间沟通的桥梁，人们通过语言来表达自己对世界的看法。在跨文化交流中，语言的作用可能因语言不通被削弱，但当双方采用某一方语言或媒介语进行交流时，语言的重要性就会得以突显。语言是文化的载体，也是文化的重要组成部分，二者相互依附、促进和制约，具有十分密切的关系。跨文化的语言交际中，交际双方由于语言和文化背景的差异，难免会遇到各种各样的困难，产生跨文化冲突。这些差异和冲突主要体现在语言形式、语义内容、语用规则、交际风格等多个层面。

语言形式。不同语言中语音、文字、词汇、语法等语言要素的形式不尽相同。每一种文化都拥有自己特定的语言代码，而不同语言结构规律的差异也反映了不同文化背景中人们思维方式的不同，如汉语是重意合的语言，而英语是重形合的语言。萨丕尔—沃尔夫假说认为，"语言的形式决定着使用者的思维以及对宇宙的看法"，尽管这一观点因过于绝对而在当时受到了学界的质疑，但后来人们渐渐发现，相同的概念在不同的文化背景下的确会产生不同的联想。因此，该假说的弱式（the weak version）逐渐得到了人们的认可（高一虹，2000）。

语义内容。词汇是语义的重要承载单位。在跨文化交际中，词汇可以根据指示意义和内涵意义分为重合词汇、平行词汇、全空缺词汇、半空缺词汇和冲突词汇几种。概念意义相等而文化内涵意义不同的半空缺词汇和冲突词汇是交际过程中最容易造成误解的部分。如我们常将"peasant"一词翻译为"农民"，这个翻译在汉语中往往含有中性和偏褒义的感情色彩。而事实上"peasant"还有另外一个义项，即"a coarse, unsophisticated, boorish, uneducated person of little financial means"（一个粗俗而野蛮，未受过教育的穷人）。从这个义项上来说，它是完全贬义的。实际上在英语中，"farmer"才是与汉语"农民"更为贴近的中性词，但"farmer"主要指拥有自己农舍和田园的农场主，这又和中国的农民情况不尽相同，只能粗略地画等号。

语用规则。在会话中，语言的运用需要一定的规则和技巧。保罗·格赖斯（Herbert Paul Grice）的"合作原则"（cooperative principle，简称CP）、杰弗里·利奇（Geoffrey Leech）的"礼貌原则"（politeness principle，简称PP）与布朗和列文森（Brown & Levinson）的"面子挽救论"（the face-saving theory）被认为是指导会话的通用原则，而这三者之间同样存在着交叉、冲突和妥协。英国学者海伦·奥迪（Helen Oatey）在 *The Customs and Language of Social Interaction in English*（《与英美人交往的习俗和语言》，1987）一书中提到，中国人对于别人的夸奖更喜欢做出否定的态度，如采取"水平有限"、"瞎猫碰到死耗子"之类的回答。在她看来，这些话尽管出于礼貌，但未免显得有些不真诚。除此之外，在不同语言中，称谓语和称呼语、招呼语、禁忌词和委婉语等方面的不同，也都体现了语言语用的文化差异。

交际风格。不同文化背景中人们的交际风格和交际习惯也存在着明显的差异。如日本是一个典型的高语境国家，人们在交际过程当中不喜欢把一切说得太过直白，往往含蓄地表达自己的意见，听话人需要听懂说话人的言外之意。而美国则是一个典型的低语境国家，人们更喜欢直接地说出自己的想法。石井慧（Satoshi Ishii）把美国人的思维模式比作"桥式"，讲话人明白、直接地把自己意思传达给对方，犹如一座桥，听话人只需从桥的这头走到那头就能弄清楚说话人的意思；把日本人的思维模式比作"垫脚石式"，说话人不直接表述自己的意思，而是采取迂回、隐含的方式，犹如投下一块块垫脚石，说话人要借助这些"垫脚石"才能明白说话人的含义（胡文仲，1999:81）。

在交际中，语言是最直接、最易察觉的接触，但由此产生的冲突、误解却并不鲜见。从某种程度上讲，交流的成败取决于表达是否有效。因此，在进行跨文化交际时，能有效地对自己的语言进行编码，同时准确解码对方的语言，进行有效的话轮交替，才是我们追求的最高境界。

案例 20　不到黄河不死心

高老师在陕西师范大学实习期间，曾经担任汉语中级班的口语老师。在一次口语课上，班上为某汉语朗诵比赛活动进行选拔，有一位哈萨克斯坦的学生很想让老师将他选入比赛，于是在课上一直追问自己能否被选上，并不断地称赞老师："老师，您今天特别漂亮，您的衣服也特别好看。"

高老师在他的不断追问和赞美下笑着说："你真是不到黄河不死心啊！你一直说我好话，是不是想走后门啊？"学生听后十分不解，疑惑地询问老师："我没有想去黄河啊，而且我没有想走教室的后门，为什么您这样说我呢？"

老师接着向他解释了"不到黄河不死心"以及"走后门"在汉语中的含义，学生才了解了老师表达的意思。当他接着问为什么中国人要用这种说法，而哈萨克斯坦没有这样的说法时，老师却语塞了，只说："我们国家就是这么说的。"

（马　哲）

理论聚焦

文化词语

文化词语是指特定文化范畴的词汇，它是民族文化在语言词汇中直接或间接的反映。文化词语通常具有丰富的文化内涵，从字面上很难直接理解或者准确理解其含义，它的文化意义是附加的，这里附加有两层含义，一是通过修辞效应形成的比较固定的文化意义，如"小白脸"；二是通过感情渗透形成的具有暂时性情境意义的文化含义，如"慢走"。由于第二类词语只在特定的情境下表达某种情绪或文化意义，因而有些学者并不将其划入文化词语范围内。

言语代码理论

言语代码理论是格里·菲利普森（Gerry Philipsen）在对文化交际的研究中提出的基本框架，即"交际行为文化层面上的不同代码"。他认为文化是影响交际行为的最基本因素，并提出了五个前提假设，解释言语代码的基础：（1）每一种文化，都拥有自己特定的言语代码；（2）言语代码包含一系列体现文化差异的心理学体系、社会学体系及语言风格；（3）言语的意义依靠听者和说者双方使用的言语代码对交际行为的创造和解释；（4）言语代码的细则、使用规则以及前提与言语本身交织在一起，伴随着言语的始终；（5）对共享的言语代码的巧妙使用是进行预测、解释和根据交际行为的可理解性、审慎性及道德标准对语篇形式控制的必要条件。

案例分析

本案例讲述了高老师在汉语口语课堂上使用汉语熟语而引起学生疑惑的事情，反映了文化词语在理解上的困难，以及语言教学过程中讲授文化词语的必要性。文化词语根植于其所属的社会文化，具有一定的独特性，很难与异文化中的词语一一对应，因此容易引起误会、阻碍交际的进行。

案例中的哈萨克斯坦同学想要参加汉语朗诵比赛，反复询问老师选拔结果，并不断地赞美老师。在这种语境下，高老师很自然地使用了"不到黄河不死心"和"走后门"两句汉语熟语，这位同学从字面上进行了解读，把前一句理解为去黄河，把后一句理解为走教室的后门，根本不明白老师的意思。根据言语代码理论，每一种文化都拥有自己特定的言语代码，包含一系列体现文化差异的心理学体系、社会学体系及语言风格，言语的意义依靠听者和说者双方使用的言语代码对交际行为的创造和解释。"不到黄河不死心"和"走后门"是依托中国文化产生和发展的熟语，背后有一定的文化内涵，无法直接从字面进行解读。哈萨克斯坦同学由于汉语言文化知识有限，且在其母语中没有直接对应的词汇，因而无法正确理解。

当学生问到为什么中国有这些文化词语而哈萨克斯坦没有时，案例中的老师并没有给出明确的答复。作为一名汉语教师，除了要了解文化词语的意义和使用情境之外，还应尽可能掌握一些特定文化词语的来源，这样对教学和解答学生的疑问会有一定帮助。文化词语往往具有较长的历史，其来源也比较复杂，所以要理清渊源并不容易，但一些有趣的故事，无疑可以帮助学生更好地理解和记忆这些文化词语。

陈光磊（1997）指出："语义文化是一种语言的语义系统所包含的文化内容和所体现的文化心理，譬如不同语言之间常用的对应词在意义上几乎都有某种程度的不等值性，这种不等值性，往往是文化差异的语言表现，即它们的社会文化含义不同，是语言课中文化教学的重点之一。"那么在国际汉语教学的过程中应该如何处理文化词语呢？首先，应该对这类词语进行分类，文化词语的教学不同于文化教学，指称中国特有的历史现象或文化的词语，如"黄袍""八旗子弟"，往往在给定的背景知识下出现，结合一定的历史知识，学习者并不难理解，而有些文化词语，字面意思和实际含义相去甚远，具有特定的文化内涵，如"走后门""跑龙套"等熟语，这一部分应该作为文化词语教学的重点。其次，虽然这类词语具有一定的独特性，但归根结底仍属于语言教学的范畴，因而在教学过程中应该立足语言、兼顾文化，重视意义的讲解，并给出相应的语境帮助学生理解，明确使用情境。最后，结合课堂实际采用适宜的方式进行操练，可以是提供情景的口头造句也可以是书面造句，不拘泥于形式，重点是帮助学生掌握使用的情境。

（王玮琦）

延伸阅读

1. 陈光磊.关于对外汉语课中的文化教学问题.语言文字与应用,1997(1).
2. 马哲.中亚留学生汉语教学中的跨文化交际案例分析.新疆师范大学硕士学位论文,2014.
3. 谭汝为.民俗语言与对外汉语教学.语言教学与研究,2001(5).
4. 张高翔.对外汉语教学中的文化词语.云南师范大学学报,2003(3).
5. Byram, M. On being "bicultural" and "intercultural". In G. Alred, M. Byram, M. Fleming (Ed.). *Intercultural Experience and Education*. Bristol: Multilingual Matters Ltd., 2003.

案例 21 "安静"的笑话

刚来巴厘岛文桥学校实习时，一切都还处于适应期。小学四年级的学生很调皮，每次上课前我都要花很多时间让他们安静下来，才能开始正常上课。这天我像往常一样走进教室，学生们实在是太过吵闹，在组织纪律时我无意识地冲学生们吼了一句"安静！"顿时，全班的学生都怔住了，立刻安静了下来。我以为这下他们总算是安静下来了，结果学生们又突然哈哈大笑起来，其中一个学生还趁乱学小狗汪汪叫，这让我丈二和尚摸不着头脑。为了不影响上课，我当时也没有立刻追究。下课以后，我把这个情况告诉了印度尼西亚的搭档老师，搭档老师告诉我这个词语的中文发音在印尼语中是"狗"的意思，所以学生才会觉得又惊讶又好笑，有的还学小狗汪汪叫。明白真相以后，我十分诧异，同时也为自己上课前没有做好功课而感到愧疚。

后来通过聊天我得知，几乎每一个新来的中国老师都遇到过类似事件，因为大家无论是在学生生涯还是教师生涯中，都已经习惯用"安静"这个词来引起注意、维持课堂纪律。这样一个纯粹的无意识行为却在印度尼西亚闹出了大笑话。作为海外的国际汉语教师，我觉得应该时刻注意自己的习惯用语，在不熟知当地情况时更要有所警惕，不能理所当然地去使用习惯用语。

（岳 琪）

理论聚焦

语言符号的任意性

语言符号最大的特点就是音义结合的任意性。由社会约定俗成的、音义结合的任意性是形成人类语言多样性的一个重要原因。不同语言可以用不同的音来表示相同的事物，也可以用相同的、类似的音来表示不同的事物，这些都是符号任意性的表现。比如说，在语音教学过程中的跨文化谐音问题，如"给"的语音练习，有过英语学习经历者可能会听作"gay"；再比如，小狮子"卡卡"的发音在意大利语中跟"大便"发音相近。

案例分析

在跨文化交际的过程中，同一语音形式在不同的语言中具有不同的含义，如果交际双方没有认识到这一点，那么很可能造成歧义，无法实现交际目的，甚至还会像岳老师一样闹笑话。

作为符号，语言最大的特点就是它的音义结合是任意的，由社会约定俗成。在不同的社会中，相同的语音形式可能表达不同的意义，如汉语中的"狗"和英语的"go"发音近似，但意义截然不同。当然这种任意性只是就创制符号的情形说的。符号一旦进入交际，也就是某一语音形式和某一意义结合起来，表示某一特定的现实现象后，它的使用就具有了一定的强制性，不能由个人擅自变更。

在口头交际过程中，由于没有文字的辅助，音义结合的任意性在不同的社会语言系统中会给交际双方带来理解上的歧义问题。本案例正是由于这种歧义才导致了师生课堂交际的失败，一方面学生误解了老师的意思，老师维持课堂秩序的目的没能实现，另一方面教师不能理解学生做出上述行为的原因，无法及时给出适当的回应，造成了不明所以的"尴尬局面"。

面对跨文化交际中此类语言现象，教师要保持冷静客观的态度，尊重差异，理解、容忍学生的不当反应，同时也不必过于自责。这类现象也提醒我们要做一个有心人，提前做好功课，向前人和当地的老师多多请教，尽量避免类似问题的发生。在跨文化交际中，语言的力量非常强大，学好当地语言，并了解其背后的文化是跨文化交际成功的前提，是跨文化交际能力的重要组成部分。

（王玮琦）

延伸阅读

1. 李建军,李贵苍.跨文化交际.武汉:武汉大学出版社,2011.
2. 林娟娟.跨文化教学策略研究.外语与外语教学,2006(4).
3. 田荔.跨文化交际中的语言行为与非语言行为.上海师范大学学报（哲学社会科学版），2007(2).
4. Hammer, M. R., Bennett, M. J. & Wiseman, R. Measuring intercultural sensitivity: The intercultural development inventory. *International Journal of Intercultural Relations*, 2003(4).

案例 22 "胖"的禁忌

高三B班是一个非常优秀的班级，学生们已经学习了三年汉语，汉语水平比较高。学生们的听力、阅读和写作都比较优秀，但语音、口语表达和口语交际方面比较薄弱。我想造成此类问题的主要原因是学生们接触的汉语母语教师太少，我作为唯一的汉语母语教师，每周只给他们上一次听说课。因此，针对高三B班的情况，我的教学设计一直是以交际和练习为主，最大限度地提升学生的开口率，以达到训练学生运用汉语进行交际的目的。其中有一节课的教学目标是描述人的外貌特征。学生之前已经学习过"高、矮、胖、瘦、大、小"等形容词和描述外貌的名词，如身高、体重、五官等。因此我对这节课的教学设计思路是：逐层操练，先简单复习，然后进行交际性练习，再巩固加强。但我没想到的是在进行交际练习时发生了一件非常不愉快的事情。

我针对本课内容设计了一个小游戏：让一个学生自愿到讲台上当模特，别的学生对他/她的外貌特征进行描述。我在"模特"身边对学生们的描述进行引导。前三轮游戏都非常顺利，学生们的参与度、积极性也非常高，大家你一言我一语，不亦乐乎。而问题就出在了第四个上台的女孩儿——伊丽莎白身上，因为伊丽莎白有一点儿胖，但她非常可爱，上课也非常认真，汉语学得也很好。这时学生们开始描述她的外貌，大多数学生都说"她很漂亮""她的眼睛很大""她的鼻子很高""她的头发很黑很漂亮"等，但班上有一个比较调皮的男孩儿突然说了一句"她很胖！"这时，我说"不对，不是很胖，是有一点儿胖，但是她很可爱。"在我说完这句话准备问

意大利高中汉语课堂（刘庆辉供图）

下一个问题的时候,伊丽莎白竟然哭了,我一时手足无措,这时我的教学搭档周老师将伊丽莎白带出了教室。课后,周老师很认真地告诉我,意大利人认为"grasso(胖的)"是一个非常严肃的、带有歧视性色彩的形容词,无论见到多么胖的人你都不应该用这个形容词,也许在中国"胖"代表着可爱、有福气,但意大利人除了辱骂别人一般不会用到这个形容词。听完周老师的一番话,我陷入了深深的自责与内疚之中。

(侯东海)

理论聚焦

语用失误

英国语用学家珍妮·托马斯(Jenny Thomas,1983)指出,"只要说话人所感知的话语意义与说话人意欲表达的或认为应该为听话人所感知的意义不同,这时就产生了语用失误。"她将语用失误分为两大类:语言语用失误(pragmalinguistic failure)和社会语用失误(sociopragmatic failure)。语言语用失误是指由于母语的干扰,对目的语表达的内涵意义缺乏透彻的理解,从而在使用目的语交际时产生失误。例如留学生对获得100米冠军的中文老师说:"老师,您跑得像狗一样快!"这显然是误用了本族语中的文化观念,在西方,狗常常被视为家庭成员,而汉语中狗往往具有负向文化倾向,多为贬义(毛嘉宾,2003)。社会语用失误是指缺乏对跨文化交际言语行为得体性的了解,在交际时只考虑到自身文化系统的习惯。例如在听到对方赞扬时,中国人习惯的是谦虚客套、自我贬低,而按照英语为母语人的交际习惯,得体的回答一般是"thank you"。

禁忌语

禁忌是人类社会普遍存在的文化现象,人们对诸如生老病死、隐私等许多方面有避讳,因此产生了大量的禁忌语和委婉语。在跨文化交际中,禁忌无所不在、无时不有,对人们有着强有力的现时约束力。跨文化交际是不同语言模式和

> 文化圈之间的接触，最容易引起误解和引发冲突的就是禁忌，了解不同文化中的禁忌和相应的委婉语，不仅可以深入理解不同文化的价值取向，也可以避免在跨文化交际中出现不必要的误会。禁忌语包括称谓禁忌语，发问语禁忌语和话题禁忌语等。

案例分析

本案例反映了概念意义基本相同的词语在不同文化中的内涵意义存在差异，交际双方在没有意识到差异的情况下，往往会产生误解，阻碍交际。

从案例中我们可以发现，这位老师在课堂教学过程中并没有意识到"胖"和其大致对应的意大利词语具有不同的内涵意义，当调皮的男孩说出"她很胖"的时候，老师并没有及时纠正，而是按照汉语的理解间接肯定了可以用"胖"形容别人，而学生却是按照意大利语"grasso"来理解的，于是被形容为"胖"的女孩难过地哭了起来。"胖"和"grasso"这两个词在汉语和意大利语中的概念意义基本一致，但在内涵意义和色彩意义上差异很大。汉语中的"胖"是一个中性词，在某些情况下还代表着可爱和有福气。中国文化中人们并不避讳说"胖"，"你最近胖了"或者"你最近发福了"曾经是中国人常用的寒暄语，但是意大利语中的"grasso"却是一个带有歧视性色彩的形容词，一般只有辱骂别人的时候才会使用，显然在调皮男孩儿和伊丽莎白的理解中，"胖"并不是一个中性词语，老师无意中触碰了意大利语中的禁忌，既伤害了学生的感情也让自己深深自责。

跨文化交际中使用的词汇可分为五种情况：重合词汇、平行词汇、全空缺词汇、半空缺词汇和冲突词汇。其中指示意义相同而内涵意义不同的半空缺词汇和冲突词汇最容易在跨文化交际中带来歧义和冲突。"胖"就属于这类词语。正是由于这种语言差异才造成了这次的不愉快。

在跨文化交际和语言教学的过程中，难免会遇到这类词语，这就需要教师具备一定的语言敏感度，合理地处理对方文化中的禁忌语，了解相应的委婉语；在进行教学设计时尽可能选择适当的例子，慎重选择举例对象。在汉语中，尽管"胖"有"可爱"和"福气"的意思，但是某些情况下直接用"胖"来形容一个人的外貌特征并不合适，同样会让对方感到不适。汉语中有一些相应的委婉语可以代替"胖"的说法，如"富态""圆润"等。再比如，汉语中"黑人"纯粹是根据肤色划分的称谓，但英语中"black"则是一个需要谨慎使用的词，若使用不当很容易被当作种族歧视。遇到这类词语时，教师可以在操练前对其在双方文化中的差别进行简要说明，帮助学生理解汉语语境下该词语的内涵意义，这样不仅有利于展开练习，同时有利于培养学生的跨文化意识。

（王玮琦）

延伸阅读

1. 高永晨.试论跨文化交际中的禁忌语.苏州大学学报（哲学社会科学版），1994(1).
2. 胡文仲.超越文化的屏障——胡文仲比较文化论集.北京:外语教学与研究出版社,2004.
3. 旷战.跨文化交际意图与语境要素的认知激活.江淮论坛,2014(3).
4. 龙梅芬.跨文化语用学视角下的语用失误探析.宏观经济管理,2017(S1).
5. 邱天河.英语交际过程中的语用功能.外语教学,1994(1).
6. Hammer, M. R., Gudykunst, W. B. & Wiseman, R. L. Dimensions of intercultural effectiveness: An exploratory study. *International Journal of Intercultural Relations*, 1978(4).

案例 23　如何称呼外国人？

　　我所在的大学去年开始接收留学生，曾经做过孔院教师、回国后仍跟以前一样从事外语教育的我临危受命，开始承担留学生的汉语口语教学工作。我们的留学生都来自非洲，他们聪敏好学、勤奋努力。有次课间聊起来，我建议他们去市里看看济南的泉水。可是威廉姆告诉我说，他不愿意出门，因为他在大街上经常听到人们在背后或者当面喊他"黑人"，所以他很自卑。我惊讶地发现，他们虽然到中国只有三周，却已经听得懂好多汉语了，也必定经历过不少cultural shock。

　　于是我跟留学生们说，在中国，人们会喊外国人"老外"，但这个称呼并没有贬义，也绝无任何歧视。相反，这是一个亲切的称呼。现在还有一种称呼"歪果仁"，是"外国人"的谐音，是一种网络流行语，一种幽默搞笑的说法，但也绝无恶意。同时我还给他们举了我在拉美国家任教时的例子，比如我们出门时，经常会有人笑嘻嘻地指着我们喊"Oh, Chinos! Chinos!"但我能从他们的语气和眼神中看出他们并无任何不友好之意，他们还会上前来问问我们是不是chinos呢。每次出门，我都会特别注意形象，对所有人微笑着以礼相待。那里的每个陌生人都会对我这个chino特别友善，尽其所能地给我提供帮助。去超市买水，总会有人主动跑过来帮我把纯净水桶搬到车上；我问路，总会有人为我详细指路甚至放下自己手中的活计亲自带着我到达目的地才离开。

　　"黑人"这个称呼，跟"外国人""chinos"一样，也只是对黑人的一个俗称而已，并非对他们有任何歧视，他们完全可以从语气和眼神上判断出来人们是否友好。他们也点点头表示同意。

　　同时，我在中国学生的外语课堂上告诉学生们，在留学生面前尽量不要用"黑人"这样的称呼，他们有名字，称呼他们的名字就好，这也是一种尊重。

　　随着国家的发展，会有越来越多的外国人出现在我们的生活中，这将成为我们生活的常态。因此，不仅我们这些跨文化工作者，即使是普通人也需要培养跨文化交际意识，因为我们每个人都代表着国家的形象、民族的素质。

(刘丽君)

理论聚焦

移情

移情就是我们愿意想象着把自己置身于我们并不熟悉的其他文化世界，去感受他们的感受。简单来说，移情就是站在他人的立场上看问题。事实上，移情是一种天生的能力，在人们进行所有的交流时都会用到移情，其主要表现为，仔细倾听他人的声音、对别人说的话感兴趣、理解他人感受等。很多学者指出，移情是跨文化交流的基础，对于人际与跨文化的普遍交流十分重要。

案例分析

本案例主要反映了中国人在称呼非本族人时的语言选择问题。虽然人们使用的称呼有时并无恶意，通过表情等非语言行为也可以判断人们的友好程度，但是某些情况下这些称呼语会给非本族人带来不舒服的感觉，影响他们的跨文化适应。

案例中的非洲学生威廉姆不愿意出门，因为经常在路上被人当面或者背后叫作"黑人"，这让他觉得非常自卑。"黑人"用英语可以直译为black people，带有很强烈的歧视色彩，如果用来称呼别人是非常不礼貌的，因而当威廉姆听到别人用"黑人"称呼自己的时候感觉受到了冒犯，甚至不愿意出门。虽然使用这一称呼的中国人可能仅仅是出于一种习惯，并没有歧视的意思。这从一个侧面反映出我们习焉不察的用语在跨文化交际过程中可能造成一些交际上的障碍。

中国人常用"老外"来称呼外国人，使用没有年龄、国别、地域的限制。这一称呼在大多数中国人看来并无不妥，有时甚至还觉得表示友好和亲近。但是根据亓华（1998）、张积家等（2008）等的研究，外国人在听到"老外"这一称呼时，心理上通常会感觉不舒服。"老"在汉语中是使用很频繁的前缀，多表示亲近，如"老张"，但是对于初学汉语的留学生来讲，看到"老"最先联想到的意义是"年纪大"，他们领会"老"表示亲近的意义需要时间。使用"老外"作为外国人的通称背后有一种潜在的群体意识，符合中国人的思维方式，因而中国人在使用时没有感觉到不妥，但是从心理角度出发，这种称呼会让外国留学生有一种没有融入中国、被排斥在外的感觉，不利于他们的跨文化适应。

尽管如案例中的老师所言，在跨文化交际过程中，我们可以通过其他的非语言行为来判断对方的友好程度，如眼神、面部表情、提供的帮助等，但是不恰当的称呼语仍然会给他人带来一些心理上的不适，这一点我们有必要"移情"，多从对方的角度考虑。而且，虽然老师给学生解释人们称呼"黑人"并无恶意，但不可否认，部分国人潜意识里还是有一定程度种族歧视的。刘老师已经意识到，不仅跨文化工作者，普通人也需要培养跨文化交际意识，注重塑造正面积极的国民形象。

（王玮琦）

延伸阅读

1. 陈夏芳. 跨文化交际中称呼语的使用与语用失误. 东北师大学报（哲学社会科学版），1997(4).

2. 亓华. 对一个称呼语的跨文化剖析——释"老外". 北京师范大学学报（社会科学版），1998(6).

3. 杨平. 跨文化交际中的非语言行为. 外语教学，1995(4).

4. 张积家, 陈秀琴. "老外"究竟意味着什么？语言文字应用，2008(1).

5. 张立光, 周颜红. 影响跨文化交际的文化因素和心理因素. 东北师大学报（哲学社会科学版），2008(6).

6. Jacobson, W., Sleicher, D. & Maureen, B. Portfolio assessment of intercultural competence. *International Journal of Intercultural Relations*, 1999(3).

案例 24　尊重

（一）

2014年我赴泰国任教，是那所学校的第二任汉语志愿者教师。学生刚开始不知道我的中文名字，只知道泰国老师给我取的泰语名字"Fah"，便称呼我"Teacher Fah"（泰国称呼老师的方式翻译成中文是"老师+名字"，与中文的"姓+老师"不同），学校的其他泰国老师也这样叫我。我当时并未意识到有任何不妥，想当然地以为这与中国"……老师（如张老师）"的称呼一样。学校里有一位60多岁的英文教师Carmine Fry，她从泰国移民到加拿大多年，后又返回泰国教英语，泰国学生们见到她总是亲切地称呼她为"Mrs. Fry"。

后来，学校来了一位英国教师Rosie Foot，学生们和学校的其他泰国老师便以"Teacher Rosie"来称呼她。直到有一天，那个英国老师忍无可忍，对那位年长的英语老师说："为什么学生们都叫我Teacher Rosie，英语中不会这样带着职业来称呼别人，要用'Miss./Mr./Mrs./Ms.+姓'来称呼。泰国学生和老师too rude。"Mrs. Fry两肩一耸，很无奈地对她说："你没发现学生们除了叫我'Mrs. Fry'之外，叫其他的老师全是'Teacher+名字'吗？因为我每天都要跟学生们强调很多遍，也时常纠正他们，所以他们只记住了怎么称呼我，但对其他老师还是用泰国的方法直接翻译成英语。"

听了这段话我才第一次认真地思考这个问题，原来在英语中并没有直接用"Teacher或者Teacher+名字"来称呼老师的方式，直接用社会通用称呼即可。亚洲国家的学生以自己语言的称呼方式直译过来称呼其他国家的老师，虽然没有恶意，但在对方看来却很没有礼貌。现在想想，泰国学生为何只会用正确的方式来称呼Mrs. Fry，而对于其他老师仍旧用泰国的称呼方式，原因在于Fry老师只是不厌其烦地纠正，但并没有向学生解释清楚职业称谓的跨文化表现，学生也就没有真正了解称谓可能造成的跨文化交流障碍。

（赵梦凡）

（二）

刚来澳大利亚的时候，我常常对这里的称谓感到非常不适，对上司或年长者直呼其名的做法让我有点难以适应。在学校很多老师对校长直呼其名，甚至在开会的时候也会直接叫校长John。一开始我怎么都叫不出口，总觉得直呼名字有点不尊重校长，每次见面打招呼都是礼貌地称Mr.Deayton。后来发现只有我一个人这么称呼他，反而显得生疏和奇怪，于是也慢慢改口，但刚开始每次直接叫校长名字的时候，心里总觉得有些冒犯。

不光是老师对校长的称谓，在这里学生对老师的称谓一开始也让我略感不适。来到澳大利亚以后，我并没有使用英文名字，不论是银行开户还是在学校工作聊天，都一直使用自己的中文名字Zhang Shu。我每个星期四去一所小学教中文，班里的学生都是七八岁，我告诉他们可以叫我Miss Zhang或者按照中国的习惯叫我"张老师"，但是几轮游戏玩下来，每个孩子都捋直了舌头直接叫我"Zhang Shu"。一开始我觉得学生直接叫我名字不太尊重我，或者觉得他们压根儿没把我当成老师，后来看到每节课结束时孩子们都帮我洗毛笔、收筷子，全部整理好还给我，兴奋地问我下节课学什么，我反而觉得很舒适、很轻松——他们尊重人的方式不是体现在称谓上罢了。

在我工作的另外一所中学，学生都是十五六岁的大孩子了，他们在课堂上都会叫我Zhang Shu老师，或者Miss Zhang。但是在我们一起出去露营的五天中，每个学生都直接叫我Zhang Shu。另外一位澳大利亚当地的老师在露营中也从Mr. White变成了学生口中的Rob。我看他很乐意接受学生叫他"Rob"，并没有任何不满。但是我们学校从中国来的留学生，不论在校内还是校外，都会礼貌地叫我张老师，和澳大利亚孩子形成了对比。

在中国，学生和老师玩得再融洽也不会直接叫老师的名字，对于上级或长辈更不可直呼其名。相比之下，西方人的层级观念较为淡薄，在称谓上也比较随意。

有时候在国内养成的"好习惯"在国外会给你带来麻烦，而改变也不是一下子的事情，双方真诚交流，互相体谅，把跨文化之旅当成是一个不断学习的过程，无疑是最好的办法。

（张　舒）

理论聚焦

称谓语与称呼语

称谓语是人们用来表示彼此间的各种社会关系以及所扮演的社会角色等的一套名称系统。语言都有称谓语，这些称谓语反映了对称呼者身份、地位、职业、角色、相互亲属关系的认定，并在一定程度上反映了国家和民族的文化内涵。称谓语大致可分为亲属称谓和社交称谓两大类。中国人的亲属称谓系统复杂且带有明确性，中国的称谓分父系亲属和母系亲属，而且亲属称谓的每个年龄段上划分得很明确，如：父亲、母亲，侄子、侄女等。每个亲属都有固定且唯一的称谓，辨别十分明确。西方的亲属称谓语中没有父系和母系之分，也没有长幼之分，体现了西方人的平等观念。此外，西方人的亲属称谓语具有多义性和模糊性。例如：grandfather/grandmother既可以表示爷爷／奶奶，也可以表示外公／外婆，cousin既表示堂兄弟姐妹，也表示表兄弟姐妹。

称呼语指的是"在言语交际中，处在一个言语事件两端的讲话者和受话者，通过一定的渠道（口头、书面或电讯）交际时直接称呼对方所使用的名称"（么孝颖，2008）。称呼是语言交际中最频繁出现的言语行为，使用得体的称呼是礼貌的基本要求，由于称呼语受到民族传统、社会结构和价值观念的制约，不同的文化在称呼语的使用方面具有不同的特点。

称谓语和称呼语是两个不同的概念，两者既有交叉的部分，也有不同的地方，既有联系也有区别。称谓语和称呼语都具有指称功能，称谓语的指称功能是抽象的，它远离语境，处于相对静止状态，具有一定的系统性和稳定性，属于语义范畴；而称呼语的指称功能是具体的，处于动态的语境当中，具有一定的灵活性和特殊性，属于语用范畴。二者的交叉和重叠关系如下图（么孝颖，2008）：

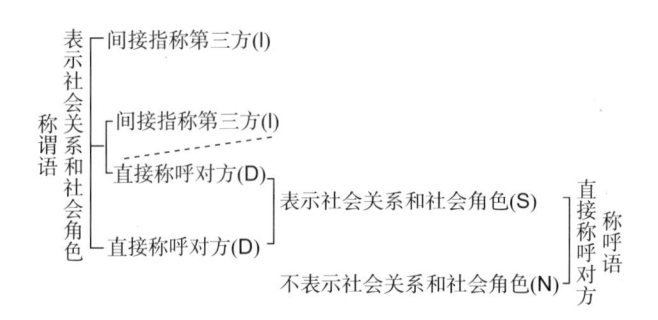

```
                  ┌─ 间接指称第三方(I)
表       称       │
示       谓       ├─ 间接指称第三方(I)
社       语       │   ┄┄┄┄┄┄┄┄┄┄
会               ├─ 直接称呼对方(D) ─── 表示社会关系和社会角色(S) ┐  直
关               │                                                │  接
系               └─ 直接称呼对方(D)                               ├  称
和                                                                │  呼  称
社                                   不表示社会关系和社会角色(N) ┘  对  呼
会                                                                   方  语
角
色
```

案例分析

案例（一）反映了不同文化在称呼老师上的差异。在泰国，学生往往会用"老师+名字"称呼老师以表达尊重，但这与中国以及美、澳等西方国家的称呼方式均不相同，在中国我们会选择"姓+老师"的方式，而美、澳等西方国家则往往会采用通称，即"Miss./Mr./Mrs./Ms.+姓"，所以当泰国学生按照本国习惯用英语称呼两位英语老师的时候，他们觉得非常不舒服，觉得学生太没有礼貌了。同时，这种跨文化交际冲突的产生和教学也不无关系，学生只是单纯地掌握了英语的语音、词汇、语法知识，并没有了解到其背后的语用知识，所以简单地将泰语中对教师的称呼直译为英语，这种表达方式在某种程度上属于语用失误，需要老师进行讲解。此外，这也反映出被称呼的英语老师本身不具备跨文化敏感度和宽容度，不能从异文化的角度理解学生的称呼行为，从而导致了冲突。

案例（二）体现了中澳在称呼语上的差异。在澳大利亚无论是下级称呼上级，还是学生称呼老师，都习惯于直接称呼姓名，不需要在前面添加称谓，比如有一位当地老师很乐意学生直接称他为Rob。张老师刚到澳大利亚时对这种情况并不适应，直呼校长名字的时候会觉得不太尊重校长，七八岁的学生直接叫她名字的时候感觉自己没有被当作老师。后来随着对当地文化的了解，她开始渐渐适应这种情况，同时也感受到了学生的热情和尊重：在澳大利亚的文化系统中，学生直接称呼老师的名字并非不尊重，反而表达一种平等和亲近。另外要注意的是，交际环境不同，称呼语也可能有差异，比如，在课堂上学生会称呼老师Mr./Miss.，但是在日常生活中，比如露营的时候，如果学生和老师关系亲近的话，就会直接称呼名字。

此外，中澳称呼语的不同还体现了两国权力距离的差别。澳大利亚属于权力距离比较小的国家，而中国属于权力距离比较大的国家，人们对等级界限十分敏感，所以案例（二）中张老师会觉得直接叫校长的名字不太尊重校长，对小朋友直呼自己名字这件事情感到不适，而校长、学生以及后来的Rob都觉得直接叫名字很正常，甚至觉得这是一种关系亲近的表现，用姓和身份去称呼别人反而显得生疏。

上述两个案例都体现了跨文化交际中称呼语的使用问题，受民族传统、社会结构和价值观念的影响，不同文化对称呼语的选择不同，这种选择并无对错之分。作为跨文化交际的参与者，汉语教师首先需要认识到差异，入乡随俗，同时在汉语教学的过程中也应对这些差异向学生进行说明，讲解汉语中是如何称呼别人的，对长者应该怎样称呼等，帮助学生了解中国的称谓文化。

（王玮琦）

延伸阅读

1. 陈松岑. 礼貌语言初探. 北京:商务印书馆, 1989.
2. 戴晓东. 跨文化交际理论. 上海:上海外语教育出版社, 2011.
3. 么孝颖. 称谓语＝称呼语吗？——对称谓语和称呼语的概念阐释. 外语教学, 2008(4).
4. 亓华. 对一个称呼语的跨文化分析——释"老外". 北京师范大学学报（社会科学版），1998(6).
5. 张积家, 陈秀芹. "老外"究竟意味着什么？语言文字应用, 2008(1).
6. Walther-Thomas C. *Collaboration for Inclusive Education: Developing Successful Programs*. New York: Pearson, 1999.

案例 25　称呼学生"您"

最近我自学意大利语，学到了一篇对话，描述的是一个叫Lorenzo的大学生参加文学口试的场景，老师一开始就称呼学生"Signor Baretti"（Baretti先生），在对话中也不断用表示尊称的第三人称lei（相当于汉语的"您"）来称呼学生。这让我很吃惊，老师怎么会称呼学生"先生""您"呢，是不是弄错了？难道这个学生有特殊的背景，或者年龄特别大，需要老师特别尊敬？但是前后翻书，发现书里Lorenzo其实是一个"学渣"的形象，就是一名普通的大学生。这件事情让我很纠结，如果意大利老师跟学生说话真的都用敬称的话，那中国老师在他们看来会不会在这方面不够礼貌？

第二天上课时，我就提出了这个问题，请学生给我介绍在意大利校园里师生之间如何相互称呼。学生告诉我，在中小学，老师称呼学生都说tu（你），但是到了大学，老师们觉得学生都已经是成年人了，所以开始对学生使用敬称，说"先生""小姐""您"等，当然学生对老师也是需要一直使用敬称的。说到这儿我插了一句，对我的学生说："可是你们发现没有，我从来不对你们说'您'。"学生"大度"地回应："没关系。"我赶忙说，这不是"没关系"的问题，而是在中国文化里"不应该"的问题。在中国，正常情况下"您"只能是学生对老师，绝不应该反过来。如果老师称呼学生一直用"您"，大家肯定觉得违背了"师道尊严"。之所以在课上讨论这个问题，是为了让学生知道中国师生之间如何相互称呼才是对的，以及我为什么不能称呼他们"您"。

在中国，"师"的地位崇高，中国人都是知道的，自古就有"天地君亲师"的排法，"一日为师，终身为父"这种观念仍然被视为传统美德得到颂扬。尽管现代已经不像古代那样"唯老师是从"、甚至跪拜老师，但是整个社会对老师还是比较尊敬的。在亚洲的不少国家，比如日、韩、泰等，对待老师的方式更接近中国，但是在欧洲、美洲的大多数国家却不是这样，虽然会尊重老师，但是却达不到中国尊师的程度。不过这也不能一概而论,就说欧洲内部,东欧、西欧、南欧对待老师的看法都可能存在差异。汉语教师在国外应该入乡随俗,但是在教汉语时要特别注意,语言和文化是连在一起的,说汉语就应该遵照中国的说法,不能丧失文化主体性,就像上面提到的例子,我不能因为意大利老师用敬称称呼学生,那我教汉语时也称呼学生"您"。

(范红娟)

理论聚焦

权势关系与等同关系

社会交往中人与人之间的关系,既有不对等的权势关系,也有对等的等同关系。"权势"体现的是一种不对称的社会关系。在话语交际中,交际双方因为性别、年龄、资格、财富、地位等方面有差距而形成权势关系。"等同"体现的是一种对称的社会关系,主要指人们在社会上的平等关系,它关注的是人们之间的社会距离:共享的经历、共享的社会特点(宗教、性别、年龄、种族、职业、兴趣等)。权势关系往往通过地位来显示,它是指话语双方中一方在年龄、辈分、资格、财富、地位、力量等方面优于另一方;等同关系通过社会距离来显示,它是指交际双方在经历、年龄、性别、职业、兴趣、宗教信仰、种族等方面具有共同性。权势关系标记话语双方的社会等级地位,而等同关系标记话语双方关系的密切程度。

案例分析

案例中范老师敏感地发现意大利语和汉语在称谓方面具有不同的语用特点,即意大利老师居然使用敬称称呼大学生。随后在教学过程中,她结合中意的称谓语文化与学生进行比较讨论,引入跨文化教学。

中国自古尊师重道，有"天地君亲师""一日为师、终身为父"等说法。尽管随着时代的变化，现在师生之间的地位差距缩小，但是整个社会对教师的尊崇延续至今，社会对老师和学生的行为规范也有不同的期待：学生应该称呼老师"您"，而老师却不会这样称呼学生，否则便与社会对这两种身份的期待相悖。而意大利社会重视学生的独立人格，老师可以称呼小学生tu（你），但是成年以后师生便互称"先生""小姐""您"。不同语言称谓语的使用体现不同国家民族的传统文化和思维认知方式。跨文化沟通中，对称谓语更应严格选择和使用，尽量避免误用。汉语教师作为跨文化沟通的实践者，更应该了解、理解并接受跨文化差异，言谈举止得体、适宜。

在进行跨文化沟通时，我们往往强调入乡随俗，而忽视了对文化主体性的坚持。国际汉语教师，作为跨文化沟通者和中华文化的使者，在海外日常生活中应积极与当地群体交往，尊重当地习俗、适应当地文化，但同时也应保持自己的传统文化，积极寻求与当地文化相互平衡和适应的跨文化交际"第三空间"。但是在汉语课堂中，面对汉语学习者，教师应该有意识地将中华文化引入课堂中，模拟真实的环境，让学习者体会、了解中国人的思维、行为方式，使学生与中国人接触时能得体地表达自己、顺利达成沟通目标。

（秦莎莎　王　沛）

延伸阅读

1. 樊葳葳，陈俊森，钟华. 外国文化与跨文化交际（第2版）. 武汉:华中科技大学出版社，2008.
2. 任海棠，冯宁霞，王荣花. 汉英社交称谓语对比分析. 西北大学学报（哲学社会科学版），2004(1).
3. 叶洪. 后现代批判视域下跨文化外语教学与研究的新理路——澳大利亚国家级课题组对跨文化"第三空间"的探索与启示. 外语教学与研究，2012(1).
4. 张景. 汉英亲属称谓语的文化对比研究. 陕西师范大学硕士学位论文，2009.

案例 26　如何有礼貌地交际？

（一）

在学校（澳大利亚）刚开始工作时，我很少跟人道谢。有一次图书馆老师问我说："我听说在中国关系好的人之间不道谢，这是真的吗？"我说："是，如果道谢反而显得两个人生分了，我们喜欢把对别人的感谢放在心里面，在他们需要的时候帮助他们。"

这里的小孩子从小就被教导，说话一定要有礼貌。例如，请求别人做事情的时候，一定不可以使用祈使句，而是使用委婉礼貌用语。如果想要别人传球，"Give me the ball."是非常 rude 的说法，礼貌用语应该是"Could you please pass me the ball?"祈使句是极少使用的，因为会有一种颐指气使的感觉，这样说话会被别人认为没有教养。如果听到有人这样说话，他们会瞪大眼睛、避而远之。

（二）

在澳大利亚期间，和第二个住家相处的时候，我发现礼貌用语真的是太重要了。在和他们交往的过程中，每次住家询问我要不要吃东西，或者是否需要帮助时，我都会特别急切地说"yes, yes"，我是为了表达尊重才特别急切地回答他们"好的，好的"。但是我发现，每次我这么说的时候，住家妈妈的表情都不太对劲，这让我感觉到她对我这么说似乎不太满意，好像我很尊重地回答了她之后，她却不情愿帮我了。我察觉到她这种反应后就暗想到底是哪里不对，猜想可能是因为我的回答不够礼貌，所以后面每次我说过"yes, yes"，就慌忙地加一个"please"。但还是觉得自己说得非常不地

澳大利亚小学校园（王若琳供图）

道，语调也不对，心里也明白澳大利亚人应该不是这么说的。

在一次和住家一起吃晚餐，我终于鼓足勇气，坦诚地问他们澳大利亚有什么礼貌用语。他们说，如果别人询问你需要什么东西，要根据你的需要说"Yes, please."或者"No, thank you, I am fine. / Thanks for asking."如果你想吃某个东西，或者寻求某种帮助，你一定要问出来："Can I have that piece of pizza?" "Could you please pass me the pen?"当你询问别人需要什么的时候，不要直接用动词，而要用"Would you like some chips?" "Can I give you some green bean?"在你回答的时候，也不可以直接用动词，回答"I want"是非常没礼貌的表现。在我问清楚了这些交际用语之后，住家还意味深长地说："很多人都说，英语是非常难学的语言，因为即使你会说一些单词、一些句子，但是如果说得不恰当，仍然会让别人感到不舒服（offended）。"我听了他们的解释，不禁一身冷汗，心想，我之前肯定犯了不少错误，他们肯定觉得我非常没有礼貌。之前听外国人说中国人没礼貌，我还不信，但现在真心觉得自己的很多言行都不够礼貌。

当我了解了礼貌用法之后，想吃什么、想做什么事情时，就知道正确的表达方式了，感觉终于可以发出自己的声音了。但同时也因为自己之前的行为感到心有余悸，以至于不管什么场合，我都特别客气地说"Yes, please"，或者说过多的"please"。

（王若琳）

理论聚焦

礼貌原则

杰弗里·利奇（Geoffrey Leech）指出，礼貌原则包括得体准则（tact maxim）、慷慨准则（generosity maxim）、赞扬准则（approbation maxim）、谦虚准则（modesty maxim）、一致准则（agreement maxim）和同情准则（sympathy maxim）。虽然人们普遍遵循礼貌原则，但是不同文化对于礼貌原则中各项准则的重视不尽相同，东方有些文化社团比西方国家更重视谦虚准则，但英语的文化社团更重视得体准则。比如说汉语里的"请求"言语行为，它是一种指令性的言语交际行为，说话人发出请求的意图是让听话人按照自己的意愿去做某事，由于对方是"受损"的一方，请求语在本质上是"无理"的，因此需要使用礼貌策略来补偿对方的"损失"。

案例分析

讲究礼貌是各文化中的普遍现象，礼貌起着维持交际和促进友好关系的重要作用，尽管人们普遍遵循礼貌原则，但是不同文化对礼貌原则各项准则的重视程度不同，表达礼貌的方式也有所区别。

案例（一）中提到，在墨尔本，孩子从小被要求使用礼貌语，表达请求的时候不可以用祈使句，要使用委婉的疑问句，比如"Could you please..."，因为越间接的请求显得越礼貌，而疑问句听起来更间接，因而英美人通常采用这种方式表达请求。汉语中"请+祈使句"的方式也比较有礼貌，同时我们也会使用"您"等礼貌标记词。但是如果我们把汉语中表达请求的方式"迁移"到英语中去，就可能会被认为粗鲁和没有礼貌。王老师起初对墨尔本当地的一些语言表达方式并不了解，有一点不太适应，比如案例（二）中，当住家妈妈询问她是否要吃些什么的时候，她很积极地回答"yes, yes"来表示尊重，但住家妈妈的表情似乎不太对劲，好像听了自己的回答后反而不愿意帮忙了。好在王老师具有较高的跨文化敏感性，乐于学习，主动向住家妈妈请教了相关问题，并在之后的日常交际中积极运用，终于变得越来越礼貌。

张占一、吕必松、毕继万等学者曾提出和发展了"交际文化"概念，认为一些特殊的文化因素隐含在语言的词汇系统、语法系统和语用系统中，反映一个民族的心理状态、生活方式、思维方式和道德标准等，对语言交际起规约作用（陈光磊，1997）。不同文化中各言语行为的实现方式就是交际文化的一种典型表现。汉语和英语表达请求和建议的言语行为存在很大的不同，交际文化也存在较大的区别，在不清楚差异的情况下可能会给交际双方带来一定程度的不适和交际障碍。海外汉语教师在这些方面应该注意，以便更好、更快地融入当地社会，顺利开展工作。

同样，在汉语作为第二语言教学中，请求、建议、邀请、问候、感谢、拒绝等言语行为如何实现其功能同样也是重点和难点，对这些知识的关注不仅有助于学习者输出更加地道的汉语，同时也可以帮助他们更好地进行跨文化适应。

（王玮琦）

延伸阅读

1. 陈光磊. 关于对外汉语课中的文化教学问题. 语言文字应用, 1997(1).

2. 刘学蔚. 从国际汉语教师的跨文化能力论中华文化走出去. 江汉论坛, 2016(5).

3. 张占一. 试议交际文化和知识文化. 语言教学与研究, 1990(3).

4. Wubbels, T. Classroom management around the world. In M. Hayden J. Levy & J. Thompson (Ed.). *The SAGE Handbook of Research in International Education*. London: Sage, 2007.

案例 27　国民招呼语：How are you?

在澳大利亚，你永远无法预测一天之中自己会被问多少次"How are you?"——索性称它为澳大利亚的"国民招呼语"吧。

每天早上一进学校，迎面而来的老师、学生都会热情地用"Hi! How are you?"和我打招呼；一进办公室，即便是每天见面、相当熟悉的老师，也会互相问"How are you?"；课间在学校穿行，老师们也会用"How are you?"进行简单的问候，这样的一天整个校园上空都飞扬着"How are you?"，他们对这句话的喜爱程度不亚于他们对cheese的热爱。下班后，如果去超市购物，结账的时候收银员也会用"How are you"作为亲切的开场，然后耐心地清点货物。回家以后，房东、她的老公、她的女儿，无论谁见到我都要问一遍"How are you?"当我"躲"进自己的小屋时，才真的没有人再问我"How are you?"了。

在不经意间，我发现自己也越来越爱说"How are you?"每次别人用它向我问好后，我都会反问他"How are you?"，有的时候自己也会主动用"How are you?"和别人打招呼。我以为大家一般会很敷衍地说"good""fine"之类的，但有的时候他们的回答真的很认真，比如我在上学期期末的时候问候办公室的老师"How are you?"，她会回答说"Exhausted! I can't wait for the holiday!"。下班后，觉得自己不能总是让房东问自己"How are you?"，我也应该主动关心房东，于是也主动问她"How are you?"，她的回答是"Such a busy day! You know how busy I was."。

现在，我慢慢学会用澳大利亚的"国民招呼语"主动问候身边的人。无论是每天见面的人，还是难得见上一面的人，我都会口头或者用电子邮件的方式，亲切问候一句"How are you?"。如果别人问候我，我大多数时候回答的是"fine"，其实这是正常的状态，让大家知道这个，话轮就告一段落。面对熟悉的人，有时候会顺便提及一下自己最近做的事情。在澳大利亚，一句"国民招呼语"可以拉近你和陌生人的距离，可以传递你对身边人的关心，可以表达你对朋友的思念，可以帮助你在这样的文化环境下"如鱼得水"。

（徐燕枫）

理论聚焦

英汉招呼语的语用功能

英汉招呼语的语用功能都是表达友善、礼貌，但是在表达程度、使用范围、使用频率等方面却有很大不同。英语的招呼用语一般来说具有全民性、广泛性、常用性、高频性的特点，语言形式较为固化、用词普遍，内容信息含量少、意义较为笼统；而汉语招呼语具有地域性、分散性、特定性的特点，语言形式多样、用词丰富，内容信息含量灵活、意义较为具体。面对英汉招呼语的差异，不少汉语母语者在使用英语进行交际时存在很多语用失误；同样，英语母语者在使用汉语进行交际时也有很多问题。跨文化交际中应当特别注意不同语言中招呼语的差异，重视招呼语的语用功能，尽量减少招呼语使用不当带来的语用失误和跨文化交际失误。

案例分析

"How are you?"这句招呼语，对中国英语学习者来说并不陌生，哪怕是英语水平最基础的学生也能熟练背出以下对话"How are you?""I am fine. And you?"但是和外国人接触后，我们却发现，这句我们再熟悉不过的"How are you?"竟让我们如此困惑。问题出在哪儿呢？我们不是不明白意思，但是很多时候却不知该如何应答。每天第一次见面，别人跟你说"How are you?"过一会儿再见面，再来一次，换个地方又碰到了，还是可以再说。按照我们中国人回答问候的思维方式，刚才我已经回答了"很好"，就这么一小会儿应该也不会产生什么变化吧。那我还能继续说"good"吗？"How are you?"作为一个问句，使用频率却如此之高，随时随地，一天对同一个人可以说多次。而在汉语中却基本不存在这种寒暄方式。我们对不太熟悉的人或者是外国人，可能更习惯用非疑问形式的"你好！"来表达。你说"你好"，我答"你好"。不需要担心怎么应答，多说几次也不会带来困惑。而汉语中与"How are you?"直接对应的形式"你好吗？"实际上却很少作为招呼语来使用。这样，当外国人使用汉语来问好时，也会遇到同样的问题，见人就问"你好吗？"而回答者有时会因不习惯而略显尴尬。同样的一个问候形式在不同语言中却有使用频率上的天差地别，这里就涉及了语用的问题。

徐老师在案例中给我们展现出的是她基本适应了这种英语招呼语之后的表现，她不但能够自如地应答，而且也不知不觉地主动增加了"How are you?"的使用频率。打招呼，往往是开启谈话的第一步，能恰当地表达问候，对拉近与当地人的关系、顺利开展工作有着积极的推动作用；反之，若问候不当，那么谈话伊始就会不顺畅，有时还会让对方产生误解，以为我们没有礼貌。比如受母语影响，中国人在与外国人交流时，会不自觉地使用"Where are you going?""Where have you been?"这种方式来与人寒暄，却没有意识到这其实是自己文化中比较独特的表达方式，这种概念翻译成外语用来寒暄会有窥探他人隐私之嫌，引发别人反感。

本案例给我们的启示是，在跨文化交际中，应当特别重视不同语言招呼语的共性与差异，把寒暄文化作为出国前的第一堂课来认真学习。案例中的徐老师给我们树立了一个榜样：保持文化敏感性，仔细观察任教国寒暄语的使用情况，达到自然、得体交际的目标。

（秦莎莎　范红娟）

延伸阅读

1. 倪树干, 亓华. 赴澳国际汉语教师志愿者跨文化适应研究. 国际汉语教育, 2012(1).
2. 曲卫国. 英语招呼语的历时语用研究. 复旦外国语言文学论丛, 2008(1).
3. 邱天河. 英语交际过程中的语用功能. 外语教学, 1994(1).
4. 赵宝玲. 英汉招呼语对比研究. 上海海事大学硕士学位论文, 2007.
5. Gudykunst, W. B. Toward a theory of effective interpersonal and intergroup communication: An anxiety/uncertainty management (AUM) perspective. In R. L. Wiseman & J. Koester (Ed.). *Intercultural Communication Competence*. Thousand Oaks: Sage, 1993.

案例 28　语言的力量

（一）

虽然我不是第一次以教师的身份来到韩国，但心情还是非常激动和忐忑。到了学校，没有立即上课，我们先有一个星期的适应观摩期。不过搭档并没有让我去她的课堂，而是让我在办公室里待着，所以也就无所谓什么观摩不观摩了。这也让我意识到在韩国教汉语的特别之处——很多情况都取决于搭档。语言不通的我跟学校里的老师用英语交流都困难，除了日常打招呼，平时基本是"哑巴"。这期间开了一次教师大会，但是我精心准备的自我介绍并没有用上，莫名其妙被叫上主席台，却只是站在校长旁边，而校长对着台下说着什么，我根本听不懂，只是微笑、微笑。然后听到自己的韩语名字，同时被校长轻轻推向前方，愣了两秒钟的我傻傻朝老师们鞠了一躬。又被指引着看向镜头，继续微笑，心想是新老师跟校长的合影吧。回到搭档旁边才知道，刚才是面向全校的电视转播。天哪，发生了什么？感觉自己整个人是大写的懵和尴尬。

终于等到下班，能回家了。但是因为没有外国人登陆证，办不了电话卡，家里也没有网络。我躺在床上，突然听到一阵敲门声，伴随着几个男人的交谈，我的心提到了嗓子眼。我试探着问是谁，当然，是用英语。门外的他们自说自话，门内的我不停用英语解释自己听不懂。僵持了一分钟，他们好像还生气了。天哪，这一天都是什么状况呀？想起搭档交代的不要给陌生人开门，我选择继续僵持，直到他们打电话找到一个会说英语的人。此刻，时间已经过去五分钟了。原来他们是为我的新居安装洗衣机的，因为联系不到我，就直接上门了，没想到吃了这么个闭门羹。万分不好意思的我，一直道歉、献殷勤，洗手的时候拿香皂、递毛巾，完工以后端上从中国带来的糖果。离去前，他们比画着告诉我睡觉的时候要关好门窗，我这愧疚的心才算平复下来。

（李亚丽）

(二)

开学第一天，英语成了一个大问题，开会的时候我完全听不懂校长和老师们在说什么，所以整个人就像一个傻子一样，反应总是慢半拍。全校教职工会共进午餐，大家围着一张桌子坐下，和旁边还有对面的老师自如地聊天，我自己坐在中文老师的对面，内心不由自主地和想中文老师接近，很依赖她，但是她也没有理我，而是跟其他老师聊天，应该是觉得我的英文不行，或者在公共场合，大家都说英文，如果说中文的话，别的老师听不懂，可能会对我们有偏见。但她们说得太快，我根本听不懂、跟不上，同时也表达不出来，感觉自己英文说得结结巴巴，所以在语言上变得非常不自信。我坐在那里有点格格不入，感觉落单了，只想埋头赶紧吃完饭。

我是学校的新人，和别的老师见面总能聊些简单的话题，但当地老师说得太快，我根本理解不了；而我自己在表达时，词汇不够，发音不准，句型使用不地道，都让我有嘴说不出。老师们见到我都会问我的名字，可问题是我根本记不住他们的名字，他们的名字不是英文课本里写的Tom、Jack，而是很新奇的、在国内从来没听过的名字，我只能左耳朵进右耳朵出。我决定明天拿个小本子记下来，避免记不住他们名字而尴尬。

在中文课上，中文老师临时让我教三年级小朋友剪纸。由于没有准备，语言储备不足，我表达得很不清楚，我只能用简单的词汇和句型给小朋友们指示，我说："First fold it, and then fold it, like this, corner to corner." 由于我没有办法像使用母语一样清晰地表达自己，小朋友们也听得一脸茫然。这次临时授课的失败，让我很受打击。

（王若琳）

理论聚焦

跨文化交际能力模型（intercultural communicative competence model）

迈克尔·拜拉姆（Michael Byram，1997）构建了跨文化交际能力模型，该模型分为两部分：一为交际能力，包括语言能力、社会语言能力和话语能力；二为跨文化能力，包括五大维度，分别为态度、知识、批判性文化意识、理解/关联技能和发现/交流技能。他认为，这两个部分成正相关关系，即交际能力的发展可以促进跨文化能力的提高。

案例分析

案例中，李老师和王老师都在刚到任教国时就遇到了挫折。案例（一）中，李老师和搭档老师合作不顺，在教师大会上表现尴尬，对洗衣机安装人员产生误会；案例（二）中王老师听不懂本土老师的英语，跟不上开会的内容，甚至在课堂上也不能有效地组织教学活动，上课时小朋友对王老师的英语也是"一脸茫然"。我们不难看出，李老师和王老师遇到一系列问题的主要原因在于外语能力欠佳。

外语能力是国际汉语教师必备的素质之一，良好的外语能力一方面可以促进交际的顺利进行，帮助教师了解、适应当地的社会习惯与文化；另一方面对于课堂讲解、练习、组织活动也大有裨益。相反，欠缺外语能力和交际能力，而对方也不懂汉语时，跨文化交际往往会遇到障碍，在课堂上也会导致教学效果不佳，这容易使海外汉语教师心理受挫，甚至会导致文化休克。李老师因为不懂韩语，和搭档、校长、洗衣机工人之间的交流都出现了问题，这让她初到韩国的第一天变得"凌乱而尴尬"。王老师则是因为对自己英语不自信，"感觉落单"；在教学时又因为语言储备不够，讲剪纸时小朋友们"一脸茫然"，让王老师备受打击。

语言交际是跨文化交际最主要的方式。语言不仅是交际的工具，而且是文化的载体。正如曼德拉所言："如果你用一个人听得懂的语言与他交流，他会记在脑子里；如果你用他自己的语言与他交流，他会记在心里。"对于国际汉语教师而言，一定的外语能力是必备的素质，许多研究和著作在讨论国际汉语教师应备的素质与能力中都强调了外语能力的重要性。拥有较好的外语能力不仅可以减少跨文化交际过程中的误解，还能够有效促进课堂教学与课堂活动的开展。

海外汉语教师在出国任教前往往会参加语言培训，这要充分引起海外汉语教师的重视。除了统一的培训，汉语教师们还可以"主动出击"，在确定任教国后，积极学习当地的语言和文化，重视外语口语表达能力。以英语来说，英语在世界上使用最为广泛，大部分地区都可以通过英语进行简单的沟通，对多数汉语教师来说，虽然有一定的英语基础，但口语表达能力相对薄弱。那如果已经到了任教国，发现自己因外语能力不佳而困难重重，又来不及学习外语怎么办？首先，要保持积极良好的心态，镇定冷静，相信自己可以找到解决的办法；其次要积极和负责的教学主管进行联系和沟通，了解是否可以和当地的老师搭档上课，或者可否调整到汉语水平更高的班级任教，可否在当地申请语言学习的课程等。如果有同行的汉语教师，还可以向他们寻求建议和帮助。

总之，海外汉语教师在刚到新环境时会面临种种挑战，而语言不通往往会使跨文化适应的问题雪上加霜。但是跨文化交际中的不适应是一种正常现象，李老师和王老师的经历并非个案，我们应当转变思维，将其视为学习成长的机会。这个过程必然不轻松，但回头看时，就会发现这段不算愉快的时光也格外珍贵。

（王童瑶）

延伸阅读

1. 范慧琴.国际汉语教师传播能力的构成及培养.现代传播（中国传媒大学学报），2013(5).
2. 陆俭明,马真.汉语教师应有的素质与基本功.北京:外语教学与研究出版社,2016.
3. 孙立峰.论国别化国际汉语教师能力培养.第十一届国际汉语教学研讨会论文选.北京:高等教育出版社,2013.
4. 张和生.对外汉语教师素质与培训研究的回顾与展望.北京师范大学学报（社会科学版），2006(3).

思考题

问答题

1. 英国人Alan Maley曾在自己的文章 *The Sad Fate of Good Intentions*（《好心不得好报》）中列举了中国人的英语表达中尽管语法正确，却容易令人产生误解的几种情况。比如说，中国人的告别语倾向于将告别的理由推给对方："You must be tired." "Tomorrow you will have to get up very early." 在你看来，哪些中国人的常用语容易让人产生误解？为什么？

2. 下面是几则日常标识语，你能否发现汉英思维方式的有趣差异？

    （1）No Leaning Out of Escalator. 请勿将身体伸出扶梯外。

    （2）Do Not Leave Your Belongings behind. 请您带好随身物品。

    （3）Queue Up for Ticket. 请排队购票。

    （4）Wet Floor! 地面湿滑，敬请小心！

    （5）Keep (to the) Left. 请靠左走。

3. "哪里哪里"是中国人表达谦逊的常用语，"where, where"是对其戏谑翻译。请思考"谦逊"在中国人日常生活中的表现，并结合交际原则，谈谈跨文化交际中如何表现出谦逊。

4. 你对"礼貌"的理解是什么？它有文化共性和文化特性之别吗？请从语言的角度举例谈一谈汉语是如何表达礼貌的。

实战题

案例A

汉语中称呼词很多，比方说称呼长辈可以加"老"字，但"老"在这个地方不是贬义词，而是表示尊敬。但是在马来语中如果用"老"字来称呼年老的长辈，对方肯定不高兴，马来人用黄金族"warga emas"来称呼老年人以表示尊敬。又如，"小姐"马来语相当于"cik"，"cik"指还没结婚的年轻女士，但是在汉语中小姐有着别的含义，如妓女。如果不了解"小姐"的含义，用"小姐"来称呼年轻的女性，交流的时候就容易产生误会。在交际过程中恰当的称呼能使交际得以顺利进行；不恰当的称呼则会造成对方不愉快，为交际设下障碍。

（哈菲珊）

1. "老"与"warga emas"的不同应用反映了马来西亚和中国思维方式有何不同？
2. 调查一下身边的汉语学习者，看看还有哪些类似的例子。这些不同反映了哪些文化差异？

案例B

罗莎是位刚刚从芬兰来到中国的留学生。这天，她来到营业厅办理手机业务，然而当对方询问她需要办理什么业务时，罗莎却发现自己难以回答这个问题。她的汉语水平不足以让他们顺利交流，而当她使用英语时，业务员却又听不懂。业务员找来了一位同事，但这位同事同样不能用英语把这些业务向她解释明白。在他们的紧急求助下，又有三位业务员赶来，通过手机翻译软件将罗莎的需求翻译成中文，再将自己的回答翻译成英语。罗莎被五位业务员围在中间，借助手机软件的英汉互译，"历尽艰辛"才终于办完了业务。

事后，罗莎感慨这件事情在芬兰是不可能发生的。在芬兰，一位顾客通常只能接受一位服务员的服务，这段被五位业务员同时服务的经历令她十分难忘。尽管如此，她并未感觉到尴尬和被冒犯，只觉得这种经历十分有趣。

（周静研）

1. 请根据该案例分析语言在跨文化交际中的地位和作用。
2. "被五位业务员同时服务"的罗莎"并未感觉到尴尬和被冒犯"，这说明了中国和芬兰存在哪方面的差异？

案例C

在澳大利亚，如果你生病了，就要赶紧把自己隔离，防止疾病传染给别人。我第二个住家爸爸生病的时候，小女儿Jasmin就说："爸爸离我们远一些，不要传染给我们。"我虽然已经习惯了,也觉得这是好的习惯,但还是觉得她这样说有些"冷血"。

有一次,宋老师告诉Suzan我生病了,Suzan就对我说:"赶紧回去,不要传染给别人。"我能理解这可能是Suzan在和我开玩笑,但还是有一点难过。我都已经生病了,她还这样说,就好像我是一个病原体,应该避着大家才对。我默默地在教师休息室吃完饭后,就独自一个人回了住家。

(王若琳)

1. 王老师为什么会觉得伤心,她遭遇了什么跨文化问题?
2. 假如你遇到这种情况,你会怎样做?

案例D

来澳大利亚之前,我就预料到语言不通会是一大难关,但没有预料到像打招呼这么小的事情也会成为困扰。从海关人员检查我护照的那一刻起,英文的考验便开始了。当时工作人员一上来便问我:"How are you going?"我竟然一时语塞,大脑开始紧急搜索,搜索从小到大学到的那点儿英语,课本上学过"How do you do?",但比较正式,不太常用;学过"How are you?",回答是"I am fine. Thank you. And you?";还学过"How is everything going?"。我心想这个应该跟"How are you going?"差不多吧,就是"你怎么样"的意思,我诚实地回答了"tired"。结果一说出这个回答,工作人员"哦"了一声,再也不说话了。我当时就暗想我肯定回答得不合乎常理,让人家不知道怎么接话。第一次对话就这样结束了。

之后我发现,澳大利亚常用的寒暄用语就是"How are you going?"虽然知道了这一点,我还是习惯性地脱口而出:"Fine."慢慢地我才了解到,一般回答应该是"Good."或者"Not bad."就像中国人问,"最近怎么样?"你回答"还可以。"

(王若琳)

1. 请从言内行为、言外行为和言后行为的不同角度分析"How are you going?"在作者和澳大利亚人看来有什么不同。
2. 出国之前,我们应在语言方面做些什么准备?请谈谈你的看法。

第四章
跨文化的非语言交际

跨文化交际的手段不仅有语言,还有很多非语言的沟通方式,如体态语、身体接触、目光接触、空间距离、沉默、时间知觉等。在面对面的沟通中,人们所有的感受中只有7%来自语言,而38%的感受来自声音,55%的感受来自面部表情(Mehrabian,1981,引自严文华,2008:65)。这些数字表明了非语言交际的重要性。在跨文化交际中,非语言交际是最容易产生误解的部分,因为非语言信号的编码和解码充满了灵活性、不确定性和情境性(严文华,2008:65)。

关于非语言交际(nonverbal communication)的定义有很多,广义的非语言交际可以理解为除了语言行为之外的所有交际行为和交际方式;狭义上来说,非语言交际指的是"个人发出的有可能在他人头脑中产生意义的非语言暗示的加工过程"(田荔,2007:128)。它包括体态语、副语言、空间距离、时间知觉等各个方面,具有支援口语和表达亲近等功能。非语言交际具有强烈的文化特性,在跨文化交际中具有重要作用。

体态语。 体态语是非语言交际的重要组成部分。普林斯顿大学周质平教授曾指出,让一个中国人说"no"的时候学着美国人那样耸耸肩是很奇怪的事情。这个例子说明了体态语背后的文化差异。再比如说问候方式中,美国人常常握手,日本人常常鞠躬,因纽特人常用鼻尖相碰,此外还有亲吻面颊、拥抱等方式。手势也是一种重要的体态语,在跨文化情境中,由于手势在不同文化中的含义不同,常常会出现尴尬的场景。比如说,大拇指和食指合在一起成圆圈状,美国、北欧有"OK"的含义,代表着圆满;而在法国南部则表示毫无价值,因为它代表着零。此外,竖起大拇指在中国文化里是赞许的意思,竖起小拇指表示鄙视;而非洲人右手竖起拇指频频挥动表示对某人的极大尊敬;日本人竖起大拇指代表"男人",竖起小拇指表示"女人"。

身体接触。 不同文化中具有不同的身体接触习惯。相同的身体接触行为在不同文化中代表的意义可能不太相同。在中国，两个关系亲密的女孩子，她们同行时往往会手挽手、肩并肩，在中国人看来她们是"闺蜜"，但在美国人看来很可能以为她俩有同性恋倾向。有学者研究，在伦敦街头两个英国人单独谈话一小时几乎不会碰到对方；而在法国巴黎，一小时平均身体接触有十次之多（彭凯平等，2009:223）。

目光接触。 这方面不同文化之间差异较大，在英美国家，谈话人的习惯是注视对方，如果不注视对方，会被认为是害怕对方、轻视对方、漠不关心或是感到内疚等。如在澳大利亚，老师找学生谈话，学生的目光常常要跟老师接触；而在中国，如果学生频频盯着老师的眼睛看，则很有可能被视为"挑衅"。

空间距离。 跨文化交际学的泰斗、美国文化人类学家爱德华·霍尔（Edward Hall）对个人空间做了一系列研究。他发现双方空间距离的大小是由相互关系决定的。他发现沟通的个人距离有四种，分别对应四种不同的人际关系：亲密的距离，双方是零距离或不超过45厘米接触；朋友的距离，双方相距45厘米到120厘米之间；社交的距离，双方相距2米到4米之间；公共的距离，双方相距4米以上。不同文化的空间距离是有差异的，一般来说，在公共空间里中国人之间的距离较近，澳大利亚人之间的距离则要远一些。

时间知觉。 在不同的文化中人们对时间的观念可能很不一样。志愿者在国外常常会遇到由于时间观不同而引发的问题，比如在蒙古的志愿者张同学曾经和其他几位志愿者一起等蒙古老师等了两小时。根据不同文化中人们对时间的不同观念，爱德华·霍尔（Edward Hall）提出了两种时间取向：单向时间取向和多向时间取向。单向时间取向的文化（单时制文化）认为时间是重要资源，讲究计划性；多向时间取向的文化（多时制文化）则认为计划可以根据具体情况随时修改，时间比较灵活。由于中蒙时间观有所不同，所以容易引起一些跨文化交际的误会和矛盾。

正确理解非语言行为的含义是避免误解的先决条件。正确解读非语言行为的原则，首先需要了解对方的文化背景，这是跨文化交际的关键所在；第二，在判断非语言行为的内涵时，要结合行为发生时的情境；第三，在赋予非语言行为内涵时，要有全盘性的看法，即不能只针对单一线索进行解码，而要对非语言行为做整体性的观察；第四，解释非语言行为的内涵时，要有弹性，尤其是面对新的非语言行为，更需要在后续的互动中不断修正调整（陈国明，2009:122）。

案例 29　抱起手来

把两手交叉抱在胸前，在中国是一种"神气"的表现，当然有时候也是双手"不知所措"时的一种自然动作，我们的很多领导视察工作时就会有这种表现。有时候在一些陌生的场合，我也会如此做。不管我们抱起双手蕴含何种意义，恐怕都难与"尊重"挂上边。可是，在缅甸却大不一样。

在缅甸担任汉语教师志愿者近一年的时间里我碰到过许多跨文化交际问题，"抱起手来"是我认为最有趣的一个。

我到这所学校（缅北地区一所华校，学生多为华裔）教书的第二个学期，在一堂幼儿班的汉语课上，有几个男同学嘲笑一个回答不出问题的女同学，结果女同学大哭，我在百般安慰无效之下，只好转过身来批评那几个男同学。我叫到他们的名字，让他们站起来，由于年纪尚小，个子不高的他们一个个站在了凳子上。就在我准备开始训话的时候，他们的一个动作让我大为光火——他们一个个的把手都抱了起来，一副"你奈我何"的样子。当时我心想，这些小屁孩真是人小鬼大，居然敢在老师面前摆神气，要不给点颜色瞧瞧，以后恐怕要上天啦。于是我先批评了他们一顿，告诫他们不要神气，赶紧把手给我放下去，他们照做，然后我让他们排着队去给女学生道歉。

这件事情就这样结束了，直到有一天我在缅文课上看到一幅插图。在那幅插图里，一个女老师正在上课，她的面前站着一些穿着校服的小学生，最让人奇怪的是那些小孩一个个都把双手抱在胸前，我旋即回想起那堂课上那几个调皮的学生。于是，我赶紧向我的缅语老师咨询了一下那是不是缅甸学校的传统，缅语老师很认真地告诉我这是缅甸学校的习惯，是一种学生对老师表示尊敬的动作，以前也用作见面的问候礼，就像握手礼一样，只是近些年来用得少了。当时我极度不好意思，没想到还有这样的礼节，之前培训也没人说过，相关文化介绍上也没提过。听完我那节课上对学生的批评，缅语老师更是哈哈大笑起来。

当天，我又向校长求证了一下，校长在中国留过学，她肯定地回答完我的问题后，还笑着提醒各位中国老师不要弄错啦，这个和中国很不一样。当时就有很多老师表示碰到过类似的问题，一个个的都不知道是怎么回事，一直都以为是学生一种无礼的表现。

说来也奇怪，第一个学期那几个月我一直没注意到这个问题，自从此事之后，我发现"抱起手来"无处不在啊，甚至成了我心中的一个笑点。因为每次看到校长批评学生，校长在开批之前的第一句话都是："抱起手来。"六年级的学生不听话，校长走到他们班去做思想工作，学生站起来行完上课礼之后，校长即说："抱起手来。"然后一个班齐刷刷地抱着手站在座位边认真地听校长的教诲。被叫到办公室训话的学生也是如此，刚走到校长跟前，校长就说"抱起手来"，然后开始训话，批评完学生抱着手行个鞠躬礼才走。而一般要校长或老师亲自说那句话的都是大一点的学生，那些大孩子有时候觉得这个礼有点滑稽，不好意思做，往往需要老师和校长指令；小孩子则不会有这个想法，只要是在正常场合和他们说话，他们就会立刻把手抱在胸前，认真聆听。

为此，我还做过一些尝试，在幼儿园有时候我故意叫学生站起来，看到他们抱起小手的样子，我心里一阵暗喜。在高年级的时候碰到不抱手的学生，有时候我就会说："手往哪里放呢？"说完他们就立刻抱起手来听我训话。

这是很有意思的一个礼仪。小伙伴们来到缅甸的时候，如果有人给你行抱手礼，千万不要误会，因为这就像中国的握手礼、泰国的合十礼、欧美的碰面礼一样，是一种尊敬和欢迎的表现。

（李　冰）

理论聚焦

社会化（socialization）

社会化实际上就是将一个社会的主流价值观、行为准则等通过早期父母的教育（对该做什么、不该做什么的灌输）和学校教育（对学生错误行为的纠正）纳入到孩子的成长过程当中。"社会化"让一个人相信，某些行为，只具有一种特定的含义。实际上，这些"不该做什么"和"错误行为"有很大一部分是根据时间、空间的变化不断变异的。"抱起手来"在一些文化下表示傲慢，在另一些文化下却表示歉意。对文化差异的解读应该保有一定的批判性距离，跳出自己在社会化过程中形成的本国文化框架。

案例分析

在跨文化交际过程中，人们常常只关注语言交际行为的正确性而忽略了非语言交际行为的文化差异及其影响，导致文化误解和冲突现象频频发生。同语言行为一样，大多数非语言行为是后天习得并代代相传的，是文化的积淀。

不同文化的差异与非语言交际行为之间的关系主要有三种：第一种是文化不同，非语言交际的形式和内容却相同，这是文化普遍性的表现，如有的手势所传达的信息在许多国家和地区都具有一致性；第二种是文化不同，非语言交际的行为和手段部分相同；第三种是文化不同，非语言交际的行为和手段不同。后两种情况多是造成文化误解和冲突的缘由。李老师便是由于不了解双手交叉抱在胸前这一动作在缅甸文化中所表达的含义，而以中国社会文化环境下的意义去理解，从而造成了误解，闹出了笑话。这种因体态语的文化差异而引起的误解在跨文化交际中十分常见。

那么如何有效避免这种文化误解甚至冲突的产生呢？我们发现，李老师因为之前缺乏相关文化信息，未能及时发现问题而导致误解。如果李老师事先知晓这一体态语的含义，和对方拥有共同的先验信息的话，我们相信她一定不会产生这样的误解。国际汉语教师作为跨文化实践的主体，要化被动为主动，在赴任前多搜集和学习一些典型、特殊的非语言行为的含义，如向任教国工作的其他教师请教经验，查阅任教国相关文化书籍等，以便在跨文化交际环境中正确理解一些常见的非语言行为。

然而，由于各文化都拥有数量庞大的非语言行为，国际汉语教师实际上无法全部掌握，"非语言交际长期以来都是外语教学的盲点"（庄恩平、杨盈，2006）。案例中，李老师虽然由于不了解文化差异而造成文化误解，但她由课本上的插图联想到自己的实际经历，询问当地教师并向校长进一步求证，反映了她具备较高的跨文化敏感性，善于反思，从而在此后的教学和生活中及时调整并逐渐适应。而跨文化敏感性和反思能力，或许正是跨文化交际中最基本的两项素质。虽然不能求得所有"鱼"，然贵能"渔"。

此外，国际汉语教师在海外教学生活中还需要注意观察，具备依托语境对诸多因素进行综合分析和判断的能力，逐渐提高自己对异文化的认知和解码能力以及正确、得体地处理文化误解和冲突的能力，从而从各个方面努力提高自己的跨文化能力。对于海外汉语教师而言，在解读非语言讯息的时候，要结合行为发生时的情境，避免模式化、刻板化，要纵观语境诸要素，形成全面的看法。此外，对非语言行为内涵的解码要具有弹性，也就是"把初次解读的意义当作是暂时性的（tentative）"（陈国明，2009:122），这样才能给自己一个在持续互动的过程中随时进行修正的机会，留有余地，从而更好地理解交际对象的意图，使跨文化交际得以顺利进行。

（高佳琪）

延伸阅读

1. 毕继万. 跨文化交际与第二语言教学. 北京:北京语言大学出版社, 2009.
2. 田荔. 跨文化交际中的语言行为与非语言行为. 上海师范大学学报（哲学社会科学版），2007(2).
3. 徐丹. 跨文化交际中显性非语言信息的处理策略. 深圳大学学报（人文社会科学版），2001(2).
4. 庄恩平, 杨盈. 跨文化非语言交际能力培养——外语教学的盲点. 江苏外语教学研究，2006(2).
5. Deardorff, D. K. (Ed.). *The SAGE Handbook of Intercultural Competence*. Thousands Oaks: Sage, 2009.

案例 30　频繁的鞠躬礼

在北大读研究生期间，我有机会到日本京都大学交流学习了半个月。虽然只有短短的十几天，但还是感受到了一些跨文化方面的不适应，其中印象最深的就是日本的鞠躬礼。

上课的时候，老师都很尊敬学生，会给我们鞠躬。我去超市买东西，去餐馆吃饭，里面的售货员和服务员见面就会鞠一个躬。跟中国人的微微点头致意不同，日本人的鞠躬礼要复杂得多，会根据不同的场合、不同的意义，采取不同程度的鞠躬礼。出于礼貌，我往往也会"鞠回去"，但这让我很不习惯，而且也很累。我觉得他们有点儿"过度热情"。有时候会觉得他们的笑容和鞠躬是很职业、很表面化的，并不怎么"走心"，甚至有点儿"假"。可以说，在日本，鞠躬是一种极为普遍、极其大众化的交际方式。而在中国，只有在特殊场合下才会鞠躬，且只能是处在权势关系的弱势方向强势方鞠躬，如学生给老师鞠躬、子女向父母鞠躬等。

这让我想起了几年前的一个新闻。2009年奥巴马访日期间会见日本天皇时，向对方深鞠躬近90度，招致美国媒体和保守派的批评。他们指责奥巴马身为国家元首行为不妥，"贬低美国力量与尊严"，违反美国礼仪传统，看起来"低声下气"，有向日本天皇"卑躬屈膝"之嫌。而白宫则解释说这是出于对日本传统习俗的尊重，表示总统的礼貌。也许是迫于压力，2014年奥巴马再次会见日本天皇时，只是简单地握手致意，并未行"鞠躬大礼"。

（蒋思艺）

理论聚焦

体态语

体态语指的是用以同外界交流信息和感情的全身或部分身体的动作，它是非语言交际的重要组成部分，在交际中起着十分重要的作用。体态语可以分为姿势和身势两大类：姿势指身体呈现的样子，如站姿、坐姿、卧姿等；身势指身体不同部位的短时动作，常见的身势有眼部动作、面部动作、头部动作、手部动作、臂部动作等。体态语文化既具有普遍性，又具有特殊性。不同文化背景中的人在体态语的使用上往往具有较大差异，如果不了解这些差异及其背后的文化因素，在跨文化交际中就容易产生误解，甚至引发冲突。

案例分析

思艺同学在日本交换期间，感受到了一些跨文化交际方面的问题。其中一个就是日本几乎无处不在的鞠躬礼。中国也有鞠躬礼，但是中国的鞠躬礼使用较少，只有在葬礼、婚礼、舞台谢幕等场合才会用到。因此当思艺同学到了日本的文化环境当中，遇到各种场合下的鞠躬礼，会产生不适应和不习惯，并且对不断的鞠躬回礼感到疲累。

鞠躬最早起源于中国商代一种叫作"鞠祭"的祭天仪式。人们把祭品（猪、牛、羊等）整体弯蜷成鞠躬形放到祭台奉祭，以此来表达祭祀者的恭敬与虔诚。而后逐渐引入到现实生活中，弯一弯腰，象征性地表示愿意把自己作为一种祭品奉献给对方，用这种形式来表达自己对长辈和地位崇高者的崇敬。发展到现在，鞠躬这一体态语在中日文化中具有了较大差异。日本鞠躬礼的复杂程度要高于中国，文化内涵也比中国丰富。日本是一个十分注重礼仪的国家，在生活中随时可见人们之间相互鞠躬。对日本人而言，这不仅是一种日常礼节，而且是一种生活方式，一种文化内涵，隐含了日本人民的精神特质。日本和中国一样，讲究人际关系的和谐，鞠躬礼仪就是维护人际关系和谐的重要方式之一。日本的鞠躬礼具有标准的规范，会根据对象和场合的不同使用不同的鞠躬动作，这不仅表达了对对方的尊敬，也是自身良好修养的体现。日本同时还是一个注重社会等级的国家，晚辈要向长辈鞠躬、社会地位低的人要向社会地位高的人鞠躬，鞠躬正是等级观念的外在表现。

思艺同学在日本对于频繁的鞠躬礼不太适应，觉得是一种"虚假的热情"，这也反映了日本文化的双重性和矛盾性。就如同《菊与刀》里所描述的一样，

"日本文化更多地表现出双重性,例如爱美与黩武、尚礼而好斗、服从而不逊等",他们十分注重形式上的礼仪,极力维护人际关系的和谐,但内心又有着自己严格的价值判断标准。因此,她会觉得日本的店员尽管见面就深深鞠躬,还是会给人一种"假"的感觉。

思艺同学由自身的经历联想到了奥巴马的新闻。奥巴马在会见日本天皇时"入乡随俗",主动向年事已高的日本天皇鞠躬,从跨文化交际角度来看,这是一个非常聪明的交际策略,不仅显示了奥巴马作为一个大国总统对于他国文化的尊重,也体现了奥巴马自身的风度和魅力。在跨文化交际中,文化差异是不可避免的,关键是要去自觉尊重和了解他文化,采取"文化相对主义"的积极态度,不能用一种文化价值观作为判断一切的标准。

(蒋惠敏)

延伸阅读

1. 胡文仲.跨文化交际学概论.北京:外语教学与研究出版社,1999.

2. 刘聪涵,朱峰.从鞠躬礼看日本人的处世观.安康学院学报,2016(3).

3. 王旦旦.浅析日本人常用非语言交流符号——以鞠躬为例.内蒙古民族大学学报(社会科学版),2014(2).

4. 徐倚天,杨思琪,孙海英.日本的鞠躬礼.中外企业家,2013(16).

5. 杨平.跨文化交际中的非语言行为.外语教学,1995(4).

案例 31　坐前排还是坐后排

前几天看了一部美国的电影《实习生》，其中一个情节引起了我的思考。剧情是这样的：男主人公（实习生）奉命开车去接女主人公（老板），女主人公上车后坐在了后排的位置上，并且对男主人公解释道："我没有冒犯你的意思，我只是想在后排的位置上继续工作，不想被别人打扰。"然后拿出笔记本开始收发邮件。就是这样简单的一个剧情，令我产生了疑惑："乘车难道不是应该坐在后面的座位上吗？这还需要解释吗？"但是联想到之前发生的一件事，我就感觉到我的想法肯定有所偏差。

我现在每周都会去一个叫Melton Mowbary的小镇上课，从我所在的城市过去要先坐火车，然后再乘坐出租车。出租车是由校方安排的，接我的一直是固定的两个司机，一位安静的英国绅士，一位活泼的英国女士。我接触比较多的是那位男士，他总会很准时地在火车站门口等我，然后很绅士地帮我打开出租车后面的门，所以我一般是坐在后面。后来那位女士来接我，因为她一般在车里待着，我就自己开门坐到后面，一开始没感觉有什么问题，直到有一次那位女司机邀请我坐到前面副驾的位置上，并且还问我不坐副驾的原因。当时我就感觉有些奇怪，因为我爸爸是司机，他开车的时候，一直要求我们坐在后面，这已经是我的习惯了，所以从来没感觉有什么不对劲，当我把这个原因告诉她的时候，她一副恍然大悟的样子。直到看完这部电影，我才明白她那副表情的含义。

这几天，我跟一位同事聊天，她也去那个小镇上课，也是那位女司机去接她。很显然，她们俩的关系更加亲密，她跟我说了很多关于女司机的趣事。这也从侧面证实了我之前的猜想。

对于这个疑问，我查找了相关的跨文化资料，这可能与"体距文化"相关。这个观点首先由爱德华·霍尔（Edward Hall）提出，他认为人们在相互交际时，对空间领域会有一定要求，他根据人际间亲昵和疏远程度提出几种不同距离的要求。而各种不同的文化，对待体距的态度也不尽相同，比如美国人和多数北欧人属于非接触文化，他们的体距要远大于阿拉伯人和拉丁美洲人（属于接触文化）。我现在英国，英国和中国同样属于非接触文化，所以体距一般要求比较大。但是在这方面我却犯了错误，因为我刻意拉大了交际距离，错误地认为与司机的距离属于"公共距离"，所以一直坐在后座上，而实际上这仅仅是"社会距离"，即我应该坐在副驾上。而我坐在后座上，无形中拉大了与司机之间的距离，这样会给司机留下不好的印象，所以才有之前那名女司机的盛情邀请，现在我也更加理解她的心情了。

现在，我每次乘出租车都会主动坐在副驾上，每次和司机聊聊天，心情自然就好起来。同属非接触文化的中英两国文化，只要按照国内的做法就可以了，没必要刻意拉大交际距离，这样交际才能更加顺畅地进行下去。

（张燕楠）

理论聚焦

个人空间（personal space）

个人空间也称非正式空间、人体距离等，主要指人际交往中人们身体之间的距离。爱德华·霍尔（Edward Hall）将北美人的空间距离分为四种类型：亲近距离、个人距离、社会距离和公共距离。亲近距离指亲密朋友、父母、子女及伙伴彼此依偎的距离；个人距离即由亲昵关系向一般社会关系过渡的距离；社会距离即一般交际或做生意时常常保持的距离，也被称为礼貌距离；公共距离是正式场合的交际距离；公共距离是公众场合的交际距离，用于公众性的讲话和讲演等。但这一标准并不适用于所有的文化，不同文化背景的人对交流时的间隔距离有着不同的偏好。人们对空间的使用受到文化价值观念、地理环境、心理、习惯等多方面因素的影响。

案例分析

在中国的文化环境下，他人开车接送你，你会坐副驾还是后座呢？思考过后，我们认为张老师所面对的问题不仅仅是一个关于"体距文化""个人空间"的跨文化交际问题。仅从距离来说，我们坐出租车两种可能性都有，这跟个性、心情、习惯等都有关，跟与出租车司机的熟悉程度也有关。坐前还是坐后，可能有人根据自己的身份做出选择，可能有人从相对安全的角度做出选择。张老师从跨文化交际角度运用"体距文化"的概念进行分析只是其中的一个角度和原因，但这并不是唯一的、根本的原因。

我们从跨文化交际的角度再来审视一下张老师所遇到的情形：从各文化对空间利用方式不同的角度来理解，就像一个国家拥有自己的领土权一样，我们每个人都需要拥有自己的领地，即一个看不见却又实际存在的空间范围，这个范围就是人们在面对不同交际对象时感到必须与他人保持的间隔距离。张老师把她和司机的关系认定为社交距离甚至是公共距离（尽管这种认定本身或许也有偏差），而女司机却希望能够和张老师交谈、成为朋友，所以才出现了这种跨文化交往中的困惑。

然而，张老师的两个固定接送的司机，为什么一个会主动给她打开后座的门，另一个却希望张老师坐在副驾呢？可见，体距文化的差异未必是坐副驾还是后座的主要原因，可能与司机的个性、熟悉程度、对身份的认定也有关。张老师之所以觉得坐在后面合情理，一定程度上或许与"刻板印象"有关，即觉得司机的任务仅仅是接送，而不需要跟其聊天。然而这只是由于与司机的关系不熟悉。试想在中国文化中，我们在和司机比较熟的情况下，坐在后面也同样有不礼貌之嫌。在这种情况下，我们要注意观察司机的性格和情绪反应，而不要先入为主，以刻板印象主导自己的行为，如果无安全方面的忧虑，那么主动坐在副驾一起聊天，就比较容易拉近彼此的距离。对于国际汉语教师而言，在国外生活不仅仅是一个跨文化经验积累的过程，更是一个不断提高自身待人接物能力的过程。

这个案例提醒我们：我们习惯性地将我们和外国人（异文化圈的人）的交际障碍（问题）归纳为国别文化差异，实际上还是将经历的群体与想象的群体等同了。而个体文化差异有时候甚至大于国家文化差异。案例中两个司机的不同做法，恰恰体现了在同一种文化环境下，个体之间的做法也是有差异的。只要有效沟通达成共识，就可以化解。

值得赞赏的是张老师具备很高的跨文化敏感性和文化共感性，她能够从电影联想到自身的经历，在交际中察觉到对方的感受和情绪变化，并愿意沟通、理解、适应和接受这种文化差异。这种高敏感性使得她能够很好地调整自己，更快地融入英国当地的文化，也令她在今后的多文化环境中更具有适应力。

（高佳琪）

延伸阅读

1. 贾玉新.跨文化交际学.上海:上海外语教育出版社,1997.

2. 杨平.跨文化交际中的非语言行为.外语教学,1995(4).

3. 拉里·A·萨默瓦,理查德·E·波特,埃德温·R·麦克丹尼尔.闵惠泉,贺文发,徐培喜等,译.跨文化传播（第六版）.北京:中国人民大学出版社,2013.

4. Kim, Y. Y. Intercultural personhood: Globalization and a way of being. *International Journal of Intercultural Relations*, 2008(4).

案例 32 提前15分钟该不该

我所在的学校是一所国际语言学校,中国同事和美国同事都很多。刚到这个学校的时候,有一次和同事一起开会,上级迟到了十分钟,美国同事亚当告诉我,如果他(指上级)再晚来五分钟,我们就可以回家、不用开会了。我听了扑嗤笑了出来,以为他在开玩笑,心想,等领导开会再正常不过了,哪有他们不来、你先走了的道理。早就听闻美国人对工作时间比较计较,但是,也不用这么苛刻吧。

幼儿学前班四岁班除了每天来上学的班级之外,还有一个只有周二和周四下午来上学的班级,只有七八个人,学校规定他们11:30到校。由于这个班人数少,有一个老师就够了,我作为助教也就没有跟过这个班。过了几个月,老师请假回国,她教的下午班就由我来上课了。周二那天,我的午饭时间是10:40到11:30,我心想这是第一次和下午班学生见面,早早吃完饭进教室准备准备,所以只用了30分钟就吃完了午饭,5分钟收拾了碗筷。刚出厨房门,就看见一个爸爸风尘仆仆地带女儿来下午班了,外面下着雨,这个爸爸行色匆匆,说平时都是他妻子送孩子上学,他也不太知道具体时间,但是,现在赶时间去工作……我说:"11:30上课,既然送来了,那就进来吧,我已经吃完饭了。"他把孩子放下就匆忙走了。我刚打开教室门,把学生安顿好,三岁班的西班牙语老师苏菲(美国人)一脸不理解的样子,用蹩脚的汉语大声对我说:"你怎么可以这样?现在才几点?你把她放进来是不对的,她的家长来早了是他的事,现在是你的休息时间。如果他早来这么长时间,是要付钱的!"我说:"无所谓啊,我已经休息好了,而且距离上课也就十几分钟而已,我本来也打算现在进教室准备了。""但是你不可以放他进来,美国是不可以这样的……"她又连珠炮似的数落了我一番,我像个做错了事的孩子一样不知道该怎么争辩。我心想:要不要那么夸张?我没有占用你的时间,那段时间是我自由支配的时间,我把那段时间"支配"到工作中,也是我的自由,无可厚非。

后来和几个中国老师一起聊天,又听到了类似的事情。小学部的中文教师方老师的儿子在幼儿学前班三岁班，三岁班的中文教师是亚当，美国人；三岁班的助教是付老师，中国人，付老师和方老师是朋友。有一次方老师早晨有事提前20分钟把孩子送到学校，交给了助教付老师，那时亚当老师还没到校。过了10分钟亚当到了，发现方老师的孩子这么早就到了，立马给方老师发短信，大意就是你不可以这么早把孩子送来，我们没有义务多花十几分钟照顾你的孩子。方老师看到这个也很不理解，和亚当争论起来，说："我是临时有事才把孩子早早送过去的，你我都是同事，连这点忙都不能帮吗？况且我也不是天天都送这么早的。而且我是拜托助教付老师帮我的。"听到这个故事，我立马想到了我之前的遭遇，又想到了中国老师请我帮忙看一会他们的孩子的时候，我从来没有拒绝过。

在美国待的时间长了，感受到越来越多的文化差异，也渐渐适应了美国人对时间的"苛刻"，但是我自己养成这样的习惯或许还需要时日。在海外工作，我们会见到各式各样的习惯差异，在不同的环境中，就要学会不同的适应方法。平心而论，对时间苛刻计较是对效率的尊重，每个人都有自己在不同时间需要做的事，在规定的时间做规定的事，对别人负责，也是对自己负责。

（熊晨晨）

理论聚焦

预期违背

人类交际普遍遵循一定的模式，对交际行为也有相应的预期。预期违背在交际中起到两种不同的作用。一方面，它使交际者感到惊讶、疑虑或恐慌，阻碍交际的顺利展开；另一方面，它能够提高交际者行为的主动性，转移他们的注意力，抑或创造相互学习的机遇，促进交际的深化。跨文化交际中，预期违背现象时常发生。有些时候，人们对它做负面的评价，减少进一步的交往或完全规避接触；有时人们对它做正面的评价，以更积极的姿态进行交往。

案例分析

时间观念是非语言交际的一个重要维度，也是社会价值观念的一种体现。时间观念同样带有文化的特征，正如爱德华·霍尔（Edward Hall）所说，各个文化就像拥有自己的语言一样，拥有自己的"时间语言"。在美国任教的熊老师所遇到的文化差异就与中美两国对待时间问题的态度差异有关。

不同文化下时间观念的差异表现在许多方面，熊老师所面对的情况主要反映了中美两国对待公私时间分配的态度差异。尽管中美两国都将时间视为一种宝贵的资源，都经常将其量化为"金钱""效率"等，但与中国人相比，美国人对时间的量化往往更客观，较少受主体意识、情感的左右，而且严格区分工作时间和私人时间。因此，就像美国老师说的："我们没有义务多花十几分钟照顾你的孩子。""如果他早来这么长时间，是要付钱的！"这种文化把不同时间量化，严格遵守，成为一种约定俗成的规则，即便是人情世故也不是侵犯个人时间的理由。由此可见，在美国才是真正的"时间就是金钱"，如果你多占用了别人的个人时间，就应该有所补偿。而中国社会往往不像西方社会那样公私时间泾渭分明，老板或者同事在下班时间给你打电话、发邮件谈工作的事情司空见惯，下班时间或者周末加班是常态。再者，尽管时间在中美两国都是一种宝贵的资源，经常拿来与金钱作比，但即使真是金钱，碰上人情，中美文化的处理也是不一样的。在中国文化中，熟人、朋友之间帮忙多忌讳谈钱，"谈钱多庸俗""谈钱伤感情"是普遍看法。既然熟人之间对金钱的事儿都可以含糊，那么把时间计算得那么清楚就更是显得有些无情了。

当然，除了时间观念的差异，这种文化冲突的背后也反映出个体主义和集体主义价值观之间的差异。美国是典型的个体主义倾向国家，"我"的意识居主导地位，认为追求个人利益理所应当，私人时间恰如私人财产，不可侵犯；而中国推崇集体主义价值观，极为重视保持与他人的和谐关系。熊老师和付老师提前几分钟帮家长照顾孩子，以促进和孩子家长之间的和谐融洽的关系，在时间观念的背后，深刻反映的其实是集体主义的价值观。

熊老师在最开始提到的中美两国在面对上级迟到这种情况的态度差异也不单纯是时间观念上的不同，这也与权力距离有关。美国属于权力距离小的国家，在这种文化中，人与人之间的地位较为平等，上级和下级都认为对方是"和我一样的人"，所以案例中下级不愿因为上级迟到而等待。但中国属于权力距离较大的国家，下级和上级之间存在着等级差异，因此在中国，等待领导是很自然的事情。

对于国际汉语教师而言，在面对预期违背乃至文化冲突的时候，既要探寻造成冲突的根源，也要尝试去理解更深层次的文化差异，从而在不同的文化环境中从容应对。

（高佳琪）

延伸阅读

1. 韩银燕, 钱鑫. 跨文化交际中的中西方时间观念差异对比. 辽宁师范大学学报（社会科学版）, 2006(4).

2. 彭世勇. 国籍与职业对跨文化敏感度的影响. 浙江大学学报（人文社会科学版）, 2006(1).

3. 张吉. 中西方文化差异中的时间概念解读. 东南学术, 2012(2).

4. Lustig, M. & Koester, J. *Intercultural Competence: Interpersonal Communication Across Cultures (4th ed.)*. Boston: Allyn & Bacon, 2003.

案例 33　时间观念各不同

（一）

有一次我在波兰克拉科夫税务局办理关于税收的文件，排队领了表，工作人员跟我解释了填表应当注意的问题。我坐下来填写了大部分的信息，因为有些表述是用波兰语，其中两个空格我不确定怎么写，为了尽快处理好然后交表格，于是就想问一下工作人员应该如何填写。回看了一下排队的人，当时有四个人正在像我刚才一样排队领表，工作人员也正在埋头处理第一个人的事务，这时我凑上前去，走到第一个人的旁边说了一句"不好意思"，然后问工作人员："请问这个空格我应该怎么填写？"工作人员冷冷地看了我一眼，觉得我就像是突然闯进来的冒犯者，对我说了一句："请您先排一下队，等一下。"我便非常不好意思地退了回去，我很困惑，只是要她帮我看一下表格，花十多秒的时间解释一下就可以解决了，而且是我先来处理问题的，为什么不可以在处理别的事情的时候帮我看一下呢？这也不会耽误正在办理业务的人什么事情啊。

在国内，如果只是很简单地咨询一个问题，有时候是可以"见缝插针"的，这名工作人员为什么那么刻板？后来，我觉得工作人员处理问题的方式是对的。对我而言，这样可能没有照顾到我的感受，让我觉得没有人情味，但是却很好地保证了先来的人的公平，这是对办事人的尊重，也可以很好地保证服务质量。我已经习惯了中国文化中的多向时间模式，这种灵活的时间观认为一段时间内可以同时做几件事，工作人员应该让所有客户都感到满意，工作时间挤一点也没有关系，但是在单向时间中的波兰的工作人员却很重视排队、遵守顺序，集中精力去做好一件事。波兰人是不能"一心二用"的，在国内一名售货员可以同时接待两三名顾客，一边给顾客称东西，一边已经开始收钱找钱，接着询问下一位顾客有何需求，这在波兰是行不通的，我也意识到应该调整一下自己的时间模式。

我在波兰也享受了这种单向时间的便利和公平，我去办理国际学生证，办证处只有一位工作人员，我到的时候那位工作人员正在接电话，也没有别的正在办理业务的人，电话结束以后我们相互问好，我说了我来的目的，她便给了一张表格让我填写，填完以后她需要把我的信息输进电脑系统里面。正在她输入我相关信息的时候突然又来了一个电话，我以为她要马上去接电话，结果过了几秒以后，她还是坐在电脑前认真工作，我说："你的电话响了，你可以先接电话，我的事情不着急，没事的。"她说："你是先来办理证件的，我需要先处理完你的事情，电话总是会有很多，事情也会有很多，我需要按顺序一个接一个处理。"我开玩笑说："在中国，如果这个时候有电话打来了，您可以搁置正在处理的工作，先接电话解答相关的问题，没有人会介意的，大家认为这是很正常的事情。"工作人员冲我笑了笑，开玩笑说了一句："没关系，如果他真的有事情，还会再打过来的。"没一会儿，我的证件便办好了，正在我要离开的时候，电话铃声又响了，我们两个相视而笑，她的眼神好像在说："看吧，我说的没错吧。"于是我便挥手作别了。

在银行办理相关业务的时候也是相同的情况。排队等候时我前面有一个人办信用卡，因为只有一个办公窗口开着，所以我只好在黄线外一直等待，看到银行的工作人员不停地打着单子，客户填写着相关的表格，填完以后，工作人员还会仔细地向客户介绍使用方法和注意事项，特别耗时间。轮到我在主柜台办理相关业务时，一个经理模样的工作人员走到我的面前，着急地问我："先生您好！我可以找这位女士（正在处理我银行业务的柜员）问一下事情吗？"即使她没有那么着急，我也会答应她的要求，因为在我的认知中觉得这种打断并没有什么不可以。她问了一些事情，很快便结束了，最后离开的时候抱歉且感激地看着我并说了句感谢。可以看出她知道突然打断别人正在办理的业务是一件挺不礼貌的事情，但是因为有事情急需处理所以才"插队"咨询了一下，这是可以理解的。

在波兰排队是一种文化。办事员不慌不忙，顾客通情达理有耐心，自觉排队早就成了波兰的传统，买菜、等车排队，到售报亭买报纸、香烟等日用品排队，就算只是向售货员问一句话，也会乖乖排在队伍后面。波兰的邮局和银行将这种文化体现得最为明显。波兰的邮局不光寄信、取包裹，还负责收电话费，因此总会排很长的队，有一次晚上七点去邮局取孔院的包裹，正赶上前面一个人要邮寄十几个大小不等的箱子，只有一位工作人员在验货、登记、贴标签、写单子，最后把箱子一个个搬进储物间里。我只需要简单取一个包裹，因此询问工作人员可不可以先处理我的东西，工作人员拒绝了我，邮寄一堆东西的人安慰焦躁的我："别着急，一个个来。"就这样，取一个包裹花费了我将近一个小时，这时候焦躁的我甚至有一些怀念爱德华·霍尔（Edward Hall）《超越文化》中描述的混乱不堪："在地中海国家的市场上和商店里，顾客争前恐后地争夺一个店员的注意力。在那里不存在先来后到的服务顺序。在北欧和美国人眼里，这简直是混乱不堪、嘈杂一片。"这样，或许我可以早一点拿到包裹。看来，在波兰生活，很重要的一个技巧就是要适应慢节奏的社会常态。

最后是关于理发的事情。孔院旁边有一家朋友推荐的理发店，因为我不会说波兰语，所以并不想费力去别的地方找理发店，和店员的沟通是一件比较头疼的事情，在那家店理了两次发感觉也不错，但是问题出在了第三次。那次我在孔院上完课经过这家理发店想顺便理个发，里面有两位工作人员和三位顾客，我告诉他们我可以等，这时候年岁比较大的理发师叫来会说英语的一位年轻的理发师，让她转告我明天再来。我想可能对他们而言今天比较晚了（当时下午四点），我说可以。第二天我坐电车到了理发店，店员告诉我后天再来，因为现在还有两个人需要剪发，而他们一个小时以后就要关门了。我问为什么那么早，她说今天是星期六，他们只工作到中午，建议我下一次提前预约。我也不想引起无谓的争执，于是去别的地方找理发店。走进另外一家店，我问是否可以剪发，店员说："不好意思，今天已经满了，您可以明天来。您明天来吗？我可以帮您预约。"我说不必了，又去了很远的另外一家店才理上发。

（杨　档）

（二）

泰国学生迟到是家常便饭，来之前培训的时候我就已经知道了。一节课的有效上课时间不到半个小时，因为学生需要上卫生间、化妆等，这会花掉很长时间。有时候我觉得她们化妆已经化得可以了，但她们还在化，我常常觉得肯定是镜子出问题了。上课后的前20分钟基本上没法好好上课，因为陆陆续续会有学生懒散地提着奶茶、拿着各种食物进来。不过我想得很开，因为泰国人的生活节奏本来就慢嘛，他们长久以来都是这样，也不是针对我个人，刚好我本人也挺慢悠悠的。我会边等待边播放一些好听的中文歌或有趣的视频给先来的学生欣赏。他们特别喜欢《那些年，我们一起追的女孩》，在开始上课前我就给他们播《那些年》的MV，真的会有人为了看而早点来到教室。他们还会点播，会要求说下周想要看周杰伦的、王力宏的等。

不管是初中生还是高中生，都会在上一节课结束后来到汉语教室上课。但是高二年级的一个班通常要比其他班级晚一点，因为他们还要在外面晃一会儿。上课的时候，初中学生的课堂纪律会比较乱，尤其是初二年级，让我非常头疼。除非泰国老师来他们才会安静。因为这两个年级，我请泰国老师帮了好几次忙，因为学生实在太疯狂、太嚣张了。

泰国学校的上班时间安排得挺好的，没有早自习，不用起很早上班。下午完成当天的工作以后，如果没有课的话，就可以自己酌情下班离开学校了。老师倒是很轻松，但我觉得学生学习时间太短，不是太好。中午没有午休，我现在已经适应了。学校的上下课铃声形同虚设，学生根本不理，学校也不是特别重视纪律，这点强烈建议向中国学习。

（徐闪闪）

理论聚焦

单时制文化与多时制文化

爱德华·霍尔（Edward Hall）根据人们对于非正式时间的使用特点，将文化分为单时制文化和多时制文化两种。单时制也称单维时间，顾名思义，即视时间为线性的、可分割的。具有这种导向的文化一般推崇准时、预约和最后期限，主张精明有效地使用时间，在一段时间里只做一件事。具有单时制文化特点的国家有北欧、西欧、北美等地区的国家以及澳大利亚、新西兰等。多时制也称多维时间。多时制文化中的人不是把时间看成一个线性的东西，而是认为时间是围绕着生活的，可以同时与多人打交道、做多件事情。"多维时间观视维护和谐关系为首要重任"，因此他们更重视人情而不是计划，以一种灵活机动的态度看待生活。具有这种文化特点的国家主要有非洲、拉美、西亚、南亚以及东南亚等地区的国家。

案例分析

时间观念是文化的反映，不同文化的时间观念影响着人们对时间的利用方式。波兰是典型的单时制文化，凡事重视"时间先导"；泰国是典型的多时制文化，强调时间围绕着生活。生活在波兰的杨老师和生活在泰国的徐老师在面对与本民族不同的时间观念时，都经历了一段从困惑、误解到磨合并逐渐习惯的过程。

单时制文化的一个显著特点就是一个时间段里只专注做一件事，于是便出现了杨老师在税务局"见缝插针"失败的经历，好在杨老师及时地意识到了波兰的单维时间模式，在之后的生活中调整了自己的时间模式，并享受到了这种重视排队、遵守顺序的单时制文化的便利和公平。除了这一特点，单时制文化还讲究计划性，注重提前安排和预约。由于现代通信技术的发达，人们在见面之前一般都会预约，以避免出现不速之客的情况。但在波兰，理发这种看似十分平常的小事，也不仅仅涉及按照顺序排队的问题，还需要进行预约并考虑营业时间等客观问题，单时制文化的人对预约的严格程度可见一斑。

准时是现代生活中另一个十分重要的时间观念，对准时的不同理解以及对不准时现象的容忍度差异是比较容易引起跨文化交际误解和摩擦的一个方面。单时制文化的人十分看重准时，他们往往严格遵守时间安排，对不准时现象的包容度较低；而多时制文化的人则与之相反，在泰国教学的徐老师便提到了在泰国迟到是家常便饭这一现象。在泰国，时间是围绕着生活的，并且他们对不准时的容忍度也很高。不过需要注意的是，准时有时会受到场合和语境的制约。比如在讲究准时的单时制国家出席非正式的社交活动，像应邀去朋友家做客的情况，迟到一会儿却是合乎礼仪的，提前到反而会给主人带来不便和尴尬。

然而，单时制文化和多时制文化的划分并不是绝对的，不同的时间观念各有特点，没有优劣之分。单时制重视计划、讲究效率，但是多时制可能更灵活、更人性化。中国的时间观念更多地体现出多时制时间观念的特点，如汉语中"眼观六路""耳听八方""左右开弓""计划赶不上变化""车到山前必有路"等说法所反映出来的人们对利用时间的态度。当然，相比较于泰国对迟到态度的随意性，中国又更倾向于单时制文化的特点。因此，国际汉语教师在赴任前，要对任教国家的时间观念有所了解，以避免跨文化交际过程中因为时间观念的差异而产生的负面印象和误会。即使一些国家的时间观念跟中国不同，也不能轻易"入乡随俗"。比如你到了意大利孔子学院，下午4点的课，如果你按照书本上或者"道听途说"的意大利人的时间观念、迟到一刻钟去教室的话，你可能就是最后一个到教室的人了。根据我们的经验，意大利孔子学院的课一般都是准时的，因为他们遵照的是中国人的时间观。

（高佳琪　张利莹）

延伸阅读

1. 胡文仲.超越文化的屏障——胡文仲比较文化论集.北京:外语教学与研究出版社,2004.

2. 拉里·A·萨默瓦,理查德·E·波特,埃德温·R·麦克丹尼尔.闵惠泉,贺文发,徐培喜等,译.跨文化传播（第六版）.北京:中国人民大学出版社,2013.

3. 徐闪闪.赴泰汉语志愿者教师跨文化适应问题及对策研究.云南师范大学硕士学位论文,2014.

4. 张吉.中西方文化差异中的时间概念解读.东南学术,2012(2).

5. 朱世达.美国的文化模式：对中国文化的启示.美国研究,1994(3).

6. Hall, E. T. Monochronic and polychronic time. *Intercultural Communication: A Reader*, 2000(9).

案例 34 尴尬的贴面礼

意大利人向来很热情，他们的打招呼方式也很特别，除了在正式场合握手以外，他们还特别喜欢和朋友行贴面礼，就是抱在一起亲吻对方的左右脸颊。但是作为一个对肢体接触很敏感的中国女孩来说，这无疑让刚刚接触到意大利人的我很不习惯。

刚来意大利的一个周末，我和朋友从罗马出发去意大利南部的城市那不勒斯玩儿，在termini火车站的站台上等车的时候，迎面走来了一个意大利男孩，他年纪和我们差不多大，手里拿着行李，看到我们以后，他停下来用意大利语冲我们打招呼。在简单的自我介绍之后，他突然走上前来和我的朋友拥抱，并亲吻她的脸颊。由于他的行为很突然，我的朋友甚至有点儿来不及反应。然后他转过身来打算拥抱我，但是我下意识地后退了一步，并且露出了很为难的表情，他看到以后有些尴尬，然后就走开了。

这样突如其来的一个陌生人，吓到了我。因为在中国，这可能会被认为在占女生的便宜。先入为主的观念和对文化差异的迟钝让我主观地以为他的举动并不单纯。而且我以为在意大利只有朋友间才会行贴面礼，初次见面就表现得如此亲密实在是非常奇怪。

后来我认识了很多意大利的朋友，也渐渐适应了和他们行贴面礼，明白这是一种很自然的打招呼方式，不仅仅在朋友间，在陌生人之间也时常发生。有一次，我对我的意大利朋友说起这件事，他哈哈大笑，然后对我说，这绝对不是因为意大利男人有任何不好的想法，他们行贴面礼亲吻和性别没有任何关系，只是一种表达友好的方式而已。我这才意识到原来以前都是自己的固有思维在作怪。

几个月过去了，我渐渐理解并习惯了意大利的贴面礼，对于肢体接触也不再像最初那样感到不适。有时看到许久不见的意大利朋友，我也会主动上去亲吻他，就像许多意大利人一样自然。

在这里还有一个细节值得一提，就是意大利人一般习惯先亲吻右边的脸颊，再亲吻左边脸颊。一开始的时候由于不知道顺序，好几次我向左，对方向右，差点碰到嘴，出现了一些小尴尬，不过知道了以后行贴面礼就顺利愉快多了。

世界上很多民族和国家都有自己特有的打招呼方式，像意大利人的贴面礼、毛利人的碰鼻礼、日本人的鞠躬礼等，相比之下，亚洲国家的肢体接触往往没有欧洲国家多。但是出国之后，我深深地感受到文化的不同在于思维方式的差异，和对错没有任何关系。我们要做的，就是理解和适应他们的文化，只有这样，才能更好地进行跨文化交际。

（贾慧芳）

理论聚焦

身体接触文化

身体接触包括人体各个部位的接触，是一种重要的非语言交际方式。在人际交往中，人们常常通过身体接触来表达感情和交流信息。身体接触所表达的意义受制于文化、接触点、接触双方的关系、接触的主动或被动性等因素。身体接触本来具有表达积极情感的功能，但它同时也可以表达破坏性的信息，如歧视、骚扰等，因此如果不分文化场景乱用，会破坏交际双方的关系。爱德华·霍尔（Edward Hall）根据身体接触的情况，把文化分为接触文化与非接触文化两种类型。接触文化通常鼓励身体的接触，沟通双方有更多的身体接触，典型代表有地中海沿岸国家、拉美国家、阿拉伯国家等。非接触文化与之相反，通常不鼓励身体的接触，对话双方之间隔得较远，代表国家和地区有日本、中国、北美、北欧等。接触和非接触文化不只关注于身体接触，还直接影响到诸如距离、目光等其他行为。同时，接触和非接触是发展的概念，接触文化与非接触文化的划分也不是全然对立的。

案例分析

中国传统社会有"男女授受不亲"的说法，人与人之间，尤其是异性之间很少有身体上的接触。贾老师来自对男女身体接触十分敏感的中国，在第一次面对热情开放的意大利人的贴面礼时便出现了误解，造成了尴尬。好在她后来慢慢意识到了是自己先入为主的观念和对文化差异的迟钝在作祟，于是逐渐理解并适应了这种行贴面礼的打招呼方式，使跨文化交际得以顺利和谐地进行下去。

麦克·阿盖尔（Michael Argyle）（1975）把西方人常用的身体行为归纳为"轻拍（patting）""拧（pinching）""捆（slapping）""殴打（puching）""击（stroking）""摇（shaking）""吻（kissing）"等十六种。这些身体接触的类型，几乎存在于所有社会之中。但是接触的含义、频率、禁忌及使用场合，在不同文化中则有不同的理解和要求。意大利人以贴面表示打招呼，在中国文化中，贴面却只可能用来传达爱意，若非恋人、父母子女这种极亲密关系，拉住一个人贴面无疑就是冒犯，还很可能会惹来麻烦。但是需要特别注意的是，正如中国内部不同地区地域文化可能差异甚大，意大利也是如此，南北方对贴面礼的使用并不相同。虽然意大利人给我们的印象多为热情开放，但是除了南部外，大多数意大利人并不会跟刚认识的人行贴面礼。在吃不准或者自己不愿意的情况下，主动伸出手来引导对方放弃贴面，也是一种恰当的做法。

在了解不同社会中身体接触的文化含义时，还应该特别关注细节。案例中的贾老师就因为不了解意大利人一般先亲吻右边脸颊、再亲吻左边脸颊的顺序而出现了一些小尴尬。陈国明教授也曾提过在美国待了二十几年的他仍旧不清楚美国、欧洲等不同国家贴面的先后顺序（陈国明，2009:127）。不仅仅是贴面礼，即便是握手这一全世界最普遍使用的见面礼仪，在不同的文化中也有差异。西方人握手的特点是一只手紧紧地与对方相握，并马上松开；而中国人在表示热情的时候，会先用一只手握住对方，再把另一只手放在上面一起握，并且持续的时间比较长。如果不熟悉对方的文化习惯，便有可能造成尴尬。

此外，身体接触还可能因性别、年龄不同而体现出差异。比如在中国，虽然异性之间的身体接触有很多禁忌，但同性朋友之间的身体接触却十分常见；而在身体接触较多的西方国家，有时同性之间的身体接触反而会具有同性恋关系等含义。在中国，长辈抚摸自己的孩子或别人的孩子是表示爱护和亲近的意思，但同样的举动在西方人看来却是无礼的。由此可见，身体接触的差异不仅仅是大文化下的差异，还受到场合、交际对象等语境因素的制约。只有了解不同文化及特定语境中身体接触的含义和规则，并学会理解和适应，才有可能避免文化误解情况的发生。

（高佳琪）

延伸阅读

1. 范杏丽. 不同文化背景下的非语言交际对比. 华中理工大学学报（社会科学版），2000(2).

2. 彭凯平, 王伊兰. 跨文化沟通心理学. 北京:北京师范大学出版社, 2009.

3. 徐晓丹. 跨文化交际中的非言语交际. 黑龙江社会科学, 2004(2).

4. 徐小明. 跨文化非言语交际论析. 贵州师范大学学报（社会科学版），2010(4).

5. Argyle, M. *Bodily Communication.* London: Methuen, 1975.

案例 35　我该守时吗？

赴任墨西哥之前，我就对当地人的时间观念有所耳闻。到达之后，感触更加深刻。

在墨西哥经常有人邀请我们去参加派对。前任老师介绍说，参加派对至少要比约定时间晚半个小时到才算礼貌。我深感疑惑，为什么早去就算不礼貌呢？难道主人不会觉得我这个客人对他们的派对特别感兴趣吗？不会感受到我参加派对的积极性吗？疑惑归疑惑，我还是入乡随俗，跟大家一起晚半小时到。

后来，有一次，我和孩子受邀参加孩子幼儿园小朋友的生日派对。我不自觉地提前收拾好就出发了，用手机导航，没想到很快就到了，到了才知道派对地点离我住的地方很近。我们到达的时间几乎就是邀请函上的时间。大厅里，家长正在布置派对需要的各种东西，气球、桌椅、餐具等。看样子是刚开始布置，厅里的样子有些杂乱和狼狈。两位家长和帮忙的看到我们进来，有些惊讶，也有些尴尬，但还是满怀热情地、礼貌地走上前来接待我们，亲吻与拥抱；然后有些慌张地招呼孩子去还有点冷清的游乐区，带我到成人区坐下并拿零食招待我。那一刻，我突然明白了：我们的提前到来，就像楼下等待约会的男孩儿出其不意跑上楼来窥见了刚化妆到一半的女孩儿。

那为什么他们到点了还没准备好呢？这是个关键问题。在墨西哥，人们的生活悠闲自在，无论穷人还是富人，都是如此。他们做事从来都是不紧不慢，做事习惯于晚半个小时甚至一个小时。比如开派对的家长，他们本来就知道大家都会至少晚半个小时到，所以根本就不紧张。而被邀请者呢，也都知道早去了也不会太热闹，还会给主人造成困扰，大家都不会去得太早。这已是一个约定俗成的社会习惯。

我们中国教师也曾在自己的寓所举行过一次派对。我们从中午就开始准备派对用的东西，到晚上7点（我们派对开始的时间）就已经完全准备完毕。虽然知道客人最早都会在7：30之后到来，但是那个等待的过程还是觉得很漫长。7：30之后，陆续来了两三个人，我的心底开始发凉了，感觉太没面子了：难道今天晚上就这几个人来吗？后来，陆续有人在九点之后，十点之后，甚至十一点之后才到达。十一点的时候最热闹了，可以说派对达到高潮。可是那个时候我已经开始连连打哈欠了。当天晚上的派对持续到1点多，据说有人"散摊"之后又出去"续摊"了。让我不由得敬佩墨西哥人的精力之充沛、玩兴之高。

这些事情，待的时间久了，我们也逐渐习惯了。尊重和理解对方的社会习惯，让自己逐步适应，这是我们所有外派教师需要秉承的原则。但这并不等于我们对待自己的工作要这样，我们是中国人，在中国人之间，或者当我们回到国内，还是要遵循我们自己的时间观念。因为在我们的社会中，守时就等于守信。此所谓和而不同，求同存异。

（刘丽君）

理论聚焦

时间观（chonemics）

时间观，是研究人类在互动过程中如何认知、使用及建构时间的一门学问，归属于非语言交际范畴。人类对于时间的认识方式主要分为三种：一是生物时间，二是心理时间，三是文化时间。生物时间是指以自然节律为基础的、人自身的时间系统，如人的体力、情绪和智力的周期，在跨文化交际过程中基本不涉及。心理时间是人们在心理上不同的时间取向，克拉克洪—斯托特柏克将其分为三种：强调传统和历史的过去取向、注重短期和眼前的现在取向、强调长期和变化的未来取向。文化时间，主要指不同文化的人看待时间和在某个特定文化中使用时间的方式，"涉及不同文化的人们看待和处理准时、预约、最后期限等问题的方式的特点"。

案例分析

时间观是人们在社会实践中自然而然形成的，属于文化的深层结构，因而在跨文化交际过程中，不同文化背景的人会本能地以自己的"时间语言"处理事情，并视为理所应当，从而产生差异、误解，甚至冲突。

案例中刘老师在受邀参加幼儿园小朋友的生日派对时，因准时到场而让还没完全准备妥当的孩子家长有些尴尬和慌乱。这实际上是由中国与墨西哥对"准时"理解的差异造成的：在中国，受邀参加聚会，客人一般需要在约定时间之前到场，以免主人久候，以示尊重，这样才算是准时；而在墨西哥，要比约定时间晚半个小时，才算礼貌，也就是说晚半个小时才算准时。所以，当中国教师邀请墨西哥朋友参加聚会时，墨西哥人也晚到半个小时，这并非不准时，也并不是不礼貌，而是不同国家、不同文化对于准时的理解不同。

墨西哥在时间观上属于典型的现在取向，他们认为，"现在"才是最有意义的，活在现在，享受现在。持这种时间态度的人在行为上往往表现为冲动、自发性、随意性和生活方式的轻松自在。比如案例中提到，墨西哥人"做事从来都是不紧不慢，做事习惯于晚半个小时甚至一个小时""有人'散摊'之后又出去'续摊'了"。这是现在取向的具体表现，而这些行为在未来取向的人眼中，无疑是拖沓、懒散、办事效率低甚或不守信的表现。

海外汉语教师应该对所在地的时间观有所了解，根据当地人的普遍做法调整自己对准时的期待以及对待时间的方式，选择在当地人眼中最合适的时间赴约、出席活动等。既不能偏离当地普遍行事准则唐突早到；又要体现我们重诺的品质，勿让对方久候。

（张德天）

延伸阅读

1. 李莉.中西方时间观差异与跨文化语用失误.长江大学学报（社会科学版），2011(10).
2. 洛雷·A·马兰德罗，拉里·巴克.孟小平，单年惠，朱美德译.非言语交流.北京：北京语言学院出版社，1991.
3. 彭世勇.国籍与职业对跨文化敏感度的影响.浙江大学学报（人文社会科学版），2006(1).
4. 张恒君.汉语国际教育案例与点评（亚洲国家篇）.北京：华语教学出版社，2016.
5. 张红玲.以跨文化教育为导向的外语教学：历史、现状与未来.外语界，2012(2).

思考题

问答题

1. 爱德华·霍尔（Edward Hall）曾指出，美国二战后援助欧洲时出现了很多非语言交际问题，引起了欧洲人的反感。你觉得非语言交际重要吗？能否举例说明？
2. 体态语主要包括哪些方面？中国人与日本人、美国人等在体态语方面有哪些跨文化的差异？
3. 课堂上桌椅排列的方式有文化的因素吗？不同的桌椅排列方式适合的教学对象和课程类型是什么？
4. 在美国的同学发现，美国的售货员一段时间内只能接待一个客人，这跟中国很不一样。这一发现说明了什么？

实战题

案例A

来澳大利亚两个月，我意识到我说话时容易跟人距离很近。我和我的学生们说话时，他们会觉得我要亲他们，因为对他们来说，我跟他们的距离太近了。我见到我第一个住家的时候，习惯靠得很近，所以他们会本能地后退，与我保持相应的距离。慢慢我就习惯了这种距离，现在我跟当地人谈话时，站得至少一步远。

今天来了两个中国的新老师，他们跟我站得很近，我反而觉得有点不适应了。其中一位老师胳膊肘碰到了我，我还会觉得不舒服。

（王若琳）

1. 澳大利亚的空间距离和中国有何不同？
2. 新老师站得近我觉得不舒服，为什么？

案例B

来到意大利以后，为了和学生更好地交流并且融入意大利文化，我一直努力地学习意大利语。一次偶然的机会，我认识了一个意大利男孩，他叫费德里科，是罗马大学的学生，因为他也对汉语很感兴趣，所以我们决定互相做对方的老师，每周给对方上两节语言课。

几次下来，我们相处得都非常融洽，但是上周发生了一件让我感觉不太愉快的事情。本来我们约在周六早上九点见面，就在我梳妆打扮好刚刚走出家门的那一刻，我在电梯里收到了他发来的短信，他说："不好意思，我现在有点别的事情，我们能不能明天再见面？"看到短信以后，我觉得有点儿生气，有一种被放了鸽子的感觉。因为我为了和他见面推掉了另外一个活动，并且如果明天再见面的话，我第二天的日程安排也会受到影响。况且，既然他有别的事情，为什么不早点儿告诉我，要在约定时间的十分钟前告诉我呢？

我又想起有几次和他见面，他总是迟到的情况，不禁觉得他是个不太靠谱的人。接下来的几天，他似乎察觉到了上次事情之后我对他的态度有点儿转变，于是在微信上问我："你是不是生气了？"看到他这样问，我诚实地说出了我的想法。

他诚恳地向我道了歉，并且告诉我，对于赴约的问题，意大利人和中国人的想法有很大的差别。他们觉得约会是一件很自由、很随意的事情。因此他们往往根据赴约当日的心情和实际情况来决定自己是否出席。如果朋友邀请他一周后参加他家的party，那么他当时会立即答应，但只是出于礼貌，不代表一定会出席。因为他并不确定一周后的那一天是否会有别的事情。而且就算他不去参加，朋友也不会因此而生气。

（贾慧芳）

1. 根据案例，意大利人和中国人的时间观念有哪些不同？如何处理这些不同？
2. 遇到类似的意大利人，你会如何进行跨文化交际？

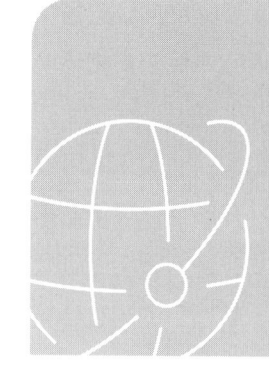

第五章
跨文化适应

文化适应是一个文化融入的过程。当进入新的文化环境或者返回本文化环境时,跨文化者必然会经历生理或心理上的变化,甚至出现文化休克或返乡休克现象。与此相应,跨文化者必然要采取一定的文化适应策略。而这些策略的有效性在很大程度上影响着跨文化适应的有效性。当前,随着全球化的加速发展,跨文化适应问题变得十分普遍。如何认识跨文化适应、提高跨文化适应能力也成为跨文化交际的重中之重。

跨文化适应模式。 跨文化适应是一个复杂的过程。在这个过程中,不同的个体会采取不同的文化适应策略。加拿大跨文化心理学家John Berry(1990)分析了不同人群的文化适应策略,并在此基础上形成了他的文化适应模式理论。Berry认为个体跨文化策略的选择主要由两个因素决定:一是个人对保持自己原有文化传统和身份的态度;二是个人寻求与新环境主流文化建立新的人际关系的模式。这两种因素的相互作用形成了四种不同的文化适应策略或模式:同化、分离、融合和边缘化。(1)同化是指个人不希望保持原来的文化传统和身份,寻求与新环境中的人们多进行日常交往,试图建立新的人际关系。(2)分离是指个体希望保持自己原有的文化身份、文化习惯和传统。(3)融合是指个体希望保持自己的原有文化,同时也接受新文化的一些价值观念和行为方式。(4)边缘化是指个体对保持自己原有的文化传统没有兴趣,也不认同目的文化的价值观和行为方式。

跨文化适应过程。 跨文化适应存在不同的发展阶段,美国人类学家凯尔佛洛·奥博格(Kalvero Oberg)的跨文化适应理论将其划分为四个阶段:蜜月期、沮丧期、调整期和适应期。斯威利·吕斯高(Sverre Lysgaard)认为整个过程可以用U形曲线表示。当然跨文化适应过程未必就是线性发展的,中间也许有高原期,也许有反复。每个人的情况也不一定相同,并非每个人都将经历四个阶段、体验每种感受。事实上跨文化适应的各个阶段是交错进行的，在不同情况下，每个人的感受及文化适应的各个时期都会有所不同。此外，当一个已经适应了海外文化环境的人返回本民族文化环境后，又将经历一次文化适应过程。两次文化休克合在一起就形成了W形曲线。

适应有效性影响因素。 跨文化适应的有效性会受到诸多因素影响。一般来说可包括以下几种：（1）目的语能力和社会文化知识。目的语能力是打开新文化环境的第一把钥匙，语言能力越强，阻碍越少。目的语能力较弱的人，跨文化适应就会受到层层阻碍，甚至连基本的生活都存在问题。此外，在跨文化适应中，掌握目的国社会文化知识不仅能够提高跨文化交际的得体性、有效性，更能够推动跨文化适应的不断深入。（2）个体差异。个人对模糊性的容忍度、内在动机、灵活性、幽默感、内向与外向等性格特点都与文化适应能力有着密切关系，此外性格特点与目的国文化特点的契合程度也会对跨文化适应产生影响。一般来说，外向、喜欢交往的人适应能力较强。（3）文化距离。文化距离指自身文化与目的国文化间的差异。一般来说，文化距离越大，个体在文化适应中遇到的困难就越多，反之则困难较少。（4）期望值。对目的国应怀有适当的期待，一般来说，"希望越大，失望越大"，不能期待过高，以免心理落差过大，产生心理焦虑。因此合理的期望值对跨文化适应十分重要。（5）社会支持。当一个人进入新的文化环境时，母国的社会支持以及目的国的社会支持都显得至关重要。母国的社会支持包括家人支持、朋友支持、母国的国际影响力等；目的国的社会支持包括与目的国居民的交往、目的国政府的支持等。国际汉语教师应当积极参加目的国、所在单位的各种活动，秉持开放包容的态度积极适应当地的生活、工作。

案例 36　供品与蚂蚁

（一）

我所在学校的汉语课堂是面向泰国社会的成人兴趣班，学生的年龄段很宽，而他们的社会角色也各不相同。然而在巨大的差异之下，班上的学生却有一个共同点，那就是对佛教十分虔诚。刚刚赴任清迈时，我就发现清迈的各个寺庙香火都很旺盛，信徒络绎不绝，祈福布施是他们每天必做的功课，而这也在某种程度上给我带来了困惑。

记得是一个星期一，班上有一名叫程丽华的学生给我带了一些水果，说是送给我的，我满心欢喜地收下，连声说着谢谢。可是我渐渐地发现，她在每个星期一上课的时候都会给我送水果，没有一次落下过，偶尔星期一她没有来上课，第二天也会及时带来送给我。时间久了这让我有些不好意思，而且渐渐地我也十分困惑，为什么每到星期一就给我水果呢？直到一个星期一她照例给我送水果时，我告诉她，十分感谢，但是下次不要再送了。她笑眯眯地说："这是我星期天拜佛的水果，这个很好。"听了她的话，我当时心里一惊，脑子顿了一下，然后尴尬地笑了。

我不是一个佛教信徒，对佛教的了解也是停留在书本中，不接触也不排斥，生活中对佛教活动也保持着距离。虽然赴任之前接受过泰国国情的培训，但是对人们拜佛时用到的供品到底怎么处理，在这之前我一无所知。我知道在中国的一些地区也存在着供奉"神明"的风俗习惯，只是常识和直觉告诉我：中国人对供品的处理可能不会像泰国人一样，至少不会将其视作吉祥之物赠予他人。如果我吃了这些供品，那我是什么呢？回到宿舍看到那些水果，心里总感觉怪怪的，更失去了往常的食欲。

又是一个星期一，程丽华照例又给我带来了她拜佛时用过的水果，十分自然地放在我的讲桌上，我看到那些水果，心里有一些迟疑，而更多的是矛盾。如果我拒绝了她的好意，她应该会很失望，如果我因为这件事影响了她上课的心情，那我会更加抱歉。另一方面，那些水果我吃着真的很奇怪，而且"己所不欲，勿施于人"，我想也不能就这样随便转赠给谁。

赴任之前我想过很多自己可能会遇到的文化差异的问题，也想好了应对措施，万万没想到，竟被这些水果给难住了。那段时间，我把那些水果放在冰箱里，而那些水果也把我的心堵得满满当当。

来泰国的时间越来越长，遇见的问题也越来越多，对泰国的人文特色理解得也越来越深刻，生活在这种文化环境之下，我也渐渐适应了很多。佛教和与其有关的一切对于泰国民众而言竟是那么重要，宗教的力量让多少泰国人保留着天生的淳朴和慷慨，有时候他们的小小举动都让我惊叹。那些供品或许已经是学生能够给我的最大的祝福了吧。我至少也不再像当初那样纠结。她依然每周一次乐此不疲地表达着她的善意，而我也万般感谢地照单全收，有时会自己吃掉，有时也会和别的伙伴一起分享。

在外任教，我们会遇见各式各样文化差异的问题，在经过了心理斗争和心理建设之后，我们就要学会适应和接受，除此之外并没有良方去真正解决这个问题。说来说去，解决所有的纠结的过程就是自己的内心和异国的文化环境和谐一致的过程。面对各种奇奇怪怪让我们纠结和想不通的问题时，不要太着急，也许时间会给我们最好的答案。

（靳超洋）

（二）

来到泰国后，除了反差很大的高温天气之外，最让我感到不适的就是蚂蚁了。至今快一年的时间，我对它只憎不爱。

初识蚂蚁。 一粒甜品或饭粒掉到地上，不一会儿就会引来一群蚂蚁，这种情况我在中国也曾见过，因此来到这个热带国家我格外注意卫生清洁。奇怪的是，教室的墙上并没有什么甜食，但却有很多蚂蚁每天在墙上爬来爬去，我甚是不解，每天避而远之。但近距离接触蚂蚁是有一次我刚买回燕麦片，打开之后放在橱架上还没来得及冲，后来因为一些琐事忙得忘记把它放到冰箱里，等我再去看时，它早已变成了"蚂蚁燕麦片"。而且这些蚂蚁又黑又大，我试图把燕麦片扔掉，但蚂蚁还不断爬到我手上，似乎想做最后的挣扎。这次之后我再也不会在外面放吃的东西了。

见识蚂蚁。还有一次学校的老师邀请我去寺庙拜佛，出于礼貌我也没拒绝。泰国是一个"脱鞋"的国家，尤其去寺庙，从上台阶的那一刻起就要脱鞋，我极不情愿，因为地面并不是瓷砖，而是像石灰一样的地面，光脚走不仅硌人，而且还有蚂蚁和其他不知名的虫子在地面上"横行"（当然蚂蚁居多，多是极小的黑色和红色蚂蚁），这让我"无从下脚"。泰国人司空见惯，不觉奇怪，但我思量，若不低头看路，光脚下去踩死几只蚂蚁是一种什么体验？后来发现，泰国人也会绕过蚂蚁走，因为在寺庙，踩死蚂蚁也算是杀生吧！这次光脚走在蚂蚁横行的地面上，让我见识了蚂蚁。

　　重识蚂蚁。蚂蚁到处有，泰国特别多，就算光脚走在有蚂蚁的地面上算正常现象，可它频繁地出现在饭桌上，确实打击吃饭人的食欲吧！我不止一次地发现蚂蚁出现在吃饭的桌子上，无论是在学校餐厅、外面市场，还是像样的餐厅里。我和老师说："你看，蚂蚁！"他们只是微笑一下，把蚂蚁吹走，似乎并不想杀死它，感觉只要蚂蚁不爬到自己的盘子里就不会影响食欲，这样的"不杀生"让我真切地体会到了佛教的慈悲，可是这样的现象要是频繁出现在中国，饭店应该无人光顾吧！

　　还有一次，办公室不知为什么突然聚集了不少蚂蚁，因没有工具处理我就去找老师求助，老师的处理办法是拿笤帚扫出去，原因很简单——不杀生。但若在中国，也许会拿开水烫或者用杀虫剂吧！后来我仔细一想，泰国全民佛教的信仰确实让人敬佩，如果见到蚂蚁都要杀死，那这样的"巨大工程"是不可想象的，何不尊重生命呢？况且昆虫的生命本属于造物主，我们又何须下毒手。

　　除此之外，壁虎在泰国人眼里是很可爱的，但是对讨厌爬行动物的女孩子来说也是一种考验吧！当一些昆虫威胁到我们的利益时，除了残忍杀害，如何尊重它们的生命也是值得中国人思索的。

　　这一年在热带国家见够了蚂蚁，总觉得泰国是一个蚂蚁横行的国家，因为蚂蚁处处有，泰国特别多；但泰国又是一个尊重生命的国家，因为蚂蚁处处有，人们却不杀害，只是默默赶走！

（晁冲冲）

> **理论聚焦**
>
> ### 宗教与跨文化交际
>
> 宗教是关于超人间、超自然力量的一种社会意识,以及对之表示信仰和崇拜的行为,是综合这种意识和行为并使之规范化、体制化的社会文化体系。宗教是文化的一部分,渗透在社会生活的方方面面。当下,宗教更多与政治、种族等话题相连,成为跨文化交际中的敏感话题,也常成为矛盾冲突的导火索。宗教知识是交际文化知识的重要方面,了解相关的宗教背景知识,尤其是对特定地区、特定团体宗教习俗具体细致的把握,无疑会促进跨文化交际的顺利进行。

案例分析

案例(一)中,泰国学生总是将每周拜佛的供品送给靳老师,这给靳老师带来了困扰,因为在大部分中国人看来,供品是不能当作礼物送人的。案例(二)中,晁老师则对到处横行的蚂蚁犯了难,难道泰国人不注意清洁卫生吗?

其实,不论是对供品还是对蚂蚁的态度都与泰国的宗教信仰有着密不可分的联系。泰国素有"黄袍佛国"之誉,佛教在泰国的传播历史悠久,最早可追溯到公元前3世纪。如今,佛教为泰国国教,95%以上的泰国居民信仰佛教,泰国社会的方方面面均深受佛教文化影响(段颖,2012)。

拜佛是泰国人经常进行的活动。水果和花串是拜佛时最常见的供品。在泰国佛教徒看来,拜过佛的水果是非常吉利的,吃下这些供品象征着佛祖的保佑。所以泰国学生怀着真诚的祝福之心将这些水果送给靳老师,而且每周坚持不懈,可见其对老师的尊重友好之情。但在中国文化的环境下,供品的含义便显得有些复杂。从中国的历史来看,中国自古以来都没有将某一种宗教确定为国教,多种宗教并存是常态,故至今保存了多种多样的宗教风俗习惯。在中国,祭祀时的供品如何处理,没有统一的答案。在寺庙或道观中参拜神明的供品一般不能再带回去,而泰国人祭祀祖先时的供品却往往可以在仪式结束后取回食用,而且不同地域的风俗习惯仍有很大差异。在靳老师的认知中,供品是供奉神明的,不能够随便由人食用,所以在学生告诉他这是拜佛所用的水果时,靳老师心里产生了困扰与不快。再比如泰国佛教中不杀生的信仰，所以泰国人在寺庙中光脚走路时会绕过蚂蚁，哪怕在餐桌上看到蚂蚁也只会笑着将它们赶走，这让注意清洁的晁老师感到无法理解。

靳老师和晁老师在初感泰国佛教的影响时，都产生了不适感。但随着两位老师在泰国生活经验与工作经历的丰富，他们慢慢理解并接受了泰国的佛教文化。靳老师懂得了学生赠予他水果的慷慨与善意，供品不再让他纠结，他甚至又将这些水果以及其负载的情谊分享给身边的朋友。晁老师在与蚂蚁几次"过招"之后，开始敬佩泰国人的不杀生精神，而且引发了她对生命的思考。这启发我们，尽管海外汉语教师们已经储备了相对充足的跨文化知识，但在实际生活中仍会出现种种意料之外的文化差异。有些差异不是短时能够跨越的，但像靳老师和晁老师一样，多给自己一些时间去体悟、理解异国文化与人情，怀着一颗包容开放的心，抛开自己固有的观念和认识，许多困惑与纠结或可迎刃而解。

宗教对跨文化交际的影响体现在多个方面，包括语言、服饰、礼仪、习俗、节日、禁忌等。值得注意的是，在当下，宗教更多与政治、种族等话题相连，一些宗教问题更是成了跨文化交际中的敏感话题。亓华（2013）针对汉语国际教学中的敏感话题提出了五大应对策略，可以为我们提供很好的借鉴。五大策略分别是：端正态度，做到互相尊重，平等包容，勇于接受批评；认清我们头脑中的偏见和定型观念，具有自我反省精神；树立世界文化观，求同解异，在比较差异中完成交流沟通；培养学生历史的眼光，做到设身处地，换位思考；发挥教师身份优势，借助多媒体信息技术手段传播中国文化观念，重塑现代中国形象。

（王童瑶）

延伸阅读

1. 段颖.现代世界中的泰国佛教——一个人类学的视野.东南亚研究,2012(5).

2. 吕大吉.宗教学通论新编.北京:中国社会科学出版社,2010.

3. 潘一禾.超越文化差异：跨文化交流的案例与探讨.浙江:浙江大学出版社,2011.

4. 杨盈,庄恩平.构建外语教学跨文化交际能力框架.外语界,2007(4).

案例 37 你今年多大了？

我在匈牙利做汉语教师志愿者已经有近四个月的时间了。在这里我有三种类型的课程，一种是匈牙利罗兰大学附属中学兴趣班，另外的是罗兰大学中文系和Modul班（社会兴趣班）。

其中中文系的学生汉语水平最高，相当一部分学生甚至有留学中国的经历，在课下我们也成了朋友，经常在一起聊天。在与学生交往的过程中我发现了一个问题：虽然他们年纪不大，但是他们的着装打扮、处理问题的方式都相当社会化，甚至十几岁的中学生也丝毫没有幼稚的感觉，经常让我误以为在与二十几岁的成年人打交道。仅凭外貌是根本辨别不出他们的年龄的，因此经常发现一些称呼上的误会，甚至交往方式上的错误，稍不留神就会很尴尬。

举个例子来说，在我的Modul班上，在介绍句型"你多大了？"时，我将学生分为两人一组，互相提问，其中一个学生回答说："我16岁了。"我不小心笑了出来，以为她在开玩笑，因为中国人表达自己年龄时有的时候会开玩笑地说小几岁，甚至有"永远18岁"这种说法。从相貌、衣着打扮各个方面来说，她看着都绝对不止16岁。但是那个学生面无表情，并没有笑，结果很尴尬。后来在和她们聊天的过程中我得知这个学生真的只有16岁，还在莫大奇中学上学。

关于这个问题，在一次与中文系学生的聚会中我提了出来，其中一个有中国留学经历的学生的原话是这样的：

"中国女孩儿的想法和匈牙利女生并不一样。在匈牙利，女生高中开始穿和成年人一样的衣服，用化妆品什么

匈牙利罗兰大学孔子学院（倪雨婷供图）

的，但是我看到很多中国女大学生衣服穿得像小孩一样，她们根本不关心外表吗？当然男生也是，但是没有那么明显。所以在你进入教室时我们以为是一个小孩子，没有老师的感觉。"

这时我才意识到问题的严重性，由此进行了反思：作为他们的汉语老师，在着装打扮方面是不是更要多加注意？如果太稚化会不会引起他们反感，甚至没有老师的威严？联想到中西教育模式上的差异，中国的家长往往溺爱孩子，导致大学生，甚至研究生过分依赖父母，"饭来张口，衣来伸手"。而在西方，18岁之后就意味着进入成人社会，要学会自己独立生活，所以中学时在各个方面都在向成年人过渡。如果忽略了这方面的问题，由此衍生出来的一系列跨文化交际问题必然会影响我的教学效果，甚至会造成文化上的冲突。

（韩　照）

理论聚焦

外貌服饰

外貌服饰是跨文化交际中非语言交际的重要组成部分，包括体型、服饰、化妆、饰品等多种要素（张春燕，2016）。人们常常通过外貌和衣着打扮来判断一个人的职业、受教育程度、社会地位和审美品位等。正如Keating所强调的那样："你的外貌所具有的吸引别人或疏远别人的交际力量与你所使用的语言一样大。"（祖晓梅，2015:119）人们的穿着风格受到文化的影响，一定程度上反映了其所属文化的价值观与审美观，如伊斯兰国家的女性穿长袍、戴面纱与伊斯兰教的宗教观有关。这启发我们在跨文化交际中要注意并正确理解外貌与服饰所传达的信息，从而避免跨文化误解与冲突。

案例分析

案例中，韩老师发现匈牙利的学生着装打扮相当社会化，仅凭外貌很难准确判断学生的年龄，这给韩老师的日常交际和教学都带来了困扰。韩老师向学生请教之后发现中国人和匈牙利人，尤其是年轻女性在着装打扮上存在着很大的差异，这引起了韩老师的反思，这种服饰着装差异背后的原因是什么？如果着装在不同文化环境下有不同的含义，那么教师怎样才算着装得体呢？

从我们的日常经验来看，许多西方国家的人比较重视穿着装扮，这些国家的人们往往在年纪较小的时候就可以自主选择自己喜爱的着装风格，也相对注重个性和个人品位。不仅是西方国家，日本、韩国等亚洲国家的女性对外貌装扮也十分重视，比如笔者的老师在韩国的大学担任汉语教师时，一位韩国学生问道："老师，你每天早上不洗脸吗？"老师十分惊讶，后来才明白，原来韩国学生所说的"洗脸"是指化妆。许多韩国女生在很小的时候就开始学习化妆，所以化妆就成了像洗脸一样的每天的必修课。与之相比，中国文化强调内在美和含蓄美，如张春燕（2016）认为中国人服装审美的总体特点是朴素端庄、和谐均衡、简约含蓄、不事声张。而且大多数中国人在校学习期间，对外貌与着装的重视程度相对较低，有些中国学生的着装可能主要由家长来决定。以上可能是文中匈牙利女孩儿说中国大学生穿着跟小孩儿一样的部分原因。其实造成这种差别的原因是复杂的，既与不同文化的审美观有关，更重要的是社会观念与价值观的差别，故韩老师所反思的"中西教育模式差异"有一定的道理。但也应注意，中外在服饰装扮方面的差异，并不是绝对对立的。随着全球化的发展以及中国经济的发展、社会观念的日益开放，在外貌和服饰上追求时尚潮流的中国年轻人也越来越多。因此，对于外貌服饰的中外差别在谈论时应具体分析，不能以偏概全甚至形成刻板印象。

对于国际汉语教师，如何才能做到着装得体呢？教师着装应庄重大方是世界各地普遍认同的，但对于教师在课堂上具体怎样穿着，不同的文化又有不同的要求。许多亚洲国家，如日本、韩国、泰国和新加坡等，教师工作时着装都比较正式，男教师大多穿西装，女教师也穿较为正式的套装。但是在美国，教师课堂上的着装比较多样化，主要取决于教师个人的风格。祖晓梅（2015:119）曾提到日韩学生会觉得中国教师穿着随便，但欧美学生则很少有这种看法。除了着装、化妆、首饰佩戴外，个人卫生习惯等也会对教师的形象产生影响。外貌是重要的身体语言，我们认为海外汉语教师有必要对当地的衣饰妆容规范有一定了解，深入对比中外审美的异同，既不能我行我素，也不能盲目迎合。要做到大方得体，既符合当地文化风俗，也尽可能体现中国文化的审美观，避免因形象问题而招来负面评价，甚而影响工作开展。

（王童瑶）

延伸阅读

1. 毕继万,胡文仲.跨文化非语言交际.北京:外语教学与研究出版社,1999.

2. 李杰群.非言语交际概论.北京:北京大学出版社,2002.

3. 吴逸飞.跨文化语境中的服饰信息解读.洛阳师范学院学报,2008(1).

4. 张春燕.汉语国际教育中文化审美观念的跨文化传播——以服饰和化妆为例.云南师范大学学报（对外汉语教学与研究版）,2016(2).

5. 张晶,周红霞.浅谈跨文化交流中如何选择服饰.黑龙江教育学院学报,2008(4).

案例 38 您可以试试我们的衣服吗？

虽然现在世界上的服装样式正在慢慢趋同，但是很多国家都有自己的代表服饰，并让本民族的人引以为傲。中国人大多对汉服、唐装、旗袍有比较深厚的感情，至今仍有很多中国女性选择用旗袍来秀出自己的完美曲线。这些服装就成了外国友人了解中国的一个文化符号。

马来人也有自己的传统服装。伊斯兰教信徒认为女性的身体（包括头发）只能被自己的丈夫看到，所以马来西亚女性穆斯林在很小的时候就开始穿BajuKurung（上衣下裙，上衣衣长超过膝盖、袖子到手腕，裙子到脚踝，大多很宽松，不能显示身体曲线，一般需要配上头巾使用），偶尔在学校看见印度人或者华人也这样穿。但华人和印度人很少戴头巾，有时会用BajuKurung的上衣配长裤。我就很好奇："为什么你们华人也穿马来西亚的传统服装？是学校要求的吗？"卓婷说："学校不规定学生上课的穿着，只是商店有卖这些衣服。大家经常这样穿，所以偶尔会买一两套，有时出席某些活动的时候会要求这样穿。"她也经常建议我买一两套BajuKurung穿穿，说是会更了解、更亲近他们的文化。还说如果我想试试，可以把她的借给我，或者送给我一套。我个人不是很喜欢宽大的衣服，所以并没有把这件事放在心上，每次都婉言谢绝了。

一个学期快结束了，给学生们上最后一节课的时候，我们都心存不

中国老师身着马来服装（韩珊供图）

舍。因为汉语是选修课，大家不知道下学期能否有缘再在一起上课。我给他们准备了很多礼物，包括茶叶、脸谱、筷子、毛笔、剪纸等，也收到两套学生送的BajuKurung。有一套是以班级名义送的，有一套是以个人名义送的。Shahada建议我以后试试他们的衣服，希望看到我穿马来服装的样子。我被他们的诚心打动，真的试了那套比较修身的，感觉还可以。我想我不一定非得跟他们穿得一样，但至少可以试一试含有马来元素的服装，或者别的东西，让他们在心理上与我更贴近一点。

因为每个人都热爱自己的国家，热爱自己的文化，都想把自己美好的东西推广出去和别人分享，所以我们在传播中国文化的同时，也应该注意接受方的心灵感受。从行动上了解他们、亲近他们的文化，正如我们所渴望的那样。也许最成功的文化传播，不是你把自己的文化当作强势文化"施与"别人，而是一种和平对等的交流。你中有我，我中有你，彼此宽容、欣赏、接纳，最终才能实现世界和谐。

（方　洁）

理论聚焦

文化身份（cultural identity）

　　文化身份，是"身份"的延伸概念，来自于西方心理学理论，译自英语的identity。Identity本身有两重含义：一是"本身、本体、身份"，是对"我是谁"的认知；二是"相同性、一致性"，是对与自己有相同性、一致性的事物的认知。有对群体一致性的认知，也必然伴随着对他群差异性的认知（王莹，2008）。由于这一概念强调文化群体的共同性，而identity一词既可译作"身份"，又可译作"认同"，因此，文化身份又称为"文化认同"。跨文化心理学进行跨文化差异研究时，注意到人类行为存在着普遍性的方面：在某种抽象的水平上，各种文化背景中人们的行为都是相同或相似的，这种普遍性行为被称为"人类心理的统一性（psychic unity of mankind）"。这种普遍性心理行为在跨文化交际中表现为人们在跨文化交际过程中有意识或无意识地遵循着同样的心路历程，即跨文化交际主体的文化身份必然要经历三个阶段：文化身份认知、文化移情和文化整合。

跨文化敏感度（intercultural sensitivity）

米尔顿·J.贝内特（Milton J. Bennett）提出跨文化敏感的概念，认为这是一个认知、情感和行为的发展过程，需要逐步改变情感的认知、行为和能力，最终达到跨文化交际能力的提升（赵萱，2011）。跨文化敏感度是跨文化交际能力的情感与态度层面，对于交际成功与否起着至关重要的作用。跨文化敏感的形成与发展，将会促使一个人去得体、恰当地处理文化差异，从而在跨文化交际中取得成功。贝内特在1986年创建了跨文化敏感度发展模型（DMIS，Developmental Model of Intercultural Sensitivity）。在DMIS模型中，贝内特将跨文化交际敏感度划分为从民族中心主义向民族相对主义逐渐过渡的6个阶段，依次是：否认差异阶段、抵制差异阶段、最小化差异阶段、认同差异阶段、适应差异阶段和差异融合阶段（赵萱，2011）。

案例分析

跨文化交际是来自不同文化背景的人之间进行符号性交流的过程，有效的跨文化交际的目标是在交互的情境中给不同的个体创造共享的意义。在"汉语热"的趋势下，作为汉语教师，无论是教授来华留学生还是赴他国任教，都面临着跨文化交际的问题。很多汉语教师，尤其是赴他国任教的汉语教师志愿者，往往以教授汉语、传播中国文化为己任，心中想的是"教"，即单向的输出，没有明确意识到跨文化交际从来不是单方面的输入或输出，而是双方彼此之间的互动与交流。

案例中跨文化交际的关注点主要在服饰方面。服饰作为一国文化重要的组成部分，不仅展示着人们的外在形象，也反映其内在的文化修养，同时也起着彰显国家文化、民族文化的作用。生活习俗、审美情趣、颜色偏好，以及种种文化心态、宗教观念，都沉淀于服饰之中，构筑成了服饰文化的精神内涵。因此，一个人对某个文化群体的服饰的态度，也在一定程度上反映了他对该文化的隐性态度。案例中方老师数次婉拒试穿马来西亚传统服饰，除了自身在审美方面的一些原因之外，更多的是没有意识到服饰在跨文化交际中的重要性，实际上也体现了来自不同文化背景的个体在价值观及文化认同上的冲突。

首先，在审美情趣上，当代中国女性普遍以瘦为美，方老师或多或少受此影响，不太喜欢马来西亚宽大的传统服装。其次，从女性解放程度看，中国历经多次社会变革，女性地位显著提高，社会环境允许以一定的暴露度表现人体的魅力；而马来西亚由于受到历史因素及宗教信仰的影响，女性服饰不表现人体曲线。再次，从文化身份上来说，中国本身拥有自己的传统服装，人们对汉服、唐装、旗袍也有较强的认同感，作为汉语教师志愿者，或显性或隐性地认同自己"文化传播者"这一身份，可能下意识地排斥穿他国的传统服饰。正如人类学家杰尔兹（C. Geertz）所认为的那样，文化对属于它的群体成员的行为具有预知和导向作用，同一文化群体的成员下意识地用文化去约束自己的行为或衡量他人的行为（王佳英，2006）。方老师在对"中华文化传播者"这一身份的认同下，更多关注的是对中华文化的传播与输出，而忽视了对异国文化的重视，因此下意识地规避异国传统服饰就不难理解了。

然而跨文化交际最重要的特点是来自不同文化群体间的互动。作为跨文化交际的一方，同时也作为"文化传播者"，如果不能超越差异，一则不利于双方的深入交流，二则容易导致误解、偏见，甚至矛盾。因此，交际双方十分有必要进行文化移情，有意识地超越本民族语言文化定式的心理束缚，站在另一种文化模式中进行思维，从而实现文化整合，建立新的文化结构，以符合双方的期待。在学期末，方老师被学生的诚心打动，接受学生请她试穿马来西亚传统服装的请求，这也是方老师在长期跨文化交际中逐渐文化移情的结果。这种新的转变，就像方老师所说的那样，"我不一定非得跟他们穿得一样，但至少可以试一试含有马来元素的服装或者别的东西，让他们在心理上与我更贴近一点"，这样做将更有利于双方交际的展开。

　　跨文化交际的双方，正如高山与流水的对话，你有你的坚毅，我有我的柔美，你衬托着我，我映衬着你，二者并不失其原本的姿态，却又因为互相的映衬，构建了一幅绝美的山水画卷。

（张德天）

延伸阅读

1. 高永晨.跨文化交际中文化移情的适度原则.外语与外语教学, 2003(8).

2. 王佳英.跨文化交际中文化身份的心理认知.学术交流, 2006(6).

3. 王莹.身份认同与身份建构研究评析.河南师范大学学报（哲学社会科学版），2008(1).

4. 赵萱.跨文化敏感度：理论范式、测量方法与应用前景.现代教育科学, 2011(3).

5. 周爱保, 周鹏生.人际交往的不确定性减少理论（URT）述评.心理科学, 2008(6).

6. Ting-Toomey, S. *Communicating Across Cultures.* New York: Guilford Press, 1999.

7. Spencer-Oatey, H. & Franklin, P. *Intercultural Interaction: A Multidisciplinary Approach to Intercultural Communication.* London: Springer, 2009.

8. Bennett M. J. Towards ethnorelativism: A developmental model of intercultural sensitivity. In R. M. Painge (Ed.). *Cross-Cultural Orientation: New Conceptualizations and Applications.* Yarmouth: Intercultural Press, 1986.

案例 39　我在泰国的不适应

（一）

一般在什么情况下我会情绪不稳定或者想家呢？工作不顺利、压力大或者孤独的时候。有的学生十分调皮，对汉语没有太多兴趣，不好好听课，有时候态度还很恶劣。有一次，一个班只有两个人带了课本，我当时郁闷了一个星期，甚至开始怀疑自己。工作中，我要面对的不只有学生，还有周围的同事。因为语言问题，我跟泰国同事总是沟通不畅，有时候不认同他们的做法却又没法说出口。面对这种跟学生和同事之间的问题，我觉得很无力、很累。

我在孔子学院担任志愿者，这里学汉语的学生特别多，所以需要我们做的工作也特别多，加班成了家常便饭，下午五点半下班之后，我们随便垫下肚子就继续上讲台，开始一天中的第二轮工作，常常是很晚才能离开学校，回到住处就只剩下睡觉的时间，所以大家常常是身心俱疲。由于我个人的事业心不是特别强，除了工作之外，我还想要享受悠闲的生活。但那个时候，真的是处于人生最糟糕的状态，用五月天的一首歌名来形容就是《生存以上，生活以下》，我觉得当时自己就只是活着而已。

一个人出门在外，孤独是不可避免的，工作的时候还好，一旦闲下来或者赶上节假日的时候则必须与孤独为伴了。最初，孤独想家的时候，我就打电话向爸妈哭诉，但打完又觉得害他们担心实在没必要。后来我再想家的时候就转移注意力，去做些别的事情。周末的时候，我会经常去逛街、旅游，节假日会常到曼谷周边或比较远的地方玩。有时也会去找我的同学，和他们在一起，我就感觉好多了，没那么想家了。

（二）

泰国是世界上交通事故率最高的国家，高速公路不限速，而且摩托车特别多。在中国，即使没有人行道和红绿灯，机动车辆遇到行人也总会让行人先行。然而泰国却并非如此，我就亲眼看到过数次摩托车相撞的事故。

　　泰国在交通方面有点两极化。像曼谷这样的大城市交通非常方便，虽然也经常堵车，但是公交车、轻轨、出租车都有。而往下到府里和县里，交通就十分不方便了。我是在一个县里的学校教汉语，县里除了一个车站以外什么都没有，而且从我们学校到车站步行需要20分钟，所以要是自己没有车的话很不方便，想去找个朋友玩都很麻烦。下面是我去城里找朋友玩的步骤：第一步是先到我们县车站，步行或者让老师开车送，让老师开车送吧，实在是不好意思，送了两次之后，我都是自己走着去车站。第二步是在车站等车，好不容易等来一辆车，结果没有座位，只好继续等，等到第三辆车终于坐上了。第三步是到达城里的汽车站，汽车站没有公交，没有出租车，什么都没有，有的只是在接各自家人的私家车，这时内心顿时一阵伤感。第四步打电话给朋友说我到车站了，然后等朋友来接。第五步，朋友接我到他们学校。但是朋友也没有车，我想朋友内心也很纠结要不要向负责老师开口，但是因为车站远，必须得让负责老师开车来接，要是第一次还好，如果次数多了，肯定不好意思开口了。总之，出行实在太麻烦了，现在我都是乖乖地待在学校，不想再去找朋友了，因为实在不想给朋友添麻烦。好在负责老师还有车，要是没有车，简直不敢想象。

（徐闪闪）

理论聚焦

跨文化适应的"三维说"

　　跨文化适应是两种不同文化的人群进行交流的持续过程，它是指不同的两方通过言语或非言语的相互交流而形成的一种平衡与和谐的状态（陈国明，2012）。Black将跨文化社会适应（cross-cultural adaptation）分为三个维度：一般性适应（general adaptation）、工作性适应（work adaptation）和交往性适应（interact adaptation）。一般性适应指对在异域文化中生活的适应，包括日常生活有关的食物、住房、生活费用以及健康医疗等，比如汉语教师志愿者对国外饮食、交通、气候的适应；工作性适应是指熟悉新的工作任务、工作角色、工作责任和工作大环境，比如志愿者对国外课堂和学生进行管理时遇到的问题；交往性适应是指与东道国人们在社会交往中所感受的舒适和熟练感，比如志愿者在国外与周围人沟通交流时是否会感到紧张不适等（王丽娟，2011）。

社会支持网络

社会支持网络是一定范围内个人相对稳定的社会关系，它是影响旅居者适应的一个重要社会环境因素。个人的社会支持网络就是个人能借以获得各种资源支持（如金钱、情感、友谊等）的社会网络。通过社会网络，旅居者能够得到心理安全，减少压力、焦虑、无助感和疏远感，获得自我尊重和归属感（王丽娟，2011）。比如，汉语教师志愿者在国外时，如果能多与当地人交往，甚至成为朋友，则可从情感和行为上获得更多的支持，会更快更好地适应异文化。

案例分析

案例讲述了汉语教师志愿者在泰国经历的一系列跨文化适应问题。案例（一）反映了志愿者在泰国的工作性适应和交往性适应。工作性适应主要表现在两个方面：一是志愿者在教育和管理学生方面的困难；二是志愿者由于课时量大、工作时间长等因素而感到身心俱疲。交往性适应在案例中主要表现为：志愿者因为语言不通而与周围的泰国同事沟通不畅。案例（二）反映了志愿者在泰国的一般性适应，主要指志愿者在泰国遇到的"出行难"问题。由于以上种种跨文化的不适应问题，志愿者在泰国遭遇了一定程度的文化休克，主要表现为孤独思家、心理焦虑。

汉语教师志愿者来到一个完全陌生的国家，面对与国内截然不同的工作环境和社会环境，感受到的除了新奇与神秘之外，更多的是跨文化接触带来的种种不适与压力。跨文化适应上的困难会给志愿者造成巨大的心理压力，从而带来一系列问题。文化适应失败易导致工作上的失败，有的志愿者因承受不住压力中途放弃，选择回国，还有的志愿者甚至患上严重的心理疾病。汉语志愿者的跨文化适应问题以及由此带来的心理健康问题必须得到重视。

我们可以从三个方面入手解决这些问题：（1）对赴任前的志愿者进行跨文化培训，培训内容包括：学习目的国语言、了解目的国学生特点和课堂管理的方式，熟悉目的国人民的生活方式、风俗习惯、历史宗教、文化背景等。这样一方面可加深志愿者对目的国的了解和认识，另一方面有利于提高他们跨文化沟通的意识和能力，从而更好地适应新的环境。（2）志愿者们到达目的国之后，其原有的社会支持网络不复存在，因此当地的孔子学院或学校应该想办法建立支持网络系统，既提供工作上、生活上的帮助，也提供各种心理咨询，帮助志愿者们更好地适应新环境，克服孤独、思乡的情绪。（3）志愿者一方面要发扬吃苦耐劳的志愿者精神，努力克服困难，保持开放积极的心态，主动学习当地语言和文化习俗，敞开心扉与当地人交往，多参加社会活动，不断提升自己的跨文化适应能力；另一方面，在遇到一些难以克服的困难以及不尽合理的工作安排时，应主动与相关管理机构沟通与协调。此外，赴任前有必要调整自己的心理预期，尤其是去一些发达国家或者印象中不错的国家时，不要有过高的期待。

（丁秀梅）

延伸阅读

1. 陈国明,余彤.跨文化适应理论建构.学术研究,2012(1).

2. 倪树干,亓华.赴澳国际汉语教师志愿者跨文化适应研究.国际汉语教育,2012(1).

3. 王丽娟.跨文化适应研究现状综述.山东社会科学,2011(4).

4. 徐闪闪.赴泰汉语志愿者教师跨文化适应问题及对策研究.云南师范大学硕士学位论文,2014.

5. Hammer, M. R., Bennett, M. J. & Wiseman, R. Measuring intercultural sensitivity: The intercultural development inventory. *International Journal of Intercultural Relations*, 2003(4).

案例 40　合情还是合理

（一）

十二月的一天，社会班A1班的课间格外热闹，安德里安娜带来了她亲手做的意大利三明治，大家有说有笑地准备分享美食。意大利三明治有不少都夹了味道很重的cheese，还有生火腿，而这两者都是我很难接受的，很腥、膻味很大。我远远就看到安德里安娜做的三明治里既有cheese、也有肉，所以我有点儿焦虑，担心我可能吃不惯。很快，分给了我一份，安德里安娜满怀期待地看着我说："Please, try!"大家也跟着应和："Try! Try!"我不能谢绝吧，大家都这么开心，就我一个人拒绝，不太礼貌也破坏了气氛。于是我咬了一口，但很遗憾肉是生的，奶酪味也很重。"Do you like it?"我该怎么回答呢？实话实说吗？全班都在这儿呢。撒谎说我很喜欢吗？我不想欺骗他们。于是我先转了一个弯，问安德里安娜是怎么做的？也为自己赢得了一点儿时间。

其实这就是一种饮食习惯，每个地方都有自己爱好的口味，没什么大惊小怪的，当然实在接受不了，也没必要勉强。问题是在场只有我一个中国人，而大家都爱这个味道，我就成了"另类"。为了不让局面太尴尬，也不伤害学生的好意，在安德里安娜介绍完后，我告诉大家在我们中国，一天三顿饭，我们都喜欢吃热菜热饭，连水也更愿意喝热水，这跟我们的味蕾、肠胃都有关系。再加上气候、地域、环境等多种因素，我们也更习惯将肉煮熟、烹饪，再加上佐料，从而享受它的鲜美可口。我在中国的时候很少吃奶酪，更少吃生的肉，这时杰克说："老师，看来你现在在挑战自己，你在吃生的肉。"然后传来一片笑声。我接着说："这个味道很特别，尽管我已

意式三明治（林佳佳供图）

经吃过好几种意大利三明治,但今天是第一次吃这样的。安德里安娜你做得很用心,谢谢!"

"局面"总算是控制住了,但为什么当时我那么紧张,问题出在了哪儿?这件事发生在意料之外,却又在情理之中。我没想到学生突然带美食来分享,但几乎猜到可能全班都爱吃,我却吃不了。中餐和意餐差距很大,尤其是奶酪和有的肉类生吃,可能大部分中国人都接受不了。明知前方已经"高能预警",肯定是膻味很重的奶酪,却硬要"迎难而上",一定要吃一口,不是自己把自己推向尴尬吗?而如果我在学期前半部分能找到恰当的机会向学生输入一点儿中国人偏爱的饮食习惯,也许今天的尴尬就根本不会出现了。或者如果有前期的输入,今天即使真的一个三明治摆在我的面前,我也可以坦诚地告诉大家,我不爱吃这样的三明治,并不是因为你做得不好,而这只是我的习惯。因为一切来得太过突然,也太碍于需要顾全的"大局",我最终还是没敢直接地拒绝,也让自己陷入了"困境"。

汉语课堂上会出现很多状况,因为各方面的差异都比较大,不需要在某一个问题上一定追求一个所谓的"认同",这也不现实,百花争艳毕竟胜过一枝独秀,保持一些不同的声音没什么不好。当然怎么让不同的声音都能愉快地共存,需要文化交流这个细水长流的过程,而课堂就是最好的平台,把握住每一个可能分享文化异同的机会,步步为营,当出了突发状况的时候,可能就会多条路,视野或许也会更开阔。

(陶 冶)

(二)

刚到任教的泰国学校时,看到学校安排的房子,我很欣慰。因为对比这个楼里面其他老师的居住环境,这已经是很好了,有床、衣柜、电扇和微波炉等各种做饭用具。其他老师对我说,校长是因为中文老师才安排这些的(微波炉和冰箱)。我当时听了自然是满满的暖意,所以虽然房间小,又闷又热,我也没有提出其他的要求,汉办的要求是有困难能克服就克服，加之学校方面很是照顾了，我也就欣然住了下来。

过了几天，听校长助理说英国的两位老师也要来，也会住在这栋楼里，所以几位老师忙前忙后给他们收拾房间，整体设施跟我的房间差不多。没过几天，两位英国老师到校了。校长助理对他俩说这是她和几位老师忙了几天才打扫出来的，但意外的是英国老师看到他们的住宿条件后当场就生气了，死活不要住在这里，说这里卫生差、房间小、通风不好、窗户外有野草，而蹲便式厕所是他们最不能忍受的。

那几位泰国老师看到两位英国老师的表现后很伤心，他们忙了那么久，到头来连一句"谢谢"也没有得到。说实话我当时也觉得那两个英国老师太麻烦了，你们来这里是来教书的，况且学校老师忙了那么久，你们不应该先说句"谢谢"吗？最终他们没有住在学校安排的房间里，而是去跟学校的泰国本土英语老师Mrs. Fry住在一起了，那位老师在加拿大生活多年，完全是西式的生活风格，他们也住得惯，学校也就没再管。

有一天校长助理跟我发牢骚，说："同样的条件，为什么作为中文老师的你觉得很好，他们就不行呢？"我微笑着不知道该说些什么。

很久之后偶然和Mrs. Fry谈论起这件事情，她解释说也并不是那两位英国老师事儿多，他们的生活环境和这里有天壤之别。虽然泰国老师忙了很久，但还是跟他们的预想有很大的差距。况且作为教师，生活条件满意了，心情才会好，才能更好地教学。

仔细想想，其实我当时对住宿条件也是不满意的，但是为了和校方和睦相处，我选择了从情感角度考虑（合情）。对于两位英国老师的行为，我们不能简单地认为他们不讲理。他们觉得生活环境对他们的教学有影响，并且从个人角度来讲，有一个良好的生活环境是他们的基本权利，他们的思维就是考虑到要合理。

（赵梦凡）

理论聚焦

面子协商理论（face-negotiation theory）

Ting-Toomey于1988年提出了"面子协商理论"，特别关注不同文化因素对面子的影响，探讨预测不同文化背景下人们如何完成与面子有关的"工作"。"面子协商理论"认为，在一切沟通交流的场合，所有文化背景下的人们都会试图维持和协商面子。但不同的文化偏向往往塑造不同的身份认同，进而影响人们的面子偏好，这种文化偏向在面子协商理论看来主要是个体主义／集体主义的文化选择。在文化、个人以及关系与情境三个层面上，集体主义文化重视他人的面子与相互的关系，强调内外之别与长远的得失；个体主义文化侧重自我的面子与目标的实现，珍惜自我身份。因此在处理面子冲突时，前者尽量照顾他人的面子，较多采用规避、通融、妥协或第三方帮助缓解矛盾；后者较多采取直接面对差异、积极拿出方案、不惜使他人丢失颜面的策略（戴晓东，2011:240）。

案例分析

当外国朋友邀请你品尝你吃不了或者不喜欢的东西，你该怎么办？当学校为你提供的住处不符合你的期待或者你不适应，你该怎么办？在此案例中，两位老师给我们提供了可以效仿的一种做法。

在案例（一）中，面对学生热切希望老师品尝的目光，陶老师没有生硬地拒绝，而是适当"牺牲"，略作品尝，之后面对学生喜欢与否的追问，也没有"自欺欺人"，而是转换话题，通过询问学生三明治的做法，给对方积极的反馈，表明自己对"三明治"的关注，在照顾学生面子的同时，为自己接下来导入中国饮食文化知识创造了条件。陶老师面对饮食文化冲突，尽管有焦虑与紧张之感，但能很快地对此做出反应，通过提问给自己争取时间，同时借机和学生交流饮食文化，并适时地导入中国饮食文化，化解了可能的冲突，这都体现了她良好的跨文化交际能力和作为一个中华文化传播者的优良素质。

受文化传统、地理环境、气候差异等因素的影响，中西方在饮食观念、饮食结构、烹饪方式等方面存在很大差异。中国自古是一个农耕社会，加上气候、地域等自然条件的影响，我们很少吃生的食物，对奶酪等国内不多见的食物可能也会不习惯；西方人秉承游牧民族、航海民族的文化血统，以渔猎、养殖为主，发达的畜牧业给他们提供了丰富的肉类食品和奶制品，所以偏爱肉食，并且西方人的饮食观念崇尚自然、原生态，进食特别讲求保持食物的本味。所以，西方人多生吃蔬菜，不仅西红柿、黄瓜、生菜生吃，洋白菜、西兰花也常生吃，正是基于这种对"自然"的执着追求，所以他们对奶酪、生火腿这类食物也不会过度加工，吃惯了中国菜的海外汉语教师对此不太适应也就不难理解了。

在跨文化沟通中，对于饮食文化这类差异，心喜则近而迎之，不喜则远而观之。但是，当面对饮食文化带来的差异与冲突时，我们还是应该积极地进行跨文化沟通。陶老师在尊重学生的饮食文化、吃了一口奶酪之后，采取平等对话的方式，与学生展开有效互动，自己学习到了三明治的做法，学生也了解了关于中国饮食文化的一些知识，处理跨文化冲突的交际策略值得我们"点赞"。

案例（二）中，泰国学校为中国老师和英国老师准备了同样的住宿条件，中国老师欣然接受，而英国老师却直接表示住宿条件太差，不愿意入住。这或许和两位老师的文化背景有很大的关系。中国是典型的集体主义文化，而英国属于典型的个体主义文化。思维的过程会受到文化背景的影响，思维方式不同，行为也会随之不同。

在集体主义文化中，人们在交际时除了关注自己的面子外，也十分注意维护他人的面子，重视自身作为个体被集体接纳，与集体和谐相处，以避免潜在的冲突，产生对彼此面子的威胁。赵老师在这次跨文化交际中虽然遇到了"冲突"，但更多地考虑到今后的教学工作和人际交往，采用了"妥协"和"宽容"的冲突处理策略来保全自身和校方的面子。她首先从整体出发，观察了学校的整体住宿环境，通过与其他本土教师的对比，看出这已经是学校为自己精心准备的了。接着她又关注到自身的实际需求，生活上的基本需求都得到了满足，并且不影响自己的教学活动，因此即便住宿条件稍差，也不想为此与校方争执，以免影响今后和其他泰国老师的教学合作。

而在个体主义文化中，人们往往把自己的利益置于群体利益之上，因此说话也可能更直接一些，案例中两位英国教师的表现就比较典型。他们显然更关注自身的利益，在处理跨文化冲突时采用了"独断"的冲突处理策略，为了维护自己的利益，不惜损伤他人的面子。他们发现校方提供的住宿条件不能令他们满意时，当场表达不满，不仅明确指出住宿条件差；而且拒绝入住，完全不考虑热心帮忙的同事们的感受。这启示我们在进行跨文化沟通时，一方面需要培养跨文化理念，以开放的姿态参与其他文化成员的社会生活，对于其他文化以包容的心态去看待，追求"和而不同"；另一方面，需要采取灵活的沟通技巧表明自己的态度，这或许可以成为一个跨文化交流的双向学习体验。

（张瑞瑞　孙安琪）

延伸阅读

1. 陈彦会. 跨文化冲突语境下的面子协商行为的定量研究. 外语与外语教学, 2011(5).
2. 马伟. 论跨文化交际中的中西方文化冲突. 青海社会科学, 2012(2).
3. 张喜华. 中西跨文化交流理想之境. 中国文化研究（春之卷）, 2013(1).
4. 周凌, 张绍杰. 汉语文化特性的"积极评价面子"与"消极评价面子"概念建构：基于身份理论的视角. 外语与外语教学, 2016(5).

> **案例 41**　萝卜青菜，各有所爱

（一）

我在韩国高中任教已经两年了，在教学以及和韩国本土教师交流的过程中遇到了很多自己之前没有想到的跨文化交际的细节问题，饮食就是其中之一。民以食为天，每个国家都有自己的饮食文化。作为国际汉语教师的我们在体验和交流双方饮食的时候，文化差异是应该考虑的问题。

韩国美食（朱勇供图）

以韩国为例，在向韩国学生介绍中国美食的时候，首先应该考虑的是韩中饮食文化差异。很有可能一些我们觉得很美味的东西在学生们看来并不那么美味，甚至有点难以理解。最典型的就是西红柿炒鸡蛋。当我向学生们介绍这道家常菜的时候，学生们异常的反应让我很疑惑。课后我才知道，在韩国西红柿多作为水果，很少用来煮汤或者用油炒。在学生们看来，这道菜十分奇怪，大概像鸡蛋炒菠萝或者橘子之类的"黑暗料理"一样。我的介绍在这里完全没有达到相应的效果，反而让不少学生觉得中国菜很奇怪。

还有一次学校食堂的主菜是辣炒年糕，作为标准的北方人，所有热辣的食物一律不是我的风格。又辣又黏糊糊的炒年糕对我来说简直是地狱。饭后第一节汉语课的时候，学生问我辣炒年糕好不好吃。我直言自己不太习惯吃辣炒年糕，没想到提问的学生一脸失望，其他同学也是一阵惊讶唏嘘，他们觉得怎么会有人不喜欢吃辣炒年糕？学生们看我就像看外星人一样，课堂氛围也因此变得有些尴尬。

良好的跨文化交流环境需要我们自己努力去营造，因此在交流之前进行背景调查这一项是必不可少的。"西红柿炒鸡蛋"的例子就是如此，幸

而我赶快进行了解释，才未造成更严重的后果。但如果事先进行了充分的跨文化饮食背景调查，这种情况完全可以避免。

不同的饮食习惯也是进行跨文化教学的有趣材料。有次和老师们去吃饭，我发现虽然她们一致认为炸酱面和糖醋肉是中国菜的代表，但大家对于这两道菜的味道却是褒贬不一的。因此我猜测学生们应该也是一样的情况。于是我想以此为契机，上一堂中韩饮食文化对比的汉语课。

首先，我在课上介绍了中国人的饮食习惯以及不同地域的口味差别。我介绍说我是标准的北方人，谈到了我家乡饮食的情况，期间提及了自己不喜欢辣的食物，所以不太喜欢吃"辣炒年糕"。看到学生们一脸失望的表情，我问学生们："你们喜欢吃炸酱面和糖醋肉吗？"学生们一愣，马上七嘴八舌地回答，有的回答"特别喜欢"，也有人回答"不太喜欢，太甜了"等。我马上进行引导："对呀，中国人也一样，虽然辣炒年糕很好吃，但不是每个人都喜欢。"学生们这才意识到中韩饮食习惯的不同。我趁机给学生们对比了中韩饮食文化的差异，比如中餐用油比较多，没有佐菜（반찬）等。简单的介绍之后，我布置了课后调查作业，让学生调查中韩饮食文化的差异，并让他们在下次课前进行汇报。我想经过这一课，以后学生们再见到中国人，与他们交流食物的话一定不会再犯我犯过的错误了。

每个国家都有自己独特的饮食文化。即使同在中国还有"南甜北咸东辣西酸"这样的饮食口味差异，更不用说不同国家的饮食文化差异了。跨文化意识倾向于要求跨文化交际者具有包容、理解不同文化的能力。作为国际汉语教师，很多时候我们都需要向学生介绍我们文化的某一部分，而还是高中生的他们很少具有跨文化意识，所以教师在选择介绍材料内容的时候需要尽量考虑周全，以达到最佳教学效果。

国际汉语教学不仅是语言要素的教学，更包括让学生们了解中国的文化和历史。如何利用两国之间的文化差异进行趣味性教学是值得每一位国际汉语教师思考和探索的。

（王佳佳）

（二）

我在吉兰丹的USM（马来西亚理科大学）实习。这个州是典型的伊斯兰教占主体的州，马来人超过95%。大多都是穆斯林，饮食也很特别，嗜甜嗜辣，还用手抓饭吃。

马来西亚美食（田嘉欣供图）

刚来到吉兰丹，接送我的两个同事就带我去了当地的特色餐厅吃饭。那里没有清雅的包间、没有干净的桌子、没有热情的服务员，只有自取的食物和拥挤喧闹的顾客，以及两三个懒散的员工。我在一盆盆食物面前徘徊，面对黑焦的不知名的煎鱼、涂上特别汤料的炸鸡、几乎从未见过的几种蔬菜和叶子，我饥饿的肚子绝望了，只拿了几棵我喜欢的秋葵来果腹。Iza说："如果你能适应这里的食物，你在吉兰丹就能活下来。"吃饭的时候我尽量不把视线停留在他们沾满各种汤料的手上，看见他们用手抓饭吃我有点不自在。他们也很体谅我的疲惫和不安，看见我在吃秋葵，就说因为秋葵长得像女人纤细的手指，所以有个名字叫"lady's finger"，听起来很有趣。还问我为什么不吃鱼和鸡，中国人喜欢吃什么。

由于实在适应不了这边的食物，在Katrina带我去学校的餐厅转过之后，我就每天带饭吃。于是刚开学的一两个月，我的那些马来同事就有了一个新的"娱乐"项目：讨论我的饮食问题。"今天那个中国女孩儿吃什么？""她是不是素食主义者？""她为什么那么瘦？""她怎么不跟我们一起吃饭？""她每天都喝茶吗？"……他们很想知道答案，所以经常问我他们猜得对不对。我才意识到饮食习惯的不同和我自己的挑食，让我与之前的志愿者很不一样，因而激起了他们浓厚的兴趣。

为了让自己融入他们的圈子，也让他们多了解我、多了解中国，我在学校热饭的时候就尽量不再规避他们，并专门学习一些蔬菜的英文名字，告诉他们我吃的是什么食物。他们约我一起吃饭的时候，我也会拿着自己的饭菜和他们坐在一起。并向他们解释不吃肉是因为没有冰箱，不方便保存，周末的时候会专门做肉吃。为了证明自己不是素食主义者，我还特意做了红烧鸡爪带到学校跟大家分享，没想到会遭到拒绝，因为马来人只用鸡爪炖汤。我解释说瘦是因为我肠胃不好，不是因为我每天喝绿茶，而实际上我很少喝茶。他们聚餐的时候，我也会象征性地挑一两片薄饼吃，说味道不错。他们喜欢中国的茶叶，我就把我自己带过来的红茶、绿茶、黑茶、乌龙茶、藏红花等拿给他们品尝，并告诉他们一些关于中国茶的基本常识。一个学期很快结束了，我和这里的同事相处很融洽。

那次我打热水喝，看见几个同事在pantri（类似于中国的小餐厅，可以在那儿休息、吃饭）聊天。她们邀我加入，我愉快地答应了。期间我尝试了Nurrul的草莓咖啡，Fara的小蛋糕。她们几个用马来文聊得很热闹，看见我"求知"的表情，Imah说："以前我们让你吃马来食物，你都会摆手说so sweet，不愿意吃，现在都已经适应我们的甜食了。"

我也发现了自己的变化，虽然还是吃不了这儿的食物，但尽量尊重他们的饮食习惯。可以不喜欢，但只要尝试一点点，他们就会很开心。我后来做的红豆饼、煎鸡蛋、汤圆，他们竟详细问了做法，说可以做给孩子吃，我也很自豪。

"民以食为天"，饮食是一个大问题，也是伴随一生的习惯。在与不同饮食习惯的人相处时，不要心存偏见。找到可以平衡的点，就能拉近彼此的距离。

（方 洁）

理论聚焦

饮食文化

饮食是人类生存的基础。但随着社会的发展，饮食已经不仅仅是为了满足生理的需要，更引人关注的是其背后的社会文化内涵。学者们对饮食文化的定义多种多样，但都认为饮食文化是一个复杂的综合体。蔡晓梅等（2006）认为，饮食文化是在特定的自然环境与历史人文环境的相互作用下，人们围绕饮食产生的系列行为与规范，包括与饮食相关的物质层面和精神层面的所有内容。比如中国饮食中荤素的搭配与阴阳调和的哲学思想，再比如美国快餐文化的流行与当地快节奏的生活等。饮食文化是跨文化交际中非语言交际的重要内容，也是与人们日常生活联系最紧密的一部分，了解中外饮食文化差异有助于跨文化交际的顺利进行。

案例分析

两个案例中，王老师与方老师都感受到了中外饮食文化的差异。案例（一）中，王老师的韩国学生一直认为西红柿是水果，所以西红柿炒鸡蛋对他们而言，就像"黑暗料理"一样无法理解；当王老师直言自己不太喜欢韩国的辣炒年糕时，学生们则一脸失望，惊讶唏嘘。案例（二）中方老师因为不习惯马来西亚的饮食，自己带饭到学校吃，这让当地的老师们对她的饮食习惯产生了极大的兴趣。

虽然王老师和方老师都注意到了中外饮食文化的差异，但是两人面临的情形却有所不同。案例（一）的王老师面对的是学生，也许是由于阅历与知识的不足，韩国高中生的跨文化敏感度较低，在面对中韩饮食文化差异时，很难采取正面积极的态度去应对。而案例（二）中方老师面对的是马来西亚的老师，他们有较高的跨文化敏感度，可以体谅方老师对马来西亚饮食的不适应，而且对中国饮食有较强的好奇心。

因此，两位老师所采取的应对策略也有所不同。王老师以此为契机巧妙地设计了一堂对比中韩饮食的汉语文化课，以"你们喜欢中国的炸酱面和糖醋肉吗"为引导，让学生们发现：既然自己对中国菜都看法不一，那么老师不适应韩国菜也是可以理解的。王老师在对中韩饮食进行了简单的对比后，将主动权交给了学生，布置了课后的调查作业并让学生下节课展示。这样，学生们不仅学习到了中韩饮食的知识，而且在这个过程中，培养了自己的跨文化意识与包容文化差异的开放心态。而方老师在意识到自己无法适应马来西亚饮食习惯后，开始采取了规避策略：每天自己带饭到学校，也不和马来西亚的老师们一起吃。但当方老师发现自己的行为反而激起了老师们的好奇心时，为了更好地融入他们的圈子，也为了让他们多了解自己、了解中国，方老师不再规避，积极地同他们分享中国的饮食习惯，方老师自己也开始慢慢尝试并接受马来西亚的美食。在这个过程中，虽然其中有一些饮食差异彼此都不能完全接受，但在这个过程中双方都对彼此的饮食有了更充分的认识。

两位老师的不同做法对我们如何应对文化差异具有启发性。王老师的案例告诉我们，在汉语作为第二语言的课堂上，文化差异是难以避免的。如果能在交际顺利进行的前提下，以文化差异为契机，将文化教学与培养学生跨文化交际的能力结合起来，将有利于真正实现第二语言文化教学的目标。方老师的案例则启示我们，并不是所有文化差异都会引发误解和矛盾，文化差异或许反而会激发他人的好奇心，与其刻意规避，倒不如积极分享。虽然我们可能无法完全认同对方的文化，但是若能做到求同存异、和而不同，或许能够对双方的文化有一个更全面深入的认识，从而拉近彼此的距离。

（王童瑶）

参考文献

1. 蔡晓梅，司徒尚纪. 中国地理学视角的饮食文化研究回顾与展望. 云南地理环境研究，2006(5).

2. 张述林，张帆，唐为亮，邹程林，苏清委. 中国饮食文化地理研究综述. 云南地理环境研究，2009(2).

3. 祖晓梅.《跨文化交际》课教学模式的实践和思考. 南开语言学刊，2004(1).

4. Lustig, M. W. & Koester, J. *Intercultural Competence: Interpersonal Communication Across Cultures.* New York: Harper Collins, 1993.

案例 42　中澳夸奖各不同

（一）

在国外，我发现自己经常会受到关于衣着的赞美。比如图书馆老师会对我说，她觉得我穿的玫红色大衣颜色鲜艳，非常适合我。而早上开会时，另一位老师也说很喜欢我粉色的衣服，她也经常会穿着这种颜色。起初，我觉得受到赞美很开心，后来我却发现，赞美穿着是他们寒暄的一个热门话题，属于交际的一部分，他们从小就在这些礼仪方面受过很好的训练。

平常在学校里，低年级的学生也会时常跟我说"我很喜欢你的衣服、鞋子""我很喜欢你这一身的搭配"。我的住家妈妈也会经常夸赞我的衣服，并问我是在哪里买的。但是我却很少赞美他们，尽管有时候我也会觉得别人的服饰好看，但可能是因为害羞，我只会在心里评价，却不会宣之于口。在中国，很少有人会直白、频繁地夸赞别人的衣服，哪怕有人夸赞，人们一般也会用"哪里哪里"这样的回答来表示谦虚。因此，在国外受到这样的夸赞时，我常常会觉得他们言过其实，觉得他们有些夸张。面对这种热情的夸赞时，我难以同样热情地表达感谢，而是经常说"这件衣服买了很久了"这样的话，大概是谦虚的本能暴露了出来。

刚到国外时，我对他们这种过于热情的人际交往方式有些抵触，觉得像是在演戏，并不是很真诚。后来我的住家看我对她的夸赞没有什么反应，也就很少说了，反倒是我已经习惯了这种交往方式，开始期待她的夸赞了。

（二）

澳大利亚人非常喜欢夸赞别人。即使是买了一条新围巾，旁边的人也会非常热情地赞美。起初我觉得夸张，分不出来这是真的还是只是客套，后来我才发现他们的习惯就是这样，是我应该改变自己的交际方法。这种尝试对我来说还是有些困难。某天Lisa做了手工，我试着去夸她，说她喜欢剪纸，可这种表达很难让人体会到我的赞美之意。见到她的作品有些瑕疵时，我忍不住笑出了声，引来她的不快，我才觉得自己错了。

后来我才慢慢摸到门道，澳大利亚人哪怕是在提意见之前也会先赞美，然后才委婉提出自己的建议。一段时间之后我才真正理解自己之前学过的内容。所以我也经常思考，文化中很多微妙的内容不是通过语言来传达，而是耳濡目染的，需要真正接触对方的生活，才能体会得到其中的奥妙。

（王若琳）

理论聚焦

高语境与低语境

爱德华·霍尔（Edward Hall）在1976年提出了高语境文化（high-context culture）和低语境文化（low-context culture）两个概念。高语境文化指交际时"绝大部分信息或存在于物质语境中，或内化在个人身上，极少存在于编码清晰的被传递的信息中"；而低语境文化则与之相反，交际中显性语码负载信息较多，社会文化环境和情景负载信息较少。M. W. Lustig和J. Koester等学者曾将高语境文化和低语境文化特点概括为：高语境文化：内隐，含蓄；暗码信息；较多非语言编码；反应很少外露；圈内外有别；人际关系紧密；高承诺；时间处理高度灵活。低语境文化：外显，明了；明码信息；较多的言语编码；反应外露；圈内外灵活；人际关系不密切；低承诺；时间高度组织化。

案例分析

两个案例讲述的都是王老师在面对澳大利亚人夸赞时的一些疑惑。在案例（一）中，王老师的衣着被同事和学生们夸赞，起初觉得受到赞美非常开心，后来渐渐地觉得他们言过其实，有些夸张，直至最后已经习惯甚至期待这种交往方式。在案例（二）中，王老师评价Lisa的剪纸时，她含蓄的赞美方式并没有让Lisa感受到，却在因作品瑕疵发笑时让Lisa感到不快，王老师察觉后感到尴尬和抱歉。

这些交流障碍正是源于高语境文化与低语境文化的差别。澳大利亚属于典型的低语境文化国家，崇尚直接明了的表达风格。而中国属于典型的高语境文化国家，更为推崇含蓄间接的表达方式，会采用隐晦的语言表达内心的喜好和厌恶。王老师遇到的尴尬反映出了高语境文化与低语境文化在交流中的不和谐：来自于高语境文化的个体不适应低语境文化的直接，而来自低语境文化的个体不能理解来自高语境文化的委婉。

当我们说东方文化属于高语境文化、西方文化属于低语境文化的时候，我们指的是东西方的主流文化。在西方文化中，也有喜欢采用高语境文化交流模式的人，因此不能绝对化（严明，2009:41）。另一方面，随着经济全球化的发展，各国人民之间的交流与学习越来越密切。我们在与他人的交流互动中，彼此应该保持开放包容的态度，有意识地避免认识的绝对化与僵化，及时修正对彼此的印象。

跨越高语境文化和低语境文化的交流难免会产生一些障碍，我们应正视这种障碍，采取积极灵活的策略，改变自身的某些习惯，尽可能适应当地的交流方式。当生活在低语境文化环境时，我们应有意识地改变委婉的说话方式，用热情直接的方式面对跨文化所带来的挑战。

（马赟鹤）

延伸阅读

1. 胡超. 高语境与低语境交际的文化渊源. 宁波大学学报（人文科学版），2009(4).

2. 严明. 跨文化交际理论研究. 黑龙江: 黑龙江大学出版社, 2009.

3. 赵胤伶，曾绪. 高语境文化与低语境文化中的交际差异比较. 西南科技大学学报（哲学社会科学版），2009(2).

4. Portalla, T. & Chen, G. M. The development and validation of the intercultural effectiveness scale. *Online Submission,* 2010.

思考题

问答题

1. 你有过跨文化交际经历吗？在跨文化交际中你是否遭遇过"文化休克"？
2. 影响跨文化适应的因素有哪些？你认为哪个因素对你影响最大？
3. 一些赴澳志愿者反映，澳大利亚的教学模式与国内差别很大，孩子们敢说敢想敢闹，这使得他们在课堂管理中遇到许多困难。他们该如何面对这一问题？
4. 一位中国留学生谈到，初到德国时，她总是和中国人待在一起，慢慢地感觉这对自己的学习交往毫无帮助。后来她开始努力融入德国人群体，并拒绝和中国人交往。你是否认同这位留学生的做法？如果是你，你会怎样做？

实战题

案例A

我是一名缅甸北部的志愿者，我任教的学校是一所拥有1800多名学生的华文学校，学校规模很大。这所学校所处的位置也很特殊，在大其力（Tachilek），也就是缅甸的金三角区域，以前的毒品泛滥区。来之前就听说这里是缅甸的经济发达区域，远超缅甸的其他地区。一开始，我们一行小伙伴都是开心的，至少有空调、有网络、有热水，不用"劈柴"做饭。可是慢慢的，我们变得不那么开心了。我们的签证是商务签证，需要一直拿到移民局去办理签证的延期，护照在我们自己手上的时间，不超过一个星期。没有护照，我们哪里都去不了，放假的时候，也只能窝在宿舍无所事事。下午六点左右的时候我们就不能再出门了，除了那条主要的大街之外，其他的巷子是不能去的，这里唯一的公共交通工具——摩托车我们外派教师是不能乘坐的。因为这里是金三角，很危险！从窗户望出去，不是大山、就是农田。我失去了往日熟悉的所有的活动，我觉得我被束缚住了。

（王君方）

1. 这名缅甸志愿者对大其力的态度经历了哪些变化？原因是什么？
2. 对于这名志愿者的态度转变，你怎么看？
3. 如果你是这名志愿者，你会如何处理这种适应困境？

案例B

  时间过得很快，想想过去这段生活，真是高低起伏。刚来的时候，我每天都很高兴，遇到的老师同学都很友好，上课也能听懂，我对周围的事物也感到十分新奇。后来，这些感觉渐渐消失，到期末考试前，我的心情变得十分低落，所有的兴奋激动都荡然无存。那段时间外面每天下雪，天气特别冷，街上也没多少人。又赶上圣诞节，德国室友都回家过节了。每天屋子里都只有我一个人，想上网和家人朋友聊天，但由于时差原因大家都不在线。开学时选了两门经济方面的课，由于错过了一两次课，后来也越来越听不懂。我不知道自己为什么要来德国，一个人这么孤单，也没有动力复习考试，满脑子都想回家。还记得除夕那天，我的课特别多，我上到晚上就特别想哭，我感到无比绝望。到了三月份，我终于从低落中走了出来，天气开始转好，新学期也开始了。我自己制定了许多小目标，我开始学着规划以后的生活。六月份，我的心情已经变得十分稳定。我慢慢开始喜欢这边的生活，对所有的事情都感到游刃有余，所有的一切都变得越来越好。

（选自史笑艳，2015:201-204）

1. 对照Oberg的四阶段说，你认为这位留学生经历了哪些阶段？都有哪些特点？
2. 你认为这位留学生是否遭遇了文化休克？如果是，请你帮她分析一下原因。
3. 从这位留学生的经历中，你得到了哪些启示？

案例C

  今天第一节课是8A的，主要是完成puzzle，然后把拼好的puzzle（一个句子）粘在一张白纸上，所以需要用到胶棒。我在上课前拿来一盒新胶棒，下课的时候他们用完后把胶棒放回前面。然后我收拾的时候发现有一个胶棒被套在避孕套里面，还打了结，我真的觉得很恶心，就"啊"了一声，赶紧去洗手。搭档老师倒是很淡定,把结解开,扔掉避孕套,还说"没事"。我问她:"不会是用过的吧?"她说:"应该不会,我希望不会。"她还跟我说这种事经常有,有一次她上课,还有一个学生把避孕套扔到另一个学生的脸上。我真的是惊呆了。她跟我说,好多避孕套是sex education的时候发的,但是学生们就会拿来玩。

(迟晓雪)

1. 迟老师在碰触到套着避孕套的胶棒时觉得很恶心,并连忙去洗手;而搭档老师则表现得很淡定。你认为这是否体现了中西方国家对"性"的态度的不同?如果是的话,具体有什么不同?
2. 如果你是迟老师,课堂上突然飞出一个避孕套,你会如何处理?

第六章
跨文化人际交往

跨文化人际交往是不同文化背景的人相互交流思想、感情的过程。汉语教师赴海外国家任教，肩负着传播汉语和促进文化交流的使命，不管是工作还是生活中，他们接触的对象，学生、同事、校方、家长乃至社会各个方面的人等，大多是外国人，能否与当地人进行良好的沟通和互动，是我们比较关注的问题。跨文化人际交往能否顺利进行，与人们的文化背景，如文化价值观、文化价值取向等密切相关。

文化价值观。 文化价值观指的是一个国家或地区大多数人认同的占主导地位的价值观（张利华，2013）。一般来说，人际交往本质上就是文化，它体现了一个国家占主导地位的民族心理和行为规范等。人在社会化的过程中会不知不觉地习得本民族的价值取向、时间取向、生活方式、思维方式、道德规范等文化因素，它们是民族社会在长期的特定历史条件下形成的，是地理环境、政治生态、经济发展等多种因素的无形凝聚，支配着人们的信念、态度、看法和行动，是一个民族性格的基石和行动的指南。价值观决定着一个人的行为取向。例如，尊老爱幼在中国是一种传统美德，可是如果我们在国外的公交车上给老人让座，就有可能伤害他们的自尊心。因此人们的举手投足、一言一行无不体现着各自文化的风俗习惯，是各自文化价值观的真实写照。

文化价值取向。 在与作为异己文化的载体——外国人的交往中，汉语教师不可避免地会发生文化取向上的比较、碰撞与融合。如果将中国人的文化观念直接搬到国外，可能会引起许多跨文化的不解和冲突。比如，你跟同事或学生打招呼，问他周末干什么了、过得怎么样，这在中国文化里是关心、亲热的表示，但在西方国家，常常会被视为干涉隐私，对话可能会因此陷入尴尬。又比如，你觉得学生特别可爱，上前摸摸他的头，这样一个表达亲昵的小举动在泰国人看来却是对孩子的极不尊重，因为"头"在泰国人的价值观里是汇集灵气的地方，除了国王、高僧和父母，其他人不能触碰。可见，文化的差异在交往中无处不在。

> **案例 43** 我该什么时候说再见？

我的意大利邻居玛格丽特太太，也是我的同事、同为孔院教师的黄老师的房东，有一次请我、黄老师，还有她以前的汉语家庭教师——一个在意大利留学的中国学生一起去她家吃晚饭。意大利人吃饭比较晚，这个我们都是知道的，所以对于晚餐八点半开始，我们并不觉得奇怪。头盘、一道、二道、餐后甜点，都是典型意餐的程序。我们一边吃，一边聊天，宾主尽欢。到十点半的时候，我和黄老师觉得应该告辞了，就趁玛格丽特进厨房的间隙，跟那个中国姑娘说，我们该走了吧。她说太早，意大利人一般会玩到比较晚。后来我们就接着聊天，玛格丽特太太给我们展示了她在中国旅游时搜罗来的"奇珍"。全部展示完，就已经过了十一点了。我们觉得真的应该告辞了，于是趁玛格丽特回去放"宝贝"的时间，又问了一遍那个女孩，她还是表示时间尚早。但是我和黄老师觉得实在聊得也差不多了，于是就不管那个中国女孩，两人起身表示我们该回去了，尽管我们俩就住在同一栋楼里。看到我们俩这样，那个中国女孩也只能起身告辞，但是她住在火车站附近，觉得不太安全，就让玛格丽特开车送她回去，然后我们就散了。

这件事后，我跟黄老师对那个女孩的印象就不是太好，觉得她一方面坚持在别人家待到太晚已是不妥，另一方面明知自己回去太晚会害怕，但是宁愿麻烦别人送她回去也不愿早说再见。

又过了一段时间，我以前在国内教过的一个意大利学生马可约我一起吃饭，我说那就来我家吧，我们吃中国家常菜。他很高兴，因为他觉得中国人吃晚饭时间太早，于是就约了晚上七点半到。那天正好我和同事在海边玩儿，回去得本来也比较晚。回家的时候我们顺便买了菜，邀上黄老师帮忙做饭并作陪。我们正在忙的时候，马可开车来了，看到我们用中国的铁锅做菜，很高兴，不住地拍照。菜都上桌以后，我们还是边吃边聊，马可在重庆和上海都待过不短的时间，对怎么吃中餐还是很熟悉的。叙叙旧，展望一下未来，一切都非常好。九点以前大家都已经放下筷子了，就是纯粹喝茶聊天的时间了。自从他到我们就一直在说话,所以十点多的时候,我明显感觉没什么话题可聊了,黄老师和他本来以前就不认识,也没什么话题可聊。可是总不能冷场吧,于是我和黄老师搜肠刮肚,没话找话说。到十一点多的时候,我说收拾一下桌子吧,于是我们一起到了厨房。但马可好像一点儿也没有要告辞的意思。于是把杯盘碗碟收拾进厨房后,我们又回到客厅坐着聊天。时间一点点过去,我越来越尴尬,因为我很怕我很快就不知道该说什么、做什么了,黄老师则已经是哈欠连天,一脸倦容,一点神采都没有了。到十二点的时候,我觉得除了精神上支撑不住外,身体也有点受不了了,毕竟我们白天出去玩儿也耗费了很多体力。我突然想起马可提到过他每天都要锻炼身体,明天还有一场篮球比赛。于是我就问他:"你明天还要去比赛吗?"他说:"对,起床后吃饭,吃完饭休息休息跑跑步,下午就去打篮球。"于是我借此说:"那今晚不要太累,我们今天晚上就到这儿吧。"他说:"对啊,现在确实很困了。"然后,我送他出门,一直把他送上车,黄老师则直接回家躺倒就睡了。

这件事其实我自己觉得做得不太好,毕竟是我找了个由头结束。但是我和黄老师确实觉得没有办法,除了太晚了以外,我们当天确实徒步走了太多,精力体力都不能支撑我们到再晚,如果再坚持,可能还会有更令人尴尬的情况发生。

第二天我和黄老师见面又说起这个问题,觉得非常奇怪,我的这位学生也是彬彬有礼的人,为什么就迟迟不主动告辞呢?这时我们又联想起在玛格丽特家的情景,就慢慢开始怀疑,难道是文化问题?于是我决定上课的时候问问学生。

我在两个班上问出了这个问题,问在意大利到别人家做客,什么时间说告辞最好,为了避免他们有顾忌,就加了一句:"作为一个完美的客人,应该什么时候说再见?"于是他们就七嘴八舌跟我介绍起来,总结起来,他们的看法还是蛮一致的,就是说可能到半夜吧,当然客人要是有事可以提前告辞。我觉得得多问问,后来又问了第二个班的学生,他们的看法和第一班是一样的。我慢慢就明白了,想想也是有道理的,意大利人晚饭开餐时间多为八点半，已经比中国人晚了很长时间，那么散得晚好像也就不那么奇怪了吧。但是我又想，我问的都是大学生，大学生爱热闹，那别的年龄层的人呢？比如玛格丽特已经六七十岁了。于是我又专门上门去请教这个文化问题，就以上次她请我们吃饭为例，并且再次强调"to be a perfect guest"，当时小区的网络技术员也在，于是他们很热心地给我解释了这个问题。他们说的和我的学生都是一致的，做客到十二点，那是再正常不过了。不过她又加了一句，"you have to smell the atmosphere"，意思是你得会察言观色，如果气氛很好，那玩儿到十二点以后很正常，但是如果宾主没有什么话可说，那可能最好还是起身告辞了。

现在我已经完全明白，这确实是一个文化问题，于是在我的每个班上我都介绍了中意这方面的文化差异，他们向来也很希望了解中国人的行为方式、交际文化。于是后来我每发现一个文化差异，都会第一时间跟学生们交流。他们为我越来越了解意大利而高兴，也为他们自己越来越了解中国而高兴。

对这个问题的探究告一段落之后，我觉得自己又受到了一次教育，那就是在异文化中，凡事不要急着下结论，不妨跟当地人开诚布公交流一下，而且"孤例不为证"，还要多跟不同人交流。这样不仅能够消除疑虑、偏见，使自己更理解、融入当地生活，而且也能受到当地人的欢迎，让他们觉得你思想开放，愿意了解他们本地的文化。

（范红娟）

理论聚焦

非判断性态度（non-judgmental attitudes）

非判断性态度是指在沟通中不用先入为主的偏见或刻板印象妨碍自己的倾听，它是Relay构建的跨文化沟通能力模型中从情感角度分析个人特质的一个因素。在沟通过程中，专注的倾听可以表示出对谈话另一方的理解和尊重，进而打破偏见，创作互相信任的氛围。非判断性态度往往会让交谈双方满意度较高。

案例分析

正如美国人类学家爱德华·霍尔（Edward Hall, 1991）所说，"时间会说话，它比有声语言更坦率，它传达的信息响亮而清晰。"不同文化背景的人受各自成长环境、地理、历史和文化价值观的影响，形成了不同的时间观。时间观对人们的交际行为产生影响，而交际行为又反映人们的时间观。在跨文化交际中，时间观犹如浸没在海里的冰山，常给交际双方带来困扰，但却让人难以发现问题所在，因为它处于文化的深层部分，往往潜移默化地影响着人们的行为，而不易被察觉和发现。案例中，范老师到邻居玛格丽特太太家做客，饭过三巡已是十点半，她和黄老师觉得是时候告辞了，便跟一同做客的中国姑娘说该走了，没想到姑娘说太早。于是又聊了一会儿，临近午夜，范老师觉得真的很晚了，姑娘却仍然说还早。这让范老师感到无法理解，为什么深夜还要继续待在别人家？为什么不早点回去还要麻烦主人开车送她？类似的情况在范老师招待意大利学生马可时也发生了一次，范老师邀请马可到家里吃饭，尽管特意将晚餐开始的时间定在七点半，照顾到了彼此的文化习惯，但几个小时之后，十点多、十一点多、十二点，时间越来越晚，话题越来越少，马可却迟迟不说告辞，无奈两位老师的体力已经到了极限，只好找了个由头委婉地下了逐客令。这两次相似的经历，让范老师不禁开始怀疑：难道是文化问题？

从范老师寻找答案的过程中我们发现，造成这两次聚会不太理想的原因其实就是中意时间观的差异。不同文化对时间的组合和安排不尽相同，比如一日三餐要在什么时间点进行、结婚要在什么时间点进行，这些都成了人们约定俗成的一种文化习惯，具有一定的文化规约性。就中国而言，中华民族传统的"日出而作，日落而息"的劳动习惯造就了中国人"早睡早起"的时间观念，在这种时间观念的影响下，中国人一般早上六点起床，七、八点的时候吃早餐，中午十二点吃午餐，晚上六点左右吃晚餐，十点以后就是各家各户的休息时间，不宜再进行各种活动。因此，中国人如果晚上到别人家做客，时间过了九点，差不多就可以起身告辞了。时间再晚，一方面会打扰主人的休息，另一方面太晚回家也可能不安全。意大利因为地理、历史等因素影响，夏天白天特别长，晚上九点多天还是亮的，所以意大利人的作息时间对中国人来说颇有点"晚睡晚起"的意味。他们早上八、九点吃早餐，下午一点吃午餐，晚上八、九点，甚至更晚才会吃晚餐，睡觉的时间就更不用说了。对比下来，中国人认为的吃晚餐的正常时间"六点钟"，在意大利不少商店、机构仍在营业、上班，有人会在工作休息的间隙喝咖啡、吃点心，但不会吃饭。对中国人来说该洗漱睡觉的时间，他们才刚结束或者刚开始晚餐。也就不难理解为什么意大利人的聚会通常结束都比较晚了。

另外，对于像宴请这样的活动的所需时间，中意之间也有差别。在意大利，吃饭是一种"慢运动"，朋友、家族聚会，从中午吃到下午，从晚上吃到深夜的情况十分正常，人们习惯在慢慢品味美食的同时联络感情，饭过三巡再进行一些其他项目，一般时间也就不短了。所以，一次聚会，在意大利可能需要大约三四个小时，时间过短，会使人感到气氛冷淡，所以晚宴从八点半开始，延续到深夜十二点甚至更晚都挺正常。与此相比，我国的宴请聚会活动时间就要短很多，通常是两个多小时，很少超过三个小时（胡文仲，1999:116）。这些都是我们在跨文化交际中值得注意的。

案例中范老师处理问题的方式非常值得我们学习，当遇到跨文化差异、冲突时不要急着下结论（非判断性态度），不妨跟当地人开诚布公地交流一下，而且孤例不为证，还是多跟不同人交流一下好。

（郎亚鲜）

延伸阅读

1. 爱德华·霍尔. 刘建荣译. 无声的语言. 上海: 上海人民出版社, 1991.
2. 顾忌鑫, 马俊波. 跨文化交际中的时间观念. 华中科技大学学报（社会科学版），2001(1).
3. 米尔顿·J. 贝内特. 关世杰, 何悝译. 跨文化交流的建构与实践. 北京: 北京大学出版社, 2012.
4. 张志智. 跨文化交际视角下的中国和西班牙时间观对比分析. 广东外语外贸大学学报, 2015(4).
5. Ting-Toomey, S. *Communicating Across Cultures*. New York: The Guilford Press, 1999.

案例 44　感谢你们教会我AA制

马来西亚因其有一段特殊的殖民时期，从而吸收了一些西方的文化，其中就包括人际交往中实行的AA制。刚来马来西亚的第二天，我就一个人被分配到吉兰丹。周围几乎全是马来人，平时他们都讲马来文，只有和我交流时用彼此不大懂的"英文"。我感到很孤寂。开学一周后，我在上班的路上听到有人用汉语讲话。我非常惊喜地转过头去，发现她们穿着马来传统服饰，我就很好奇地问："原来你们会讲华语啊！"她们也热情地回应说："是啊，我们是华人啊！"我们边走边聊，得知她们是大一新生。后来又遇见，就留下了联系方式。

第一次她们约我出去玩，吃完午饭，我想我比她们大，她们又都是学生，所以就抢着把钱付了。这在中国是很常见的一种现象，中国人只会想到下次还人情，却很少刚吃完饭就把账算清。看到她们很认真地计算自己吃了什么食物、花了多少钱、给我多少钱、我应该找多少，我觉得有一些不适应。后来一起逛夜市，我还是习惯性地买一些东西和大家分享。她们略有迟疑地拿一点点或者拒绝，说其实不需要这样。她们和我的那些马来同事一样，会拿着自己的东西聚在一起吃，偶尔劝别人尝一尝，但几乎不会考虑请客吃饭、替人买单的事情。我有点儿不知所措。我早就养成了有什么就和别人分享、吃饭抢着付账的习惯，现在要所有花费全部AA，真的觉得很伤情面。

慢慢地，我的交际圈广了起来，和这边的很多华人都成了好朋友，经常聚在一起吃饭、打球。有一次，阿杜说带我去外面的华人餐厅吃饭。我的理解就是他要请我，因为我已经请他和别的朋友在我家吃过几次饭。但到付钱的时候，我还是习惯性地自己付钱。我想如果他不让我付，那就是他请我了。可是他没有为我付账的意思。还有一次，他说带我参加他们华人的聚餐。大家吃得热热闹闹，聊得也很开心。我第一次参加这样的聚会，不知道是有人专门请客还是怎样。我想我是他带过去的朋友，可能他会帮我还这个人情。但我并不确定，就很谨慎地问了一下："这次吃饭花了多少钱？我们每个人需要给多少？"他回答说："这次聚餐是宝莹组织的，还不知道花了多少钱，等算完后再告诉你。"我有些不舒服，怎么这么一点钱都算那么清楚啊？聚会前你也没跟我说要AA啊。虽然这样想，但还是说："记得告诉我啊，到时我把钱给你。"

没想到他们的AA制理念已经细化到生活的方方面面。甚至大家一起打羽毛球时，像买球、定场地这么细小的钱都会AA，而且很人性化，还有专门的人负责。具体出多少钱，也有一定的参考。如男生用力大，对球的磨损度高，就需要比女生多出一倍的钱。如果有段时间你没怎么去打，可以稍微少出一点。这时我才对他们的AA制有了更多的理解。AA已经成为他们交往中默认的一种方式，不用说大家都明白，也很遵守这套规则。细细想来，这种交友方式经济很多。你不用考虑人情债和礼尚往来，省事省力省钱，却同样可以结交到很有正能量的朋友，何乐而不为呢？

（方　洁）

理论聚焦

集体主义和个体主义

朋友聚餐时不同的付费方式折射出不同的文化价值观。中国式的"请客"和西方式的"AA制"分别反映了集体主义和个体主义的价值观体系，前者以集体为中心，后者以个人为中心。中国是典型的集体主义国家，"我们"的意识普遍存在，孔子提倡的"仁者爱人""己欲立而立人，己欲达而达人"就是鲜明的集体主义道德原则。人们重视共同的目标和相互依存，就个人与集体而言，强调"集体"的利益至上，"只顾自己""吃独食"这样个体化的行为就显得吝啬和小家子气。就个人与个人而言，强调建立一种亲密和谐的关系，讲人情、讲情面，好人缘往往可以说明一个人的品行和品德，"多个朋友多条路""在家靠父母，出门靠朋友""五湖四海皆朋友"都说明朋友和友情对中国人来说多么重要。而聚餐就是一个很好的保持联系、交流感情的方式，在中国，在聚餐结束甚至结束前抢着买单，既是表达对朋友和友情的重视，又可以展现自己慷慨大方的一面。

> "AA制"植根于个体主义文化,核心是人人平等的观念,它起源于崇尚个体主义的荷兰,并被西方其他国家接受并推行开来。个体主义文化以个人为中心,强调个人的独特性和与生俱来的价值,平等和公平是一切社会往来和人际交往的前提和基础。在这种理念的影响下,朋友作为两个独立的个体,彼此间不愿意过多承担责任和义务,也忌讳将一切人际关系与利益或金钱挂钩,"AA制"既实现了公平,又表现了他们价值体系中对彼此独立性的尊重和赞赏,因而受到推崇并推广。

案例分析

　　这篇案例记录了方老师对马来西亚"AA制"的文化从不适应到适应的一个过程。在和马来西亚华人相处的过程中,方老师最初对他们严格执行"AA制"付费方式的做法感到无法理解,在她的认知当中,有东西要和别人分享、吃饭抢着付账、懂得礼尚往来才是正确的做法。第二段中,方老师请华人学生吃饭,学生们当下就要把钱算得很清楚,让方老师觉得很不适应,觉得人和人之间算得太清楚了,感觉自己的一番好意都被驳回了。之后,她买了一些东西给大家分享,大家不但没有表达感谢的意思,反而是拒绝的态度,这让方老师很受伤,觉得情面上过不去。随着时间的推移,方老师的交际圈渐渐打开,也和越来越多的华人成了朋友,她会邀请一些朋友到家里来吃饭,阿杜就几次受邀在方老师家吃过饭。第三段中,当阿杜提出要带方老师去华人餐厅吃饭时,从礼尚往来的观念出发,方老师觉得他应该会请客,但结果并没有,心里不免有些不快。接着,阿杜带方老师去参加华人的聚餐,作为圈外人参加这样的聚餐,而且和其他人也不熟悉,方老师就想,自己是被阿杜带来的,阿杜应该会负责她那一份,但结果还是没有,方老师再次感觉不太舒服。

　　从中国人的角度来理解方老师,我们会感同身受。因为我们同处在集体主义的文化环境之下,认为人和人之间如果把金钱算得太过仔细,就会显得斤斤计较和吝啬,不利于人际交往。小孩子从小接受的教育就是要学会分享,只有自己首先对别人豁达、别人才会对你豁达,慷慨大方的人往往更受人喜欢,只顾自己是小家子气的行为。与此同时，当你接受了别人的慷慨对待，也要想着以同样的慷慨回报人家，懂得礼尚往来，这样人与人之间的关系才能细水长流地发展下去。这样我们也就能够理解当方老师多次慷慨以待之后，阿杜还是要同她算得清清楚楚时心里的不快了，也不难理解当方老师为华人学生考虑主动买单付账、兴致勃勃地买一些东西分享却被拒绝时的尴尬了。自己的一番好意被驳回、被辜负，不免觉得伤情面。

  与中国不同，马来西亚地处东南亚，有着明显的多元民族和多元文化色彩。自古以来，马来文化先后受到印度文化、阿拉伯伊斯兰教文化、中国文化（中国移民）和西方文化（英国殖民统治）的影响，形成了独特的具有多样文化形态的马来西亚文化。当地的华人虽然有自己的"小社会"，但不可避免地要去融入当地社会，这就使华人文化具备了两重性，即传统性与当地化并存（陈衍德，2001）。英国殖民统治马来西亚期间，大多数华人接受英语教育，因为懂得汉语、马来语、英语三种语言，得以在英政府工作，由于长期和英国人交往，很多华人逐渐接受了英国的文化。现如今的华人文化，是中国传统文化、马来文化和英国文化三者融合后的结果，很多华人都会说三种语言，而且与传统华人集体主义观念不同，新一代华人越来越倾向个体主义，案例中的故事正是这种现象的真实反映，他们在人际交往中已经就一套详尽的AA制规则达成了默契。

  不管是"请客"还是"AA制"，都是不同地区人们解决问题的不同方式，前者重人情，后者重公平，我们不能说哪种方式更好，只能根据不同的交往对象去选择更合适的方法。

（郎亚鲜）

延伸阅读

1. 陈衍德. 论当代东南亚华人文化与当地主流文化的双向互动. 东南亚研究, 2001(4).
2. 贺圣达. 东南亚文化发展史. 昆明: 云南人民出版社, 2011.
3. 文平强. 马来西亚华人文化——传承与创新. 东南亚纵横, 2013(7).
4. 张严秋. 浅谈美国的"AA制"和中国的"请客". 吉林广播电视大学学报, 2013(7).

案例 45　你们的热情让我很不适应

中国人好客，喜欢交往，是我们的传统美德，但是在匈牙利可不是这样。

在一次与罗兰大学中文系研究生的外出活动中，我和罗拉一起在窗口买火车票，火车票很便宜，我说一起买了吧，她却坚持不肯。虽然之前我知道外国人有分开结账的习惯，但是也没有多在意。后来，在火车上我利用这次机会了解了他们的真正想法，很实用也很有启发，避免了很多在交往中容易遇到的误会。

在火车上，罗拉跟我说了她一直以来的困惑："我曾经到中国留学，在那里认识了很多中国朋友。有一次，一个不是很熟的朋友请我吃了一顿很贵的饭，我很不理解，为什么不太认识的人会请我吃这么贵的餐馆。另外，在假期里，朋友邀请我去她的家乡游玩，朋友的家人热情得让我害怕，临走时还送各种各样的礼物。甚至从不相识的路人也都热情得不可思议，要知道，在匈牙利我们都是自己付自己的费用，如果不是特别特别好的朋友，我们也不会随意去别人家里玩，更不用说接受礼物。但是我特别喜欢中国，虽然有的时候让我很不适应。"

我向罗拉解释道："中国人都很好客，不太认识的人请你吃贵的餐馆是为了对你表示尊重，价格越贵就越能表示友好。而你朋友的家人可能是因为觉得你从那么远的地方来学习汉语，很不容易，所以对你格外地关心。"

中国人热情好客由来已久，从"有朋自远方来，不亦说乎？""古道热肠""宾至如归""彬彬有礼"等词句就可窥见一斑。尤其是朋友来自遥远的地方，我们就更热情。匈牙利人则很少请别人吃饭，就是请也没有中国人的排场。

匈牙利罗兰大学孔子学院儿童日活动
（倪雨婷供图）

从这方面来说，我们就不难理解罗拉为什么会有这样的困惑了。引申到国际汉语教学中也是如此，无论在课堂上还是在文化活动中我们都要注意把握交往的尺度与分寸，最好依据学生的文化习俗处理问题，既不能过度热情让学生感到不适也不能丢掉我们的传统优秀文化。

（韩　照）

理论聚焦

跨文化调适理论（cross-cultural adaptation）

Kim（2005）以"压力——调适——成长"动态模式来描绘文化调适的过程，此模式视个人为一个开放的系统，该系统的存在与运作跟环境紧密相连。当外在环境改变时，系统有一种自然的趋力去保持内在与外在整体性的平衡，但当外在环境的变化过于激烈，导致个人的系统无法配合这样的改变时，个人内在的平衡就会被严重地干扰，因此产生了压力。而这样的压力，会让个人感到不舒服、沮丧及低落，亦即产生了所谓的文化休克。这样的压力会造成一种心理的趋力，推动着个人采取调适与转换，这些调适行为包括主动发展新的习惯、学习新的行为、改变自己内在的结构等，以更有效地回应环境的需要，减少与异文化间的格格不入（misfit），提高与新的外在环境融合的程度。而当个人内外不平衡的情形缓和时，便会有适应与成长的感受。这三个阶段（压力、调适、成长）形成一个循环，促使个人不断地学习与适应新文化。表面上，压力似乎是一个负面的倒退（挫折、低潮、困难），但这个倒退却往往能产生一股学习的能量，推动个人向前，进而引导出新的成长与发展。然而，这个动态的过程并不是永远都顺利、稳定，或者会一直以线性发展的，事实上，它是一种循环且连续的过程。Kim（2005）也引用Dubos（1965）的论点，认为人的适应是一个恒久稳定与改变之间的辩证过程，它同时包含了整合与瓦解、前进与倒退。而跨文化的适应能力，即是在这样持续学习与辩证的过程中逐渐地累积、发展。

案例分析

这篇案例描述了匈牙利学生罗拉在与中国朋友、中国人交往的过程中遇到的一些困惑和不适应，反映了中匈两种文化在人际关系和人际交往观念上的差异。罗拉与韩老师一起外出活动，韩老师见火车票很便宜，就想着一并帮罗拉也买了，这是十分善意、十分慷慨大方的举动。这种情况下，中国人要么接受好意、以后找机会再将这份好意还回去，要么暂时接受好意、之后再把钱还给他，罗拉却认为接受这样的好意很不妥当。火车上，罗拉向韩老师讲述了她的困惑，如对一位不是很熟的中国朋友请她吃昂贵的中餐，以及邀请她到家里做客的行为感到无法理解，同时对这位朋友的家人和家乡人的热情招待、送礼行为也感到不适应。中国人的热情好客对罗拉来说成了负担。

中国是集体主义价值取向的国家，历来强调群体观念，认为个人在集体中才具备价值，因而建立良好亲密的社交关系十分重要。在朋友关系上，中国人倾向于建立一种长期性的朋友关系，交朋友的时间越长越好、承担的义务越多越好。所以案例中，韩老师给罗拉买票其实是一种心意的表达，是一种慷慨大方的表现。中国朋友请罗拉吃饭、请罗拉到家乡游玩、到家里做客等，释放出的都是愿意长期交往的善意。朋友的家人看到这么一位远道而来的外国友人，出于中国人热情好客的文化传统，肯定要热情招待以示尊重和盛情。这在我们看来种种的好意，对罗拉来说却不是这么一回事儿。因为罗拉生活在一个以个体主义为价值取向的国家，强调个人的独立和自由，人际间的关系以公平与平等为依归，因为人人平等，大家都应该为自己付账，没有义务替别人买单，也忌讳承担别人的人情。这也就不难理解罗拉对请客和送礼物的行为感到不适应了。此外，匈牙利人注重隐私，非常爱护自己拥有的空间，即使是朋友，彼此间也保有一定的距离，除非是非常好的朋友，一般不会邀请对方到家里面做客。这篇案例提醒我们，在与不同文化背景的人交往时，我们应注意不要把自身所处文化中的人际关系规则普遍适用到所有文化中，要学会从对方的角度出发选择更合适的交往方式。就如案例作者所言，无论在课堂上还是文化活动中我们都要注意把握交往的尺度和分寸，既要避免让对方感到不适，又不能丢掉我们传统的优秀文化。

（郎亚鲜）

延伸阅读

1. 姜晓莉. 西方分餐制和AA制的个人主义文化渊源及与东方相关集体主义饮食文化的对比. 楚雄师范学院学报, 2015(10).

2. 张恒君. 汉语国际教育案例与点评（亚洲国家篇）. 北京: 华语教学出版社, 2016.

3. 祖晓梅. 跨文化交际. 北京: 外语教学与研究出版社, 2015.

4. Gudykunst, W. B. *Bridging Differences: Effective Intergroup Communication (4th ed.)*. London: Sage, 2004.

5. Kim, Y. Y. Adapting to a new culture. In W. Gudykunst (Ed.). *Theorizing About Intercultural Communication*. Thousand Oaks: Sage, 2005.

案例 46　长幼有序，尊卑有别

（一）

2014年我赴泰任教，我是那所学校的第二任汉语教师志愿者。在泰国期间，我常和两位英语老师Mrs. Fry、Rosie一起吃饭（Mrs. Fry大概60岁，从泰国移民到加拿大多年，后又返回泰国教英语；Rosie是从英国赴泰教英语的一名大学生）。我和Rosie不会做饭，所以经常是Mrs. Fry做饭给我们吃，快要开饭的时候，经常是Rosie负责摆桌子上的碟子，而我负责给Mrs. Fry拿椅子。有一天，Rosie问我，你为什么给Mrs. Fry拿椅子，她可以自己拿呀。我是知道她为什么这么问的，因为在西方国家，他们不会刻意去帮助老年人，这样是把他们看老了、是不尊重他们的表现，要平等地看待他们。所以我就解释说："在亚洲，我们尊重一些上了年纪的人是会体现在很多行为上的，例如给他们让座，帮他们拿东西等，况且Mrs. Fry负责做饭，你负责摆桌子，我也需要做点儿什么。"Mrs. Fry听了也点头说在亚洲大多是这样的，Rosie说："西方国家就不同，我们处得更像朋友。他们自己能做到的事情我们从来不帮着做。"但是从那以后，Rosie特别爱帮Mrs. Fry拿椅子，而我就去摆桌子了。这在我看来，她也是适应了亚洲传统的尊老爱幼的文化，暂时改变了自己的思维方式来适应暂居地的文化思维方式吧。

但是在对Mrs. Fry的称谓上，我们还是有着各自的差异，传统的尊老爱幼的思想让我不太能直呼年长者的名字，所以我还是叫Mrs. Fry，而Rosie和Mrs. Fry处得更像朋友，她会直接叫Mrs. Fry的名字Carmine。不仅如此，Rosie向我们提起她家人的时候，也更多的是直呼他们的名字，刚开始我不太适应，后来也就慢慢习惯了，思维方式不同，不是她没礼貌，没必要分什么孰好孰坏。

（赵梦凡）

（二）

结束一周的培训之后，我来到了即将生活一年的地方——韩国·京畿道·始兴市。按照惯例，应由我所在学校的搭档前来教育厅接我，但我的搭档也是一位刚到校的新教师，由于韩国的教师调换学校体制，她还没有出差资格。所以，暂由前任汉语教师郑老师来接我。郑老师的汉语非常好，人也和蔼可亲，一路上给我讲了许多关于学校和学生的事情，使我预先有了一个心理准备。

到达始兴市后，我带到韩国的大行李箱甚至都没有来得及放到距离学校仅有5分钟路程的公寓里去，就被告知我要做的第一件事是去学校拜见校长和校监。

我向郑老师提出，可否先将行李放到公寓，给我一个整理的时间，这样我便可以将送给校长、校监老师的礼物拿出来，而且也更加方便我们行动。可郑老师给我的答复是：第一，按照韩国人的传统，应该在第一时间向自己的领导报到。第一时间拜见校长、校监，也是一种礼貌。第二，虽然我们到的那天是休息日，但是恰逢校监上班，我更应该去拜见一下校监。至于那天不上班的校长，可以暂时不去拜见，因为拜见校监也算是尽到了礼仪。第三，学校的下班时间是下午四点四十，如果先回公寓放行李，就会正好赶在校监下班前几分钟到，这样也是不礼貌的。

郑老师列出的几条理由让我心服口服。我确实应该入乡随俗，遵守韩国本地的风俗习惯；而且，赶在下班前几分钟去拜访自己的上司，在中国也是不太礼貌的。

（王艺臻）

理论聚焦

权力距离（power distance）

"权力距离"的概念最早由荷兰社会心理学家Mauk Mulder（1980）提出，是指"拥有较少权力的个人（Individual）和拥有较多权力的他人（Others）之间权力分配不均的程度，其中I和O处于同一社会体系"（王晶、张爱琳，2012）。吉尔特·霍夫斯泰德（Geert Hofstede）发展了这一概念，他把"权力距离"定义为"一个国家的组织和机构中，权力较小的人期望和接受权力分布不平等的程度"。换而言之，权力距离是民族文化的一个维度，它是不同国家人们对如何对待他们之间不平等这一基本问题的一系列不同回应。权力距离有高有低，高权力距离文化中的人们会认为社会等级结构的存在很自然，权力关系在日常生活、工作和交际中起着重要的作用，人们根据不同的权力关系来调整自己的言行。所以，高权力距离背景下的工作场所里，上下有别的等级观念非常重，管理者与被管理者、上级与下级之间存在着明确的界限，下级往往习惯于尊重和服从上级，对上级毕恭毕敬。

案例分析

这两篇案例反映了不同的文化在权力距离方面的差异。案例（一）讲述的是赴泰志愿者赵老师和学校另外两位外教老师Mrs. Fry和Rosie日常相处时的小故事，案例聚焦了两件事：一是开饭前赵老师总会帮Mrs. Fry拿椅子，这让Rosie觉得奇怪；二是在对年长者的称呼上，Rosie会直呼Mrs. Fry的名字Carmine，而赵老师因为Mrs. Fry年长的缘故，无法接受这种直呼其名的做法，还是坚持以Mrs. Fry相称。案例（二）记录了志愿者郑老师到达韩国之后的一件小事。郑老师原本想先将行李放在公寓，却被告知来到学校之后的第一件事应是去拜见校长和校监。王老师意识到中韩不一样的职场文化后，便选择了入乡随俗。

我们可以从权力距离的角度来解读案例反映出的不同行为倾向。帮年长的人拿椅子、不愿直呼年长者的姓名，这是我们社会权力距离较高的一个外在表现。

我国人际关系有两个特点：以家庭为中心的社会关系和等级差别，社会关系网是家庭关系的再扩大。我国传统的社会结构是宗法社会结构，家庭内部讲究"长幼有序、尊卑有别"，家长掌握着家庭大权，家庭成员要遵从、听命于家长，家庭成员按辈分和长幼排列顺序，互相以礼相待。地位、长幼、资历、辈分的等级观念成为一种制度和规范制约着人们的行为。到了现代，虽然这种严格的等级差序已不甚明显，其影响却是根深蒂固的。中国是高权力距离文化，但与中国相比，韩国人"长幼有序、尊卑有别"的等级制度来得更为严格和外显一些。韩国社会普遍推崇地位高、权力大的人，人们以入学年份、入职时间区分前辈和晚辈，以身份地位确定尊卑贵贱，形成了一套清晰的等级规定。等级尊卑的价值观可以说是韩国社会的主流价值观。在这种价值观的主导下，韩国人有着一套复杂而严苛的尊卑礼仪。以职场为例，职场中，职员入职要首先拜见大领导，然后再依次见过直属领导和前辈同事们；晚辈对长辈、下级对上级要毕恭毕敬，说话要用敬语；职员遇见领导要先鞠躬致意，走路要避让；吃饭时要主动为领导和前辈倒酒，倒酒或递东西时要用右手或双手；上级责骂下级，前辈责骂晚辈，下级和晚辈都要服从和接受，这些都是韩国人约定俗成的礼仪规约。案例中郑老师接到远道而来的王老师，不先送王老师到住的地方安顿下来，而是载着王老师和大包小包的行李先到学校向校监报到的做法也就合乎常理了——韩国严格的尊卑礼节使然。

在低权力距离社会中，年龄差带来的敏感度要比高权力距离社会小得多。低权力距离文化倾向于建立平等一致的社会关系，在这种社会关系中，平等和独立是两个非常重要的理念。"平等"的理念下，人与人之间的相处受年龄、辈分、身份和地位的影响较小，同龄人之间、长辈与晚辈之间、不同社会地位的人之间均可以朋友关系相处，称名是一种平等的体现；"独立"的理念下，个人是独立的、具有自我价值的个体，每个人靠的是自己而不是其他人，因此，自我具有价值十分重要，"老"意味着负担和无用，在英语中是一个贬义词，并不招人"待见"。西方大多数国家，包括澳大利亚都是权力距离较低的国家。年轻人并不刻意将年长者作为长辈来看待，如Rosie可以跟Mrs. Fry相处得像朋友，直接称呼名字。年长者也并不以年长或地位"妄自尊大"。

林大津（2008:70）指出，当我们置身于一个不同的文化环境时，应该按照这种文化的社会期望和社会规范来扮演每个人所必须扮演的角色——按其角色去做事、说话和交往,非如此不能取得预期的交往目的。可见入乡随俗是一种重要的跨文化交际策略和原则。汉语教师深入本土教学,首先要让对方认可自己,这就需要适应当地的文化,遵从当地的交往规则,按当地的文化规约行事。但与此同时,也要避免一味地跟随当地文化而丢失掉自身的文化身份。对于汉语教师来说,我们的职责是在与其他文化的交流过程中弘扬自己的文化,使自己的文化与当地的文化进行双向互动式的交流,因此,一味地学习和运用当地文化是不可取的。汉语教师要入乡随俗,但入乡随俗的度需要把握。

(郎亚鲜 赵 可)

延伸阅读

1. 霍夫斯坦德.尹毅夫,陈龙,王登译.跨越合作的障碍——多元文化与管理.北京:科学出版社,1996.

2. 金文学.中国人,日本人,韩国人.山东:山东人民出版社,2002.

3. 王晶,张爱琳.中美大学生权力距离对比研究.重庆邮电大学学报(社会科学版),2012(5).

4. 郑元溶.中韩文化特征的比较——以中国人的面子文化和韩国人的等级观念为主要对象.时代教育,2014(2).

5. Hofstede, G. & Hofstede, G. J. 李原,孙健敏译.文化与组织:心灵软件的力量.北京:中国人民大学出版社,2010.

6. Spitzberg, B. H. A model of intercultural communication competence. *Intercultural Communication*, 1989.

案例 47　如何更好地与同事相处

我在PGEE中学（孔子学院教学点，位于保加利亚上奥市）为期9个月的教学工作顺利结束了。我与学校老师从最初的陌生到最后的依依不舍，我的成长也离不开这些老师的帮助。

PGEE中学经常会组织教师聚会，我第一次参加教师聚会是PGEE中学55周年校庆的时候。那时我刚到保加利亚不久，对保加利亚的情况不是很熟悉。晚上参加的聚会是我第一次感受保国的聚会文化，我对一切都充满好奇。刚开始大家都是很安静地聊天吃沙拉，我也很安分地坐在座位上和英语老师聊天。突然音乐变了，有好多老师站起来手拉手开始跳舞，当转到我这边的时候他们邀请我一起跳，旁边的老师也鼓励我、让我上去和他们一起跳。刚开始因为不知道怎么跳所以不好意思上去，后来在其他老师的鼓动下，我鼓起勇气来到转圈的舞池里，跳舞的老师也因为我的加入变得更加开心。因为在一起跳舞的原因，大家开始跟我熟悉起来，渐渐愿意和我聊天，即使语言不通也聊得很开心。转圈的舞蹈结束后是双人舞，我也因为刚跳过舞变得不再怯场，大大方方地接受了男老师的邀请。我虽然不会跳，但在老师的带领下也逐渐明白过来，跳得越来越娴熟。因为这样的机会，我渐渐融入老师的队伍中。后来学校又举行过几次教师聚会，我都参加过，跳转圈舞也不用其他老师邀请。他们看到我主动加入到舞队中，气氛愈加高涨。我与学校老师越来越熟悉，关系也越来越融洽，我们成了很好的朋友。当我在学校或生活中遇到困难时，他们总会不遗余力地帮助我，使我顺利完成了在PGEE中学的教学工作。

在保加利亚，唱歌跳舞是他们文化的灵魂，很多情感都是通过这样的方式表达的。保加利亚人热爱唱歌跳舞，不管认识与否，只要能一起唱歌跳舞就会特别开心。因此吃饭聚会时唱歌跳舞是必不可少的，跳舞是人与人交流感情、互相熟识的工具，共舞之后就是朋友。所以在保加利亚，想与学校老师更好地打成一片、成为熟悉的朋友，最好的途径就是一起跳舞。这时汉语教师志愿者不要怯场、不要害羞，大大方方地加入到跳舞的行列中。即使不会跳也没关系，老师会耐心教你，而教与学的过程也是彼此了解的过程。

（管小蜜）

理论聚焦

文化移情

文化移情能力是跨文化交际能力的核心，近年来文化移情能力的培养和教育也逐渐引起了学界的重视。高永晨（2003）认为文化移情是在跨文化交际中，交际主体自觉地转换文化立场，在跨文化交际中有意识地超越本土文化的框架模式，摆脱自身原有文化的传统积淀和约束，将自己置于另一种文化模式中，在主动的对话和平等的欣赏中达到如实地感受、领悟和理解另一种文化的目的。入乡随俗是跨文化交际中重要和有效的原则。当我们置身于一个不同的文化环境时，我们应该按照这种文化的实际期望和社会规范扮演每个人所必须扮演的角色——按其角色去做事情、说话和交往，非如此不能取得预期的交往目的。当然入乡随俗也要掌握好尺度，入乡随俗并不意味着个体要完全放弃本国、本民族的待人接物方式，放弃自己的文化习惯，而是指应适当考虑对方的文化，言行举止要有换位意识。

案例分析

这篇案例记录了管老师在参加聚会与当地教师共舞之后，迅速融入当地社群、与本地同事打成一片的故事。管老师不害羞、不怯场，"大大方方地加入到跳舞的行列中"，借此很好地融入了当地集体，顺利完成了工作并结下了深厚的友谊。这种开放、积极的融入态度值得大家学习。

管老师能够迅速接受保加利亚的舞蹈文化跟她具备了文化移情能力密切相

关。文化移情包含认知移情和交际移情两个方面,既是必要的也是可能的。认知移情是指在跨文化交际中能够觉察和认识他人的情感和情绪状态,通过认真聆听他人的言语、仔细观察他人的非言语暗示,客观地察觉和识别他人的情绪状态等。交际移情指的是在认知移情的基础上对他人的情感、情绪状态做出正确的反映和反馈,即在感情上产生共鸣,把自己投射到他人所处的境遇中去体验他人的情感和情绪,做到将心比心,推己及人。二者密不可分(高永晨,2003)。案例中管老师的文化移情似乎更偏重于交际移情,即她尊重保国的舞蹈文化,并融入其中进行充分体验。管老师是在受到旁边老师"鼓励"的言语暗示和"拉着我一起跳"的非言语暗示下,迅速理解保国舞蹈文化并对"用唱歌跳舞来表达感情"的文化情感产生了共鸣。另外,跨文化交际者在坚持文化移情的同时,也应避免踏入文化矫情或文化同情的"陷阱"。所谓文化矫情,指的是过度地压抑自己的情感,反应冷漠,不能敏感地察觉和捕捉交际客体的情感并予以呼应,做出适当的共鸣;而文化同情则是指从主体自身的价值观和价值评判标准出发去解释和评价别人的行为,其知觉技能和交际技能还是以自我为主,潜意识中存在着的还是自我中心主义的情节(高永晨,2003)。此二者都会在一定程度上阻碍跨文化交际的有效进行。

对跨文化交际者,尤其是海外汉语教师而言,深谙入乡随俗和文化移情原则有利于跨文化工作的有效推进。本案例中的管老师克服了害羞和怯场,大大方方地加入跳舞的行列中,值得肯定。但在遵循入乡随俗原则的同时,每个跨文化者需要时刻警醒,不要被同化,要做到文化移情而非文化矫情或文化同情。

(唐 艳)

延伸阅读

1. 高永晨.跨文化交际中文化移情的适度原则.外语与外语教学,2003(8).
2. 高永晨.跨文化交际中文化移情能力的价值与培养.外语与外语教学,2005(12).
3. 谢剑萍,付永钢.中西礼貌原则与"入乡随俗"原则.兰州学刊,2005(3).
4. 夏娜,夏百川.对外汉语专业学生跨文化敏感调查研究.牡丹江大学学报,2013(9).

案例 48　我的澳大利亚住家

（一）

在和澳大利亚住家相处时，我想努力做到让他们开心、满意。虽然我不知道他们为什么会申请让一个中国志愿者住在家里，但我会做一些事情获得他们的好感。比如我会下班的时候帮他们看看孩子，有的时候传播一些中华文化知识，教小孩子练习毛笔字等，但是他们好像也没有很感动。而且，即使学校会支付住家一部分费用，但是我还是担心这部分费用不能完全弥补住家的开支，所以我更希望自己能够做一些力所能及的事情，比如自己做早饭、自己洗衣服、自己倒垃圾等。

（二）

现在我自己休息充分后，会轻松主动地问我的住家："有什么我可以帮忙的吗？"然后她会想一想，让我帮她给孩子讲睡前故事。第一次我的住家让我给孩子讲故事的时候，我觉得她是想帮我主动地融入他们家。接触的时间长了，我和住家在一起的感觉更像家人，也更自如了。早上的时候，能够自己做早饭、准备自己的东西。之前不做是因为我不知道怎么弄，或者说我很担心会打破家庭的常规；后来我做是因为我觉得我应该帮助住家妈妈减轻负担，并且做早餐很简单，烤两片面包就好了，可以自己动手。我想，之前我的住家应该觉得我非常不独立，什么都不会做、什么都不想做，很自私。我现在有的时候很主动地提供帮助，因为我的同事得知我的住家很好之后，就告诉我，要主动地提供一些帮助，分担一些家务。我的住家知道我是中国人，还经常为我做米饭，我也会主动为他们做一些吃的，比如包饺子、蒸包子，他们很喜欢吃。自从给他们做了饭，我也更勇于给自己捣鼓点吃的了。

我和住家的关系更融洽了，因为了解了彼此的习惯、作息，他们帮我洗衣服，我也帮忙收拾一点。我们一起看电视，一起喝点酒。但还是不敢自己随便拿吃的，总是等他们先提出。之前由于怕麻烦住家，我会偷偷留心他们的日常安排，自己想做什么不敢开口去说、去协商，感觉非常被动。但是现在主动性强了，可以问他们周末有什么安排、我想做什么、这样做有没有什么不方便。可能也是因为自己做饺子的建议被住家妈妈采纳了，我就更自信、自主地做一些事情。

（三）

早上和孩子一起，我其实有点烦，因为我的房间网络不好，所以我总是想在客厅学习，但是他爸爸看我在客厅，就会把小孩子留给我，让我看孩子，我也没办法，其实我很想做自己的事情，但总脱不开身。有的时候跟朋友约好在外面吃午饭，但是小朋友总是缠着我玩，以至于最后赴约迟到，我觉得自己不懂得拒绝，很自责。

（王若琳）

理论聚焦

他人取向与自我取向

"社会取向"与"自我取向"是世界各社会中最常出现的两种主要运作形态。社会取向是传统农业社会的产物，主要包含家族取向、关系取向、权威取向与他人取向，而其现代工商社会的对应产物则是个我取向，由个人取向与自我取向构成。他人取向，按照杨国枢（2004:102）的解释，是指"中国人在心理与行为上受到他人影响的一种强烈趋向——对他人的意见、标准、褒贬、批评特别敏感而重视，在心理上希望在他人心目中留下良好印象，在行为上则努力与别人相一致。他人取向所强调的，不是当事人与他人的关系，而是在消极方面要尽量避免他人的责罚、讥笑、拒绝、尴尬及冲突，在积极方面要尽量获得他人的赞同、接受、帮助及欣赏，维持自己人际关系的和谐"。相对应的，自我取向就强调个人理性功能的发挥，认为诚实地表达个人的偏好、感受和需求是人际关系的基础，个人主要靠自我探索来达成自我了解，对他人评价的在意度较低。

案例分析

这篇案例摘录自王老师《我的澳大利亚住家》的日记。王老师是赴澳汉语教师志愿者，与其他国家的志愿者不同，王老师在澳大利亚不是单独租住在一个独立的空间，而是寄住在当地人的家里，在任教的一年期间，王老师分别在三个当地人的家里生活过。与当地家庭同吃同住，这对志愿者的跨文化交往无疑是一个巨大的挑战。我们从日记中摘录的这三则案例是王老师与第一个住家（居住时间为两个月）的日常相处细节，分别反映了王老师入住初期、中期和中后期的一个交往状态。

分析王老师与住家的日常相处细节，我们发现，王老师的行为非常符合杨国枢（2004）所描述的中国人他人取向的行为倾向。一方面，为了获得认可、接受与欣赏，王老师融入的过程非常主动：比如"努力做到让他们开心、满意""帮他们看看孩子""教小孩子练习毛笔字"、主动地提出帮助等，她总是积极付出来获得住家的好感。另一方面，怕引起不快、冲突或尴尬，王老师与住家的交往有时候又比较被动，她对自己想要的、想做的不会主动表达，也不懂得拒绝：比如因"担心会打破家庭的常规"而蹑手蹑脚、"自己想做什么不敢开口去说、去协商，感觉非常被动"、"不敢自己随便拿吃的"，即使"很想做自己的事情"也不懂得拒绝住家的要求。这些主动与被动的表现，都是为了与住家建立一个和谐的人际关系，以避免自己在澳的寄居生活变得困窘和尴尬。

案例中，王老师积极主动的付出对她快速融入住家、同住家成员建立友好关系有很大的助益，但她的内敛被动、不善于表达自我需求也带来了一些问题。入住第二个住家时她写道："在第一个住家不敢吃不敢喝，什么事情都不敢做，比较委屈自己，所以希望在第二个住家自己能有一些自主权，独立一些"，"对第一个住家投入太多，搞得自己很累，所以对第二个住家，不想再取悦他们，只想好好休息，有自己的空间。"可见付出型和忍耐型的相处让王老师觉得既疲惫又被动，同时也说明了他人取向的行为倾向有其积极的一面，但也存在一定问题。而问题的产生，是他人取向同自我取向沟通的失败。王晓凌（2001）指出，澳大利亚文化对欧洲文化外倾基因的传承和对粗犷质朴的澳大利亚本土文化的扬弃，孕育了澳大利亚人坦率直白的精神。澳大利亚人在人际交往中是以自我取向为中心的，诚实地表达个人的想法、偏好、感受和需求在他们看来是双方交往的基础，这与他人取向中的内敛因子形成了冲突。以看孩子为例，王老师最初是为了获得住家的好感而帮忙看孩子、教孩子毛笔字等，所以好感是目的，帮看孩子只是为了获得好感而采取的方式。这样的行为信号，中国人会解码出其真实的目的，而住家则以为她是自己喜欢和孩子在一起玩，因而看起来"没有那么感动"。之后住家总把孩子留给王老师照看，一部分原因也是因为王老师没有拒绝过，"接受、没有拒绝"在自我取向文化中释放出来的就是"愿意做这件事"的信号，王老师其实完全可以直接坦白地向住家表明自己的立场。在跨文化交际过程中，志愿者应合理把握他人取向的度，适度地付出和谦让是维持良好人际关系的润滑剂，但过度地退让往往会令自己不堪重负，尤其是在自我取向的文化中，志愿者要学会适度、合宜地表达出自己真实的想法和要求，这样才能达到良好的交际效果。

（郎亚鲜）

延伸阅读

1. 陆洛. 个人取向与社会取向的自我观：概念分析与实征测量. 美中教育评论, 2007(2).

2. 王晓凌. 中澳文化差异比较. 江淮论坛, 2001(4).

3. 杨国枢. 中国人的心理与行为：本土化研究. 北京：中国人民大学出版社, 2004.

4. 赵家琎, 方爱伦. 当代澳大利亚社会与文化. 上海：上海外语教育出版社, 2004.

5. King, P. M. & Baxter Magolda, M. B. A developmental model of intercultural maturity. *Journal of College Student Development,* 2005(6).

思考题

问答题

1. 你在跨文化交际中有没有遭遇过交际障碍？这些交际障碍是如何产生的？你的解决办法是什么？试举例说明。

2. 在跨文化交际研究中，学者们普遍认为价值观是跨文化交际的核心。你觉得跨文化人际交往中这一问题特别重要吗？你在跨文化交际中有没有遇到过外国人对中国人有刻板印象的情况？你在与其他国家的朋友交往时是否也有一定的刻板印象？试举例说明。

4. 吉尔特·霍夫斯泰德（Geert Hofstede）提出了一国文化"权力距离、集体主义—个人主义、男性度—女性度、不确定性规避、长期导向—短期导向"的五维模型。这五个维度的含义分别是什么？请尝试从这五个维度出发来解读一下中国文化。

实战题

案例A

周菲菲是一名派往美国的汉语教师志愿者，一天早晨她突然觉得嗓子不舒服，又有点儿头晕，用体温计一测，发烧。但是今天她有汉语课，临时又找不到老师代课，只好自己坚持，拖着难受的身体去上课。整节课不温不火地上完，回到办公室，周菲菲的好朋友莉莉，一位美国老师，看到周菲菲的脸色不好，立刻严肃地要求周菲菲去看医生，然后转身离开了。周菲菲一下子感觉好难过！如果在中国，好朋友一定会端来热水，嘘寒问暖。莉莉为什么和中国的好朋友差异这么大？周菲菲百思不得其解。

（杨 楠）

1. 周老师为什么"一下子感觉好难过"？
2. 周老师百思不得其解的问题你有解吗？

3. 这篇案例反映了中国和美国哪些方面的文化差异？在跨文化人际交往中应如何看待？

案例B

马路瑶是一位在俄罗斯的汉语教师志愿者，在任期间她负责汉语水平考试的报名、缴费信息统计和修改，还有关于考试的其他工作。她的工作态度非常积极、认真，常常热心帮助很多家长报名汉语考试，有时更是整理考试信息到深夜，由于她的出色表现，这一次的汉语考试取得了巨大的成功。

在庆功会上，外方院长和执行院长拿着酒杯来到马路瑶面前，对马路瑶表达了感谢，还用了特别隆重、华丽的词语赞美马路瑶的出色工作，马路瑶立刻感觉害羞，不知道该怎样回答，连连说这是自己的工作和职责，是自己应该做的。和马路瑶一起工作的还有一位美国同事，当两位院长赞美他的时候，他只是骄傲地说了声谢谢。这让马路瑶很诧异，第一是因为两位院长对于马路瑶而言已经是级别很高的官员，这样身份的人夸奖自己既紧张也荣幸，第二是因为这位美国同事接受赞美时的坦然和淡定。

（杨 楠）

1. 为什么马老师和美国同事在面对两位院长的赞美时表现得如此不同？
2. 案例中包含了哪些文化因素？这些因素是如何影响人们的交际的？

案例C

人际交往中的你来我往、馈赠礼物是每个民族都有的习惯，中国如此，意大利也是如此。但不同的民族有不同的习惯。比如，中国人收到别人的礼物时，通常不会当着送礼物的人直接打开礼物，而是先收下礼物，招待客人，等客人走了以后，才会打开礼物。而西方人则认为当面打开礼物，并对礼物表示自己的喜爱和赞叹是对送礼物的人的尊重，如果不打开礼物则是不尊重送礼物的人。

在中级口语班的课程结束以后,学生们送了我一件礼物,用一个绿色的丝绸袋子包装好,我很高兴,还和学生们拍照留念了。然后学生们一脸期待地看着我,但是我当时没有意识到要打开礼物看看是什么。然后一个学生说:"老师,您可以打开看看。"我突然意识到我应该打开礼物,然后发现是一本学习意大利语的书(因为学生们知道我在学习意大利语),还有一张所有学生签名的卡片。我表达了对这个礼物的满意和对学生们的感谢,学生们也很热情地给我解释这个礼物的功用,告诉我贺卡和礼物的包装袋是一个学生亲手做的,然后我对他们一一表达了感谢,学生们对此也很满意。

(周梅君)

1. 根据你在国内的观察,近年来中国人接受礼物时的情形有没有发生变化?发生了哪些变化?
2. 中国人为什么不当面打开礼物呢?查查资料,看看是什么原因。

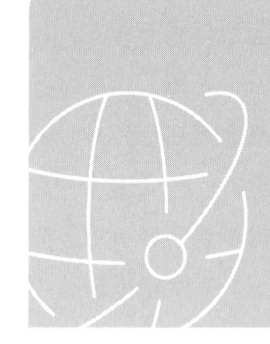

第七章
跨文化的国际汉语教学

国际汉语教学是一种跨文化的教学行为。目前,国际汉语教学发展较快,在实际的教学过程中也遇到了一些问题。比如很多教师反映,汉语教学中最头疼的是敏感问题的教学和课堂文化的建立。另外,由于跨文化环境下师生有着迥异的文化背景和价值体系,往往容易因师生关系和沟通模式的不同而引发冲突,影响教学。因此,本章主要讨论涉及跨文化汉语教学的典型问题:敏感问题与课堂文化,以及影响汉语教学的师生关系和沟通模式问题。

敏感问题。 汉语教学中的"敏感问题"是指两种文化间的一些高层次、深层次的文化冲突造成的,能引起师生激烈的反应,并且能影响教学的正常进行,影响留学生对中国的印象,影响留学生学习汉语的动机这样一些问题(杨福亮,2009)。由于中外文化的差异,跨文化国际汉语教学一直都存在"敏感问题"的困扰。一般说来,国际汉语教学中的"敏感问题"大多跟国际政治、民族利益密切相关,既有政治军事上的,如加泰罗尼亚归属问题、南海问题等;也有历史战争问题,如日本首相参拜靖国神社、朝韩问题等;还有民族宗教问题,如信仰不同、饮食习惯也不同等;更有影响全球的公共卫生事件,如甲流、禽流感等。在以往的国际汉语教学中,多认为教师应当采取"规避策略",以免引起不必要的冲突与纠纷。但事实证明,"规避策略"不仅无济于事,还有可能造成"教师无能"的印象或激化学生情绪等。因此,回应"敏感问题"应采取灵活多样的方式,有理有据、科学应对。

课堂文化。 课堂文化是师生在课堂教学中共同具有的思想观念和行为方式的总和,它在一定程度上决定了教学主体和发展的基本方式(王攀峰、赵云来,2008)。因此,教师和学生的思想观念与行为方式对课堂文化有着重要的影响。在跨文化教学中,由于身处不同的价值体系和文化背景,师生的文化和行为差异作为形成课堂文化的事实使课堂文化冲突成为可能。以中美课堂文化为例，中国人因不确定性规避较高等原因，在课堂中不喜欢竞争性活动而喜欢合作性活动。美国人因不确定性规避较低、崇尚个人主义等原因，在课堂中则更喜欢竞争性活动。这种迥异的思想观念和行为方式在跨文化教学中体现为：中国教师多安排合作性活动，但美国学生因活动缺少竞争性而兴趣寥寥。二者的不平衡极有可能导致课堂活动难以为继，从而使课堂文化既不和谐也无活力。一般认为，构建"以学生为中心"的课堂文化是解决跨文化教学中课堂文化冲突的有效途径。所谓的"以学生为中心"则是要求汉语教师深入挖掘学生对课堂文化的诉求，尽可能地考虑不同文化背景的学生对课堂文化的期待，让学生参与课堂规则的制订，充分调动学生参与课堂活动的积极性，在跨文化教学中打造一种既包容又充满活力的课堂文化。

师生关系。 师生关系是教育活动过程中最重要、最基本、最活跃的人际关系系统，其本质是以教学内容为媒介、以师生之间的情感、认知和行为交往为主要表现形式，以心理交往为基础的人际关系（张红蕴，2008）。在国际汉语教学中，师生关系是影响教学活动极其重要的因素，良好的师生关系对学生的汉语学习会产生积极的影响。但是，教师和学生来自不同的社会，有着不同的文化背景，对师生关系的定位与期待也存在显著差异。以中美师生关系差异为例，美国由于权力距离较小、崇尚个人主义等因素，师生之间平等地交流，师生关系往往被定位为服务关系甚至是一种消费关系，学生也勇于向老师提出自己不同的见解。中国崇尚儒学，师生关系更多地被赋予了一种家长制色彩，"事师之犹事父也"。虽然随着时代的进步，中国的师生关系已渐趋平等，但深受中国传统思想影响的中国人在潜意识里仍感受到教师的威严，感受到一种上下级关系。在跨文化教学中，中国老师的"尊师重道"与美国学生的"师生平等"往往会产生碰撞，引发冲突。一般认为，同理心有助于建立良好的师生关系。教师在师生关系中往往占据主动的一方，汉语教师应主动地、像感觉自己一样去感觉学生的内心世界，由此产生共鸣，避免师生观念不同造成的课堂冲突。

另外，异性师生关系的处理也是师生关系处理的重点，其实不管是在哪一种文化中，男老师和女学生、女老师和男学生都是极其敏感的关系。在跨文化中尤其如此，汉语教师身处异文化环境中，处理此类师生关系时更应慎之又慎，应时刻谨记自己的教师身份，尽量减少与学生的私人往来，避免一些极端情况的发生。

沟通模式。 沟通是人与人之间、人与群体之间思想与感情的传递和反馈的过程，以求思想达成一致和感情的通畅。有别于单一文化下学校教育所涉及的沟通模式，在跨文化教学中，沟通不仅指师生之间的沟通、老师和家长之间的沟通，也指中外方教师之间的沟通。由于不同的文化背景和教育经历，汉语教师与学生、学生家长以及外方教师在教育理念和思想情感上都存在着较大的差异，必须进行有效的沟通才有可能避免各种文化冲突。师生之间的沟通主要体现在具体的教学过程中，如教学活动的选择、示范课堂的安排等。汉语教师应积极主动地与学生进行沟通，尽可能地减少已有的文化定式影响，认真听取学生关于课堂的建议并酌情体现在教学中。

跨文化教学中教师与家长的沟通尤其需要注意，在很多西方国家，因教育越来越带有服务业的特色，许多家长对教师的要求也越来越高。再加上跨文化的因素，家长觉得教师的一些行为侵犯了学生的利益，而汉语教师则对家长的要求甚至投诉感到难以理解。显然，二者之间的冲突往往是因为缺乏有效的沟通。在跨文化教学中，汉语教师应主动地与家长通过电话、邮件或面对面的形式进行交流，这不仅有利于建立良好的教师—家长关系，更有利于了解学生情况、方便教学。

跨文化教学中的中外教师沟通也是十分必要且极为重要的。中外方的教师因不同的教学理念，往往在教学中持有不同的教学方式。比如很多中国教师认为汉语学习应听说读写并重，但部分外国教师认为读写能力应重于听说能力。面对此类分歧，汉语教师应努力营造和谐的沟通环境，以平和的态度与外方教师进行沟通，以期达到双方都认可的结果。切忌情绪主导的沟通方式，毕竟教学方式没有优劣之分，只有合适与否。

案例 49　等老师与迎学生

9月10日上午第三节课，M高中副校长汉姆弗雷女士突然出现在我的汉语教室里，对我进行随堂教学评估。根据M市教育局董事会的要求，被评估的教师要在课后去校长办公室签署一份教学评估表，以示对评估结果的认可。汉姆弗雷校长对我的教学表现基本满意，评估表上的各项指标也都合格。

但我发现在最下面的备注栏里有一条警告，理由是我课前没有站在教室门外欢迎学生来上课，这一条让我很不服气。我为自己辩解道，在中国，上课铃响后是学生安安静静地坐在教室里等着老师来上课。哪有要求老师像酒店服务生一样站在门口恭迎学生的道理？况且，今天还是中国的教师节。

此外，走在M高中的校园里，不会有学生见到老师后驻足行礼，只是偶尔有一两个学生向你说"Hi"。教室里，没有哪个学生会因为老师站在讲台上而停下手中的事情：该吃汉堡的吃汉堡，该化妆的化妆，男女朋友毫不避讳地拥吻在一起，完全无视老师的存在。课堂上，不会有人在发言之前举手，而是在你讲课的过程中突然冒出一句："邵，你见过成龙吗？"或者干脆说："哥们儿，咱今天别讲课了，看《功夫熊猫》吧！"美国学生家长见到老师，也不会像国内家长一样毕恭毕敬，相反，跟美国学生家长谈话时我总感觉是在跟校长谈话。

总之，来到M高中没多久，我就完全没有了在国内做老师的自豪感。

（邵仲庆）

理论聚焦

相似性假定

相似性假定最突出的特点是假定所有人类基本上是相同的，认为人类生理、个性，甚至可观察到的文化差异大多是表面现象，这些表象之下则是跨越时空、文化边界和个人取向的"人类本性"（贝内特，2012:129）。巴尔纳指出跨文化交流中的误解和排斥发生的原因之一就是对相似性的假定，即很多人以为人与人之间有足够相似之处，令沟通十分容易。而这种假定在很大程度上会成为理解不同文化的障碍,也即所谓的同质文化圈理解限制。他们觉得大家几乎都一样,因为同是人类,又有共同的需求,如食物、住所、安全等。遗憾的是,他们没看到一个事实,即对这些共同的生物和社会需求,以及围绕在他们身边的价值观、信仰、看法等方面的种种适应形式在不同文化中有着巨大的差异。相似性假定并不要求有共同的语言,但它却干扰对非言语符号或信息的翻译(贝内特,2012:148)。

案例分析

案例讲述了邵老师在美国高中担任汉语教师过程中面对中美迥异的师生关系,遭受了一定程度上的文化休克,这种文化休克既体现在表层的行为上,又反映在深层的心理上。行为上,邵老师没有遵循所在学校的习惯——上课前站在门口欢迎学生,因而课堂评估被"警告"。心理上,美国学生和家长对待老师随意的态度,与中国学生和家长对待老师毕恭毕敬的态度形成鲜明对比,因而造成了邵老师巨大的心理落差,使其完全失去了在国内当老师的自豪感。

中美师生关系的巨大差异体现了两国权力距离的不同,而这种不同主要是由于两国的文化传统造成的。中国是一个权力距离大的国家,辈分、年龄、官衔、学识、金钱等都构成了等级关系。而师生关系就类似一种辈分关系,把老师看作长辈,所以学生对老师态度要恭敬,不可对老师直呼其名,路遇老师要停下来打招呼等。这种权力距离主要是受中国传统的儒家思想的影响:儒家主张上下有别、尊卑有序的等级观念和社会秩序。儒家思想的创始者孔子,被后世尊为"至圣先师",由此也体现了老师崇高的社会地位。而美国是一个权力距离小的国家,强调"个人主义"和"人人平等",人与人之间相互尊重、自由平等。师生之间自然也是如此,学生可以对老师直呼其名,不用向老师行礼,在课堂上可以自由地向老师提问题,也可以与老师进行争论。这种较小的权力距离主要是因为美国是一个多种族、多民族、多文化的移民国家,注重个人奋斗、独立精神以及对个人价值的尊重。案例中"等老师"与"迎学生"就是这两种不同文化下的具体行为。中国强调尊师,所以是学生等老师;美国强调平等,所以可能会出现老师迎接学生的现象。

邵老师面对课堂评估的"警告"时,表现出"不服气",进而为自己"辩解"，一味强调其在中国的情况，这说明邵老师对中美文化抱有明显的相似性假定，而忽视了不同文化下人们不同的价值观、看法和风俗习惯等，理所当然地把中国尊师的思想推及美国人身上，认为美国人也应当如此。结果发现，事实与他所想完全不同。在这种情况下他又犯了文化中心主义的错误——以中国师生关系为标准去衡量美国的师生关系，他认为中国学生对待老师的方式是正确的，而美国是不正确的，所以在被要求上课前站在门口迎接学生时，他感到不可思议，认为"哪有这样的道理"！

作为一名汉语国际教师，同时也是一个"跨文化人"（王永阳，2013），邵老师在面对文化差异时，应摒弃自己的文化中心主义，保持文化相对主义的态度，以开放、博大的胸怀去认识、接受不同的文化理念，正视和尊重不同文化的差异性。同时积极调适自己的文化身份，不固守自我民族文化身份，在与异文化接触的过程中，营造跨文化第三空间，在充分了解中国文化和学生母语文化的基础上，又能够跳出第一和第二空间文化框架的限制来理解和关照文化差异。所以，邵老师在对待美国学生时，一方面不能固守中国式"尊师重道"的传统师生观念，而应积极调整自己的文化身份，扭转为平等理解型的教育观念；另一方面在教育学生时，应告诉他们中国的师生关系是怎样的，帮助其学习汉语和理解中国文化。

（丁秀梅　吴　爽）

延伸阅读

1. 顾晓乐.外语教学中跨文化交际能力培养之理论和实践模型.外语界,2017(1).

2. 胡冰,刘景慧,张瑾.跨文化交际中的文化休克及化解策略.河北学刊,2013(5).

3. 贾陆依.中美高校外语专业师生定位关系比较研究.外语界,2003(4).

4. 邵仲庆.对外汉语教学中课堂冲突的文化归因研究——以美国俄克拉荷马州M高中汉语课堂为个案.西南大学硕士学位论文,2010.

5. Sinicrope, C., Norris, J. & Watanabe, Y. Understanding and assessing intercultural competence: A summary of theory, research, and practice. *University of Hawaii's Second Language Studies Paper*, 2007(1).

案例 50　如何与学生家长"周旋"？

（一）

作为一名初出茅庐的国际汉语教师，你是否会因为学生不遵守课堂纪律、不认真完成作业、不重视考试而恼羞成怒？你是否会怀疑自己的人生，思索究竟应不应该选择教师这一职业？

我在澳大利亚的房东是当地中学的一位科学老师。一天晚上，下班后的房东看起来特别的沮丧，随后她向我描述了当天在学校的遭遇。上个学期她有个十一年级（相当于国内高二）的学生因为复活节旅行向她请假缓考，并承诺这个学期一定补考。但是这个学期，当房东提醒她应准备考试并给她考试通知的时候，这个女生却十分抗拒并执意不参加考试。房东觉得对于已是高年级的她来说考试成绩真的很重要，况且她已经是缓考了。据房东描述，这个女生平时的表现就不怎么样，上课经常玩手机，和旁边的学生不停地讲话，影响了周围的同学，有几个同学为此也曾向老师反映过。在拒绝参加考试后，她不但没有表现出任何虚心好学的迹象，反而更加肆无忌惮地找周围学生聊天、玩手机，经多次提醒、劝告无效后，房东生气地对她说："你不想学习科学课，你可以出去，可以不选择科学课，但请不要影响别的同学。"第二天，学生就带家长去校长室了，家长告诉校长，老师不让她的孩子学习科学课，让她出去还逼她考试。房东当然很气愤，家长不明真相并随意下定论。幸好，校长十分清楚房东的教学与为人，为了劝服家长，于是同意这个女生可以不参加考试，这件事情才告一段落。

无独有偶，同样的事情也发生在我所在学校的汉语老师身上。汉语课上一名男生不停地讲话、打闹，老师多次提醒无效，并发现他笔记本上一片空白，于是让他到教室外面站五分钟，五分钟后自己进来。当天晚上，老师就收到家长发来的邮件，家长说他的孩子一直表现不错，不知道老师为什么让他站在外面，孩子回家后心情一直很低落，说这件事情让他觉得很羞耻，希望能和校长、老师当面说清楚情况。后来，老师将事情的前因后果清楚地写在邮件里发给了学生家长,家长才表示理解。

有过异国教学经历的老师应该都感同身受,西方国家的学生真的很难管教。就我了解到的,面对这样调皮的孩子,很多时候当地的老师也是束手无策,不得不采用提醒、调换座位、罚站、课后谈话等多种方式应对。面对"问题学生",国内家长一向和老师"统一战线",然而这边的家长多半会站在孩子这一边,和老师"唱反调"。在我看来,西方国家的家长和老师的地位并不平等,家长和学校、老师的关系更像是"employer & employee",家长可以直接告诉学校他们要一起家庭旅行,因此他的孩子无法来上课或者参加考试。在家长会上,和家长们的交谈中,也能了解到他们真正关心的是孩子在学校收获知识的同时能否收获快乐。

了解到家长和老师之间的这种关系后,在教学过程中,我们需要注意不断激发学生学习的兴趣,让他们能够在课堂上收获快乐。在西方国家中小学的汉语教学中,我们无法用学生学到多少知识来衡量自己的教学是否成功。作为汉语教师的我们需要转变自己的角度,以学生能否在自己的课堂上收获快乐,能否因为自己的努力而爱上汉语学习作为教学成功的标准。

(徐燕枫)

(二)

学校开学两个月之后照例会开家长会,一年之内会有两次。家长要在学校指定的时间登录系统预约与老师见面的时间,每位学生的时间是七分钟。家长可以根据学生的情况选择跟哪位老师见面,不跟哪位老师见面,既注重学生的隐私,又注重个性化。家长们预约好时间之后则会带着自己的孩子一个一个地来"面见"老师,老师和家长共同讨论这一学期以来学生的表现,同时也对孩子提出要求,希望家长能在家里起到适当的监督作用。

这次的家长会,同屋的一位老师跟家长因为学生的事情大吵了起来,甚至说了很多不适宜的话,从讨论学生的问题变成了相互的人身攻击,事情越闹越大,同屋其他几位老师的家长会都没有办法进行了,最后只好由学校的主管领导来协调，弄得老师和家长都非常不愉快，也给其他学生和家长造成了非常不好的影响。

不论在哪种学校文化当中，老师和家长的关系对于学生的成长都是非常重要的。对于海外汉语教师来说，应该怎样做才能和家长处理好关系呢？如何处理，才能让家长成为学生的"家庭教师"，对课堂教学也起到一定的帮助呢？

在澳大利亚的学校中，家长是学校社区文化当中非常重要的一个部分，学生的学校教育只有老师远远不够，还要老师和家长共同努力。学校大大小小的活动，例如每天安排学生们在食堂就餐都是家长们义务帮忙，学生们的大小演出会邀请家长们来观看，父亲节和母亲节学校会安排当天的早餐感谢家长对学校的支持等，而这些都有家长全方位的参与。

这位与学生家长起冲突的老师其实平日里跟学生的关系就比较紧张，有的学生抱怨这位老师在课上大喊大叫、不尊重学生，学生自然也不会乖乖听他的话，回家跟家长抱怨，接着家长就在家长会上质问老师，如果老师顶不住压力，难免就会发生口角或者冲突。所以，想要处理好与家长的关系，首先要处理好与学生的关系。这里的"尊师重道"与中国大不相同，在这里，老师与学生的关系更"现实"——学生和家长是"顾客"、是"上帝"、是老师的衣食父母，老师是为学生服务的，学生不会因为你有老师这个头衔而尊重你，如果你认真对待工作，对学生认真负责、尽心尽力，自然会赢得他们的尊重。

其次就是要经常与家长沟通。这需要国际汉语教师有良好的英文水平，不但要交流无障碍，而且要能理解英文中的小幽默，还要能时不时地开个玩笑调节气氛。虽然家长不能经常来学校，但是老师也要定期给家长发邮件或者打电话沟通一下学生在学校和在家里的情况，让家长对学生的表现有所了解，这样对学生的健康发展有很大的好处，家长也会非常感谢老师关心自己的孩子，会在心里认同老师的敬业精神。

其他中文老师就非常懂得与家长处理好关系，甚至与有些家长是非常要好的朋友，家长对中文老师的教学能力也很赏识。我们的家长会虽然是一整天，但是进行得很愉快，家长和老师在很多方面达成了一致，很多家长表示会鼓励孩子继续学中文，也给老师反馈说孩子经常在家写汉字、读课文，享受学习中文的过程。这样的结果不就是我们非常想看到的吗？

(李　瑾)

理论聚焦

交际的正式程度

所谓交际的正式程度，是指社会群体对角色规范的重视程度。有的国家或民族出于角色规范，交际行为比较正式，有的则较为随便。相对来说，中、日、韩等东方国家比较重视交际的正式程度，这和美国、澳大利亚等为代表的一些西方国家形成了较为鲜明的对照。老师和学生的关系是一组典型的角色关系，师生之间的交往可以用来检验一个社会群体对待交际的正式程度。在中国，从古至今都强调"尊师"，而老师要"为人师表"，要有"师道尊严"，在日、韩这种文化也是一脉相承的，甚至行为规范上比中国更为正式。相反，美国等很多西方国家的师生关系则比较随意，不拘泥于形式，学生挑战老师、不服从老师的安排都是常见的。

案例分析

因为旅行而请求缓考，之后还拒绝考试；上课讲话、打闹，老师屡次提醒无效，回家还"恶人先告状"；学生一回家抱怨，家长就想着第一时间诘问老师……这些都让来自中国这样偏向权势性关系社会的老师觉得不可思议。

"西方的学生很难管教"，这种感性经验不无道理。由于很多西方国家偏向"一致性"的社会关系，所以教师和学生之间的地位比较平等，教师需要尊重学生的独立人格；而学生也不会因为教师的身份地位而特别尊重他们，所以如果课堂内容不能吸引他们，孩子本身又比较叛逆、调皮时，就会时常出现不把教师放在眼里、上课打闹的情况。另一方面，偏向"一致性"关系的社会在处理人际关系时，不会太注重形式，交际时的很多表现都会偏离角色规范，而社会对这种角色规范的偏离容忍度也比较高。案例中的几个事件都典型地体现出了上述两点。此外，案例中提到家长、学生和教师的关系更像是雇主和雇员，或者说家长、学生是顾客、上帝，是教师的衣食父母的说法也颇符合实际。在很多西方国家，教育越来越带有服务业的特色，很多家长觉得自己是在花钱为自己的子女购买教育服务，而学校、教师作为服务提供者，就应该让自己满意。

那么这是否表明，在澳大利亚这样的文化中教师是没有权威的？当然不是。教师由于自身的角色带来的权威越来越少，如果想提高自身的影响力，就必须展示个人魅力，包括教师是不是让学生信赖、课堂内容在多大程度上吸引学生等。在澳大利亚这样一个高度契约化的社会，教师作为服务方，必须建立自己的信誉才能拥有并发挥自身的影响力（王维荣，2013:132）。

比起中国学生来，西方学生可能确实不那么好"管教"，海外汉语教师管理课堂的能力确实也有待提高。如何才能管好学生呢？首先我们不能被"师道尊严"的理念牵绊住，姿态摆得过高，希望学生尊重"师长"，对自己言听计从，当学生的表现有负期待时，就摆出一副教训人的架势，导致师生冲突加剧。我们要特别注意，在出国之前就应该了解相关背景并调整自己的心态，把学生不服管教作为"新常态"来看待，多给学生发言的机会，多倾听他们的想法，在优化课堂教学内容、教学形式上多下功夫，关注他们的知识收获和快乐感受；同时注意保持与家长的沟通，出现问题时主动说明，并提出相关建议，受到家长诘问时也耐心解释、共商对策。海外汉语教师应努力做一个合格的跨文化沟通者，有效促进中外语言文化的交流，避免在细枝末节上出差错，影响大局。

（范红娟）

延伸阅读

1. 陈国明,安然.跨文化传播学关键术语解读.北京:中国社会科学出版社,2010.
2. 王维荣.跨文化教学沟通.北京:教育科学出版社,2013.
3. 吴为善,严慧仙.跨文化交际概论.北京:商务印书馆,2009.
4. 周小兵.对外汉语教学中的跨文化交际.中山大学学报（社会科学版），1996(6).

案例 51　师生亲疏关系

在我来到智利之前，我觉得西方国家的师生关系大都和美国一样，老师和学生之间有着非常严苛的界限。抵达智利后，我被派到了瓦尔帕莱索市的一所四年制公立职高，有独立的汉语教室，属于智利六所孔子课堂之一。在我任教的第一个学期里，发生了几件事情，改变了我之前的看法，有的事件焦点为学生，有的事件焦点为老师。

第一件事发生在高二A班。在我任教之前，该班就有三位学生通过了HSK一级考试，并希望在我来的第一个学期继续备考HSK二级。于是我从当地的一所孔子学院那里要来了西班牙语版的HSK考试相关信息，包括考试时间、考试费用和注意事项等。到学校之后，我便将该文本多复印了几份分发到各个班级。突然有一天，A班的班主任在办公室找到我说上一次HSK考试，学生只用付一半的费用，并问我这次考试是不是也一样。因为孔子课堂每年都能从汉办申领一笔专项经费，于是我直接找到校长并说明了相关情况，最终为这三位学生争取到了全部的考试费用，也就相当于他们可以免费考试。从财务处拿到现金后，这三位学生就立马要求我陪他们去附近的银行汇款，虽然当时仍是上班时间，可我还是陪他们走出了校门，全程陪同完成了汇款手续。这件事之后，我发现学生缺乏基本的生活技能，连汇款都是人生中的第一次。

第二件事也发生在高二A班。虽然当地的孔子学院每周都为即将参加HSK考试的学生提供一到两次免费考前补习，但是我的学生仍要求我另外找时间为他们上辅导课。因为我每周是20节的课时量，再加上课后学西班牙语，空闲时间所剩无几。本着汉语教师的志愿服务精神，即便很累我还是同意了，并抽出周五下午2点到5点的时间段临时开设补习课。就这样，我从HSK真题切入，为他们进行了一个月的备考补课。临近考试的前两天，我的学生又要求我考试当天陪他们坐公交车并陪考（半小时车程），因为那天是周六，所以我不好意思拒绝便随口同意了。

第三件事和我的延签手续有关。C是高二的女生，在我刚入职的时候，就主动要了我的手机号并加了我的whatsapp。相比于其他学生，C安静许多，丝毫没有染上其他同学的痞气，尊重老师且学习态度也极为认真。一开始，C就时不时地传信息给我，以我的态度，师生之间私下独处甚至是聊天都是要慎行的。她发来的信息我要么拖很久才回，要么干脆直接不回。虽然内容大都是一些日常问候，但我仍觉不妥。直到有一次，她发信息跟我说了很多家庭的不幸遭遇，接着便很认真地说让我带她去中国、再也不要回智利了，这时候我才发现事情的严重性。对于一些较为私人的话题，我是倾向于避而不谈的，于是只好回复她说如果要去中国就把汉语学好，通过了HSK等级考试还能申请奖学金。这次尴尬的聊天就这么不了了之。后面她又告诉我，如果我有任何日常生活以及语言交流等方面的问题都可以找她。我当时觉得师生的关系也许还能近一点。本科期间我也做过外教助理，帮外教处理过生活工作上的琐碎之事，站在这个角度想，C可能真是想帮帮我。因为暑假期间忙着办合同公证和延签手续而苦于联系不上校方负责人和同事，无奈之下我找到了学生C，问她是否可以帮我去教育局、公证处和移民局更清晰地翻译说明。我问她星期一有没有空，并用了很委婉的西班牙语条件式"podría"问她是否方便花一个上午陪我去教育局索要相关文件，随即C回复说她有一点忙，估计不能同行。第二天，C发信息给我问我手续办得怎么样，我也只是简单寒暄了几句，并将公证处的录音发给了她，本想让她帮我再听听内容。然后她问我什么时候去办手续，我说是星期一上午。我并没有再询问她可否陪同，她却误解了我的意思并回复了我一句"Yo no puedo.（我去不了。）"接着便终止了聊天。出乎我意料的是，当晚她妈妈用C的手机发了条怒气冲冲的语音给我，大致内容是她非常不喜欢我这么要求她女儿陪我处理私事，她觉得我和她女儿私下聊天并商量着独处的行为严重影响到他们一家了，不希望这样的事情再发生第二次。听到这条语音的时候，我第一反应就是我被曲解了。我想了三个问题：①为什么C的妈妈会用她女儿的手机传语音信息给我？②我并没有纠缠着强制让C陪同，她妈妈把"请求"误当作"要求"了。③难道C自己也这么曲解了且未向她妈妈解释缘由？

根据我的观察,我任职学校的师生关系并非像我一开始想的那样严苛,我刚来的时候就看到一名男老师放学后私下带着几名女学生去海滩边闲逛,就跟朋友一样;甚至有的老师还向学生借闲置手机等私人物品用上一段时间。种种现象给我带来了不少的困惑,我意识里师生间应该保持相当一段距离。既然事实如此,我想按照中国的师生观来处理问题就万无一失了。可是这件事之后,我对师生间的相处更加敏感了,我本想把C从我的联系人清单中删除,但是我转念一想,又没有做什么见不得人的事,留着聊天记录没准儿能保我清白呢。

(周　镇)

理论聚焦

社会角色和角色期望

"角色"概念来源于戏剧,角色理论的首创者、美国社会心理学家乔治·赫伯特·米德(George Herbert Mead)认为,"角色"是指处于一定地位并按其相应的行为规范行事的人。一个人获得了某种社会地位,他就扮演着某种角色。在社会生活中,每一种身份都有其社会规范、要求和规则,所以讨论教师角色,就离不开教师的身份及其相关的行为规则。一种社会角色确立后,相应的,也就产生了社会对这种角色的期望,期待特定的角色遵循其行为规范而行动。比如从角色期望来说,教师应当敬业乐业、教书育人、热爱学生。当承担某种社会角色的人的行为并不如所期望的那样,便会出现矛盾与困扰,表现在国际汉语教学中,很可能就是跨文化冲突。

案例分析

师生关系，一直是教育学永恒的话题。师生之间应该是一种怎样的关系，不同时代、不同文化会有不同的认识。比如中国自古以来就是尊师重道的国家，教师权威比较高，但是发展到现在，受各种思潮的影响，师生关系也越来越往平等的方向发展。教师由于自身身份带来的权威感逐步降低，课堂上越来越强调关注学生的需求，学生中心论也日渐成为一种主流思潮。但是在共时层面上，各个国家、民族在师生关系上都会表现出不同的特点，比如与美国、澳大利亚、智利等国家相比，中国教师的权威性明显高出很多。

周老师为什么遇到了那么多困难、冲突甚至有危机出现呢？

我们必须肯定周老师热心服务学生的精神：为学生积极争取减免考试费用、帮助学生去银行汇款、课外抽时间给学生补习等。尽管自己上课、备课、学习当地语言已经非常繁忙、劳累，但还是不断提醒自己应有志愿服务精神。但是毕竟个人的精力是有限的，所以周老师对学生有求必应的结果就是自己体力、精神上都相当疲惫，并且产生了一定的抵触情绪。这里我们需要特别思考的一点是，应该如何平衡自己的工作与业余时间？面对学生不断的需求，我们应在多大程度上予以满足？这里并没有一个标准答案，对有的老师来说，如红烛般燃烧自己、照亮学生，随时准备帮助学生，或许正是他们的追求与乐趣。尽管很多帮助无关学业，也并非老师的义务，但毕竟助人为乐在各种文化中都是一种优秀品德。而对于希望保留自己的休息时间，希望把师生关系维持在学业、课堂层面的老师来说，只要把工作上的事情做好即可，根据自身情况适度拒绝学生课业之外的要求也无可厚非。从本质上来说，教师也是一种职业，而且在很多国家都越来越往服务业的方向发展，如果把教育看成是一种产业，学生、家长是购买教育服务的顾客，那么社会也不应给教师捆绑过高的道德要求。这方面，不同国家的教育文化可能差异很大，海外教师应该根据当地实际情况处理具体的问题。在这方面保持文化敏感性，积极观察本土老师的言行举止，多问多学，无疑是一条捷径。关于课外帮助学生的问题，如果明明觉得为难却仍然勉强自己，除了影响自己的生活，也很可能会影响到正常工作。比如案例中的周老师，总是硬着头皮给学生补课，对学生的种种要求颇有怨言。总而言之，我们对这类事的建议就是，如若甘之如饴，那就继续享受；如若内心苦涩，不必违心强求。

  前面我们建议，保持文化敏感性，积极观察本地人怎么做，是规避和解决跨文化冲突的捷径。但是后面，为什么周老师稍微"学"了一点本土教师的皮毛，就出问题了呢？周老师观察到"一名男老师放学后私下带着几名女学生去海滩边闲逛，就跟朋友一样；甚至有的老师还向学生借闲置手机等私人物品用上一段时间"，然后就给学生发短信问她可不可以在自己的延签手续上帮帮忙，却引来了学生母亲的不满。请学生帮自己处理私事，商量着独处，这引发了母亲的忧虑。男教师和女学生，这在任何一个社会都是极为敏感的关系，何况学生还是未成年少女，那么可能的"独处"引发的忧虑可以理解。从教师的角度来看，孩子母亲的指责有些莫名其妙，但从母亲的角度看，保护未成年女儿则是在尽一个母亲的责任。

  那为什么当地教师可以，周老师就不可以呢？我们从周老师叙述这件事情的语气看，实际上他对当地老师的做法存在疑问，那么既然心存怀疑，自然也不应该效仿。我们效仿的应该是规则、规范、习俗之类的东西，确定是值得效仿的方面，而不是学习某些老师的一些不当做法。海外汉语教师在异文化中，行事应当比在国内更为慎重，在对某种做法心存疑虑、拿捏不定的时候就不应心存侥幸，最好还是采取更为稳妥的处理方式。而且身在海外，我们也应该言传身教，在课堂上、生活中展示我们中国教育文化中积极、优秀的一面，同时学习别国值得借鉴的方面。

（范红娟）

延伸阅读

1. 胡尔钢. 角色理论与师生关系初探. 教育理论与实践, 1987(6).
2. 李强, 黄振鹏, 吴迪. 论"地位—权力情感理论"视域中的师生关系. 教育与教学研究, 2017(9).
3. 许倩颖. 对外汉语教学中师生角色关系的跨文化研究. 苏州大学硕士学位论文, 2014.
4. 张红蕴. 对外汉语教学中的师生关系研究. 云南师范大学学报（对外汉语教学与研究版），2008(6).

案例 52　有人听课要不要告诉学生？

我在维也纳大学孔子学院工作。这学期的教学工作眼看已经过半，孔子学院院长和教务主管提出要走访各个班级去听课，认为这既能显示出孔子学院对汉语教学负责任的态度，也可以表示对学生的关心。另外，孔子学院希望能够借此机会充分了解各个教师的授课情况，根据教师的教学风格和教学特点对所教汉语课的课型及其级别做出更合理的调整。

我得知孔院这个安排后，反复犹豫要不要把听课的事情提前告诉班里的学生。告诉他们，一方面可以表示出对学生的尊重，另一方面有人来听课一定会打破自然的上课气氛，而奥地利学生相对来说比较害羞，提前告知可以让他们有一定的心理准备。但不告诉他们，孔院领导可以看到更真实的班级状况和教学情况，我也会得到更真实合理的建议。考虑再三，我决定不告诉学生有领导来听课的事情。

B1-1整体来说，学生汉语水平相对较高，学习气氛浓厚，我与学生之间相处得也非常融洽，但领导来班里听课那天，班里和谐的学习气氛骤变，大家都表现得很害羞，不愿意张口朗读、回答问题，而是低着头默默地看书。这种情景，我也非常尴尬，为了调动班级气氛，我只好将游戏活动提前。在做游戏的过程中，刚才尴尬的气氛渐渐缓解，学生们积极地参与到了猜词游戏中。当孔院领导走后，学生们纷纷问我："老师，您知道有人来听课的事情吗？"我说："我是知道的，但是并没有提前告诉你们。"学生默不作声，我才意识到这件事自己处理得并不妥当，应该提前告知学生有领导听课的事情。正好，接下来的新课中有"抽空"一词，借此事例我给学生拓展了"抽查"一词，学生才慢慢忘记了刚刚的突发事件，再一次回到了正常的课堂当中。

经过此事，我深刻地意识到作为一名教师，应该在每个细节充分地体现出对学生个体的尊重，应该多和学生进行沟通，了解学生的学习风格和特点，在此基础上，再做出判断、采取行动。

（夏　蕊）

理论聚焦

不确定性规避（uncertainty avoidance）

不确定性规避是影响各个国家间文化差异的因素之一，指的是人们对不明确的、模糊的状态感受到的威胁程度，以及在多大程度上会采取一些措施来规避这种不确定性。不确定性规避低的文化表现为：精神压力小、时间是自由的、拼命工作不是美德、更愿意冒险、强调经验等。英国、美国、南非、加拿大就属于这种文化。不确定性规避高的文化表现为：精神压力大、时间是金钱、因内在动力而拼命工作、更重视安全等。西班牙、韩国以及案例中的奥地利就是属于这种文化。例如，我国作为不确定性规避较高的国家，中国人在求职过程中，一般热衷于寻找"铁饭碗"的工作。

案例分析

本案例中，夏老师因为没有提前告知学生有领导来班里听课一事，而给自己的课堂教学带来了一些困扰。性格相对腼腆的奥地利学生面对课堂中的"不速之客"变得沉默，不愿意表现出往常课堂中的活跃与好学，这不仅使本节课的教学质量受损、课堂气氛尴尬，也没有达到夏老师"孔院领导可以看到更真实的班级状况和教学情况，我也会得到更真实合理的建议"的预期。

国际汉语教学过程不仅是简单的语言教学过程，它也是两种甚至多种文化接触、冲突、融合的过程。教学活动期间，教与学双方都有因自己跨文化敏感度不高而遭受困惑的可能。奥地利属于不确定性规避较高的国家，当B1-1班的学生发现课堂上有陌生人之后，开始变得害羞，不愿意配合老师回答问题，这是典型高不确定性规避的表现。在不确定性规避程度较高的环境中教学，教师和学生都习惯于提前制订好课堂学习计划，不愿因意外而打破上课进度。夏老师虽然意识到了奥地利学生容易害羞的性格，但没有进一步考虑到在高不确定性规避的奥地利，学生不知情的状况下，领导来教室听课，学生对此突发状况会做出什么样的异常反应，进而可能给自己的课堂带来什么样的影响，这是夏老师跨文化敏感度不高的结果。对教师而言，需要在悬置自己既有的文化身份基础上，去积极理解、领悟和思考把握学生在价值观念、思维方式乃至话语表达习惯和行为方式等方面的巨大差异，并对这些差异给予理智的思考判断（程良宏、马新英，2014）。

国际汉语教师要提高自己的跨文化共感性，在跨文化课堂上，能够体会到学生情绪的波动并找出根源，进而解决文化冲突。

跨文化交际中，面对文化差异，经过理智思考判断之后，还需多跟交际的另一方沟通交流，以免进入对方的不适区域。夏老师起初也想把领导来听课一事告诉性格相对腼腆的奥地利学生，让他们有所准备，但经过再三考虑，她还是决定不告诉学生。中国是一个权力距离较大的国家，师生之间也不例外。在中国，领导或其他老师来班里听课是很正常的事情，所以如果案例中的听课事件发生在中国的课堂上，中国学生应该不会表现得如此异常。但奥地利学生得知老师事前就知道领导会来听课后，他们却沉默了。他们的沉默可以看作是对自己权力受损害的无声呐喊。奥地利属于权力距离较小的国家，在他们看来，师生之间应该是平等的，既然老师知道有领导来听课，同为课堂教学参与者的学生也应该知道。正是因为两国权力距离情况的不同，以及夏老师跨文化敏感性的薄弱，使得夏老师做出了错误的选择，引发了奥地利学生的不满。在组织活动方面，应尽可能为学生提供协商的平台。有关课堂的事情，我们应该事先和学生商量后再做决定，以便了解学生的文化习惯，在一定程度上避免文化冲突。

最后夏老师通过补充"抽查"一词的学习，给课堂上发生的事情做了比较好的解释。夏老师的课堂应变能力是值得我们学习的，这也是国际汉语教师需要具备的素质。在国际汉语教学过程中，文化冲突时有发生，因此我们国际汉语教师除了要有扎实的知识储备和灵活的教学方法外，也要提高自己跨文化交际能力和跨文化敏感性。

（郑小姣）

延伸阅读

1. 程良宏, 马新英. 课堂教学中教师的文化敏感性及其培育. 全球教育展望, 2014(12).
2. 任婷. 权力距离和不确定性规避维度视域下的大学英语课堂研究——以教师话语分析为例. 语文学刊, 2016(7).
3. 周杏英. 大学生跨文化敏感水平测评. 山东外语教学, 2007(5).
4. Ruben, B. D. & Kealey, D. J. Behavioral assessment of communication competency and the prediction of cross-cultural adaptation. *International Journal of Intercultural Relations*, 1979(1).

案例 53　如何表扬学生？

2015年暑期，我在弗吉尼亚大学上海复旦的暑期中文项目实习，任三年级的汉语教师，学生主要来自弗吉尼亚大学，另外还有耶鲁大学的几个学生。期间我感受最深的是学生和我对"表扬"的不同认识。比如，学生学会了一个生

夏威夷大学孔子学院中文课堂（田嘉欣供图）

词或者新的语言点并就其进行表达的时候，通常希望老师能狠狠地夸奖一下，从而明确知道自己掌握了新的知识点，获得了老师的肯定。对我这个在中国传统教育下长大的老师来说，对于学生的正确发音和表达，回应无非是一个发自内心、非常肯定且大声的"嗯"，一个肯定的眼神，或者一个很用力的"点头"；当然，偶尔我也会说"非常好""很棒"之类简单的口头表扬，这对我来说已经是最大的表扬和赞赏了。然而对于学生来讲，我却没有做出积极而肯定的回应。在学生的中期评价中，学生表示对于我的反应，他们觉得很迷惑，他们不知道他们的发音和表达是否正确，他们无法从我的表情和声音中看出我的意见。学生这样写道：

"Sometimes it feels like I have said something wrong but she just never corrected me and I think that is because she give less positive feedback than other 老师。"

在后来的教学交流中，我了解到了学生迷惑的原因，逐渐改变了自己的"冷淡回应"。在学生要求我帮助他们纠正发音的时候，我会在每一次正确的发音之后说一句"很好""非常好"，这样虽然看似单调而重复，却能让学生获得更大的自信。在学生一些篇幅较长的口头表达或书面表达中，我会就其中的具体内容给予针对性评价，这样学生可以更清楚地了解自己的语言水平和能力。对于不同水平的学生，我也会给予不同的建议和

意见。学期末，学生的评价是这样写的："李老师 has by far done the best job of taking the midterm evaluations to heart and adjusting her teaching style. Her Danbankes（单班课）are extremely helpful." "I look forward to our Danbanke and find her advice very helpful." 看到这些我感到非常开心，学生给了我很好的建议和帮助，是他们让我取得了如此进步。

  有效的教学反馈具有针对性、激励性、交互性等特征，在教学过程中，教师通过教学反馈向学生传递评价、启发等信息，让学生从中得到激励；同时，教师也要根据学生的反馈及时调整教学行为，使自己进一步做好教学工作。相较于国内教学过程中对"夸张的表扬"的淡化或忽视，国外的教学更加注重建立积极而有效的教学反馈平台。尤其在学习汉语的过程中，学生并不能很好地把握这一语言，这时他们更加需要得到教师的鼓励和表扬，从而建立自信。此外，教学反馈中的表扬并不能简单地停留在"好""很好"这种整体概括的层面，而更应该从细节入手，针对具体内容进行反馈，如"你今天的发音很好""你的字写得很棒""你今天的作文中用了很多新的生词和语言点"。同时，对不同水平的学生也要提供多样化的反馈信息，因材施教，这样才能让学生真正感受到你在关心他，关注他的进步。

（李　娜）

理论聚焦

高语境文化（high context culture）**与低语境文化**（low context culture）

  高语境文化指大部分信息都是由环境语言、非语言信号或其他方式传递，较少用直接而明确的语言来传递。高语境的沟通文化强调，在很多情况下沟通的情境、信息和意义的交换不是由说话者所说的语句和内容来决定的，而是由说话者表达的方式、手势、语调、语速等情境性的因素来决定的。集体主义倾向于高语境沟通风格，委婉而间接。中国文化本身就是一个高语境沟通的文化，类似的文化还包括日本文化、西班牙文化等。低语境文化是指大部分信息都是由明确的语言来传递，对环境的依赖较少。低语境沟通文化强调沟通的方式是直接的、明确的，它的意义应该是直接由字面表达的，听众不需要对背景和情境进行再加工，因为他们可以直截了当地从沟通者所说的、所用的词汇中理解对方的意思，美国、加拿大和很多欧洲国家都是很明显的低语境沟通文化。

案例分析

案例中李老师在给学生积极性评价时经历了从"一个肯定的眼神，或者一个很用力的'点头'"到明确、肯定地表达"很好""非常好"、甚至针对不同任务给出不同评价的转变。从中我们可以看到，李老师的表扬方式从高语境文化中的典型做法渐渐调整成了低语境文化下的习惯策略。

李老师作为美国留学生在华项目的汉语老师，本身就处在中国这一高语境文化背景下，因此做出积极性评价的时候往往采取非语言的方式，例如"肯定的眼神""用力的点头"等；但是这些非语言的行为在留学生看来却不像是积极正面的肯定回应，表达的意思模糊、不确定，让他们感到迷惑。在低语境沟通文化背景下的留学生看来，表扬行为应该是外显、明确的，如果老师没有说出明确的表扬的话语，他们就会希望老师接下来有纠正的举措。案例中老师和学生之间在表扬行为上产生的重大隔阂正是源于高语境文化和低语境文化不同带来的沟通策略的差异。

李老师在得到留学生的中期评价反馈后及时调整了自己的表扬方式，克服自身高语境沟通文化背景下的"冷淡回应"，给出针对性更强、频次更高的外显性评价。从发音、口头表达到书面写作，留学生每次完成任务后李老师都给予相应的积极、肯定、清晰的反馈。有效的教学反馈离不开针对性、激励性、交互性，从单一的表扬回应到多样的教学反馈，李老师从高语境沟通文化表达策略向低语境沟通文化表达策略的转变凸显了以学生为中心的教学理念，这方面值得我们学习。当然，高低语境文化的不同只是一种可能，另外也可能跟李老师的个人性格和体态语有关，国际汉语教师要有smiling teacher的意识。

在跨文化交流语境中，汉语教师可以参考亓华、李萌（2011）的建议：（1）表扬时要伴以亲切的微笑，这是缓解学生焦虑情绪的有效手段。（2）对发言的学生及时予以表扬，及时的表扬能让学生明确自己的学习进步。（3）给出具体而非笼统的表扬，这样能够指明学生努力的方向，使他们能再现和巩固自己的正确做法。（4）善于发现和表扬学生细小的进步，能够使学生不断追求进步，积累更多的学习进步。（5）多采用积极正面的评价表扬，而不采用批评责备的方法。

（吴　爽）

延伸阅读

1. 亓华,李萌.汉语"表扬"语的话语模式与跨文化语用策略研究.西北大学学报（哲学社会科学版）,2011(4).

2. 周宗奎,游志麒.尊重及其跨文化研究：心理学的视角.西北师大学报（社会科学版）,2013(5).

3. 莫艳萍.跨文化交际视阈下的语用能力培养.中国教育学刊,2016(S1).

案例 54　"五行学说"是哪国发明的？

我在韩国教授汉语已有六个多月，在与韩国学生的相处过程中，我发现韩国学生经常会发生"朝鲜误"问题，即他们总是不愿意承认朝鲜半岛曾是中国藩属国的历史真相。比较奇怪的是，他们却可以直面自己国家曾被日本帝国主义殖民的历史。

一位中级班国际关系专业博士生在我的课堂教学中就出现了"朝鲜误"问题。课堂上我给大家的话题是："介绍一下你最喜欢的韩国名胜古迹"，这位博士生介绍的是首尔的几大宫殿和城门（这些城门和宫殿都建于数百年前的朝鲜王朝），在介绍的过程中，他强调说这些宫殿及城门的名字和方位等都和五行学说的相生相克论密切相关，在他滔滔不绝大谈"金木水火土"的时候，我可以明显地感觉到他对自己祖先的智慧充满了自豪之情。作为教师的课堂反馈，在他发言期间，我一直点头微笑。看到我一直点头微笑，他吃惊地问我："老师，你也知道金木水火土五行论吗？"我回答："是的，我知道。""五行学说本来就是中国发明的"这句话差点就要脱口而出，然而我及时停住了，只说："中国人也都知道五行学说。"

我一直庆幸没有将"五行学说本来就是中国发明的"这句话说出口，一是我觉得可能我自己过于敏感了，他的汉语水平不太高，可能表达不到位，引起了我的误会；二是在我和韩国学生大半年的相处过程中，我清楚地感觉到韩国学生大都是"一根筋"，很爱与人较真，像上述情况，如果我说出"五行学说本来就是中国发明的"这句话，那位博士生一定会和我争论到底是哪国人发明了五行学说，而历史、事实、真相在这种情况下仿佛都变得不再重要，重要的是作为一名在韩国教授汉语的教师，对于这种不是大是大非的问题，如果我和韩国学生发生不愉快的冲突，则是得不偿失。

韩国学生之所以会出现"朝鲜误"问题，也许是他们的教科书上从未提及朝鲜半岛曾是中国藩属国这一历史事实，也许是他们自己不愿意承认。然而这都不属于我的汉语教学范围，我只能暗暗希望那位博士生学会尊重历史、尊重真相，有一天可以自己去发现、考证、确认五行学说是由哪国人发明的；同时希望韩国学生尊重朝鲜半岛曾是中国藩属国的历史事实，不再发生"朝鲜误"问题。

（李红叶）

理论聚焦

民族主义的表现形式

民族主义有多种表现形式，如民族主义＋政治、民族主义＋经济、民族主义＋文化。在冷战时期，主要的是民族主义＋政治；在南北关系中，主要的是民族主义＋经济。冷战结束后，民族主义＋历史、民族主义＋文化的现象越演越烈。这也是整个国际政治格局变化的结果（王沪宁，1994）。案例中提到的问题正是文化和历史倾向的民族主义的具体表现。

案例分析

国际汉语教学中经常会碰到敏感问题，处理敏感问题可以说是一名合格的国际汉语教师必备的素质，处理好了，不但有利于课堂教学，而且还会赢得学生尊重，增进师生关系；反之，不仅教师权威受损，也有可能影响学生对中国人的看法。

学生或外国友人如果和我们谈起敏感问题，有时是出于好奇，有时纯粹是为了表达个人观点，故意挑衅的情况很少。我们老师要特别注意的是，不能轻易地把学生或外国友人跟我们不同的看法当成挑衅。要知道，不同国家、社会的人有各自的立场，这取决于他们各自的历史、教育、媒体等各种因素。不同是正常的，正是因为不同才需要交流，只有交流才可能消除误会，赢得尊重，达成相互理解。但是交流成功与否，取决于很多因素，如谈论者是否有积极包容的心态、是否具有足够的知识储备、是否了解一个问题的多方解读等。

回到案例中，当韩国学生吃惊地问："老师，你也知道金木水火土五行论吗？"老师这时候变得十分敏感，觉得学生这么问肯定是把"五行论"当成是韩国发明的了，为了避免冲突，老师采取了规避策略，只说了"是的，我知道"。为什么老师没有说出五行学说是中国的发明，所以自己当然知道呢？因为老师觉得学生可能不会认可自己的说法，然后很可能和自己争辩，而且争辩时很可能"历史、事实、真相"都变得不再重要。如果我们仔细审视这个案例，我们会有下面的疑问：学生并没有明示五行学说是韩国发明的，但李老师为什么如此敏感呢？退一步讲，就算学生这个时候真的以为五行学说是韩国文化的内容，这就一定代表学生会不接受老师告诉他的事实吗？

我们知道中国文化历史上对亚洲邻国影响深远，渗透进了这些邻国人民生活的方方面面，在这种情况下，除非专门了解，很多人会认为自己国家从古代就开始广泛运用的概念就是源于自己本国的文化。比如很多国人大概都不知道"世界""当下""当头棒喝"等来源于佛教，也不清楚"民主""科学""经济""本质""表象"等现代概念的词是近现代从日本借过来的。这些属于认识的盲区。如果别人告诉我们，我们自己再查证一下，那么多半不会抱着原本错误的认识不放。案例中也是一样，如果老师告诉他五行学说起源于中国，他自己课后了解一下，或许就会明白原来对韩国影响深远的五行学说发源于中国。而从案例中描述的情况看，这种可能性非常大。学生"吃惊地"问老师，说明他没有想到老师会了解这个学说，同时也说明学生不知道五行学说在中国的影响；或者说并没有听说过五行学说起源于中国的说法。那么当老师告诉他真相，他很有可能突然意识到自己从来没有想过这个问题，从而回去查证，纠正自己的错误认知。

那么，老师为什么推断学生会"一根筋"地和自己争论"五行说"的起源呢？这恐怕要归结为刻板印象，认为韩国人喜欢抢夺别国的文化遗产。十多年前"江陵端午祭"申遗成功极大地刺激了国内的民族主义情绪，此外由于网络传播，韩国国内的非主流历史观点"韩国起源论"（即把其他国家的文化发源地说成是朝鲜半岛的现象）开始逐渐为亚洲邻国所知晓，随后在中国大陆、台湾地区以及日本等地掀起强烈的反韩情绪；与此同时，网络上出现了大量针对韩国的恶作剧，指韩国有人声称孔子、曹操、李白等都是韩国人，兵马俑以及部分长城等都是韩国人造的,其实这些后来都被证实是网络谣言。尽管韩国大使馆也发布声明辟谣,却无法阻止谣言的传播,这在很大程度上重伤了韩国人的形象,使得其他国家对韩国形成了一定程度的刻板印象,即把个别韩国人的观点以及一些非主流的观点当成韩国人的整体认知,认为韩国人喜欢抢夺别国的文化遗产。根据案例中学生的表现,我们不认为这名韩国学生是"韩国起源论"的信奉者,若果真如此,老师这样小心翼翼地处理反而无助于实际问题的解决,一方面使学生错过了解"五行学说"起源的一个好机会,另一方面又在自己心中加深、强化了对韩国人的刻板印象甚至偏见。

无论是老师还是学生,都热爱自己的祖国,对这种情况,海外汉语教师应该时刻监控、管理好自己的民族情绪,表达观点时也要倾听并了解学生的看法,不要出现民族主义之间的对撞。海外汉语教师应该是中外文化交流的使者、桥梁,应尽量去消解矛盾,促进文化间的相互理解,而不能自己也卷入民族主义冲突之中。

（范红娟）

延伸阅读

1. 高一虹."文化定型"与"跨文化交际悖论".外语教学与研究：外国语文双月刊,1995(2).
2. 李扬帆.韩国对中韩历史的选择性叙述与中韩关系.国际政治研究,2009(1).
3. 王元周.韩国人的历史观与中韩关系.国际政治研究,2009(4).
4. 王沪宁.文化扩张与文化主权：对主权观念的挑战.复旦学报（社会科学版）,1994(3).
5. 张淑娟,黄凤志."文化民族主义"思想根源探析——以德国文化民族主义为例.世界民族,2006(6).

案例 55　加泰罗尼亚不是西班牙的吗？

加泰罗尼亚地区是西班牙东北部的一个大区，巴塞罗那是加泰罗尼亚的首府。可是近些年来，这个大区的人们希望从西班牙独立出去，好在这里的独立运动仅限于公投和游行，并没有伤害性的攻击或暴动，所以不会有安全问题。支持独立的人们会清楚地划分"西班牙"和"加泰罗尼亚"这两个地方，所以这两个词语成了国际汉语教学中的政治敏感词语。在巴塞罗那孔院任教之前，我们就已经知道了加泰罗尼亚地区的独立问题，所以我们上课的时候，会尽量避免和学生正面讨论这个问题，但是学生对于这件事的态度十分开放，并不规避。

在一次复习"反问句"的课堂上，我给出的例句是"Carlos不是西班牙人吗？"这个句子本身并没有错误，但是放在巴塞罗那孔院的课堂就十分不妥。学生的反应很有意思，一个学生笑着说："对，Carlos不是西班牙的，是加泰罗尼亚的。"全班同学都笑着同意了。"加泰罗尼亚和西班牙可以是好朋友，但是加泰罗尼亚不是西班牙的。"他又补充说。原来这个班都是支持独立的。

于是我说："哦，那Carlos不是巴塞罗那的吗？"

——"哈哈，是的。"

——"巴塞罗那的足球不是很有名吗？"

——"当然，很有名。"

——"Sagarada Familia（圣家堂）不是巴塞罗那很有名的建筑吗？"

——"是的，有很多turista（游客）。"

我把所有的句子里的地点都改成"巴塞罗那"，避免和他们讨论独立问题，但是我也没有用"加泰罗尼亚"这个词语，意味着我保持一个中立的立场。"巴塞罗那"可以只是一个简单的"地域名词"，不带任何感情色彩，而"西班牙"和"加泰罗尼亚"这两个词语则具有明显的态度倾向。这样，我们的课堂仍然控制在"反问句"的复习中，而不是国家政治问题的讨论中。

再后来设计例句时,我会考虑得更周全一点。比如:Dia de Sant Jordi(圣乔治节)是加泰罗尼亚地区非常重要的一个节日,类似于情人节。这个节日只属于加泰罗尼亚大区。于是,我给出的例句是:"Dia de Sant Jordi是加泰罗尼亚最重要的节日之一。"学生看到这个句子的时候非常激动,说:"对,老师你知道我们的节日?这个是我们加泰罗尼亚的,在西班牙的南方,或者别的地方,他们都没有这个节日。"然后开始给我介绍这个节日的风俗习惯。我很开心自己选择了一个恰当的词语,这个词语是不带任何政治色彩的,单纯表现了民族自豪感,它是加泰罗尼亚特有的传统节日,既不属于西班牙,也不只是巴塞罗那的。学生用中文跟我分享这个节日的风俗,我也为他们感到骄傲。

西班牙巴塞罗那孔子学院(陆泽冰供图)

政治问题既不用正面冲突,也不用刻意规避,每个国家、每个人对待类似问题的态度是不一样的。其实,能来学习中文的学生,他们的眼界和思维一般来说是相对开放的,他们可以接受不同的态度和文化,所以只要双方保持相互尊重,一般是不会起冲突的,并且学生也愿意分享他们的想法。在这里已经半年了,我们都在努力地了解彼此的文化,尊重是相互的。

(李 翔)

理论聚焦

民族认同（ethnic identity）与国家认同（national identity）

民族认同、国家认同是民族社会成员因隶属于民族、国家而产生的归属认知和感情依附。国家认同是公民"个体主观认可的、自己属于某个国家的感受"，主要是指对自己所属国家的政治结构、精神价值等的主观认知以及由此形成的忧患意识和国家自豪感等主观感受；民族认同是社会成员对自己民族归属的认知和感情依附，也是一种心理认同和文化认同（杨鹍飞，2015）。国家身份认同和民族身份认同在一定情况下会发生错位与矛盾，民族身份认同关系到自身内部的政治性与文化性是否统一，直接决定它对国家身份认同是促进还是消解。当政治性与文化性相统一时，民族身份认同促进国家身份认同的形成；当二者分裂时，民族身份认同会破坏国家身份认同，成为瓦解国家的力量（郭丽双、付畅一，2016）。多民族国家中不同民族会呈现复杂的国家身份认同和民族身份认同，例如苏格兰的独立问题、爱尔兰的分离主义、威尔士的民主意识等，体现了英国身份认同的困境。

案例分析

案例中，李老师带领学生复习反问句时，因设计例句考虑得不够周全，用到了对于学生而言比较敏感的词语——西班牙，随后及时调整成不带任何政治色彩的"巴塞罗那"，从而避免了一场关于敏感问题的冲突，接着她又巧妙设计例句，和学生交流加泰罗尼亚的传统节日，不仅达到了良好的课堂效果，而且也拉近了师生关系。

在国际汉语教学中，经常会出现"敏感问题"的困扰，尤其是比较棘手的政治问题。案例中，李老师遇到的是孔院所在国家的敏感问题，相比国内问题处理起来有一定的特殊性。首先，作为一名教师志愿者，他们对于所在国的政治、历史和文化相对陌生；其次，他们并不清楚所有学生的态度倾向，难以顾及每个人的情感因素；最后，他们作为教师志愿者，需要和学生互动交流，很难完全规避敏感问题。李老师意识到自己给出的例句涉及政治敏感问题时，很快做出调整来控制课堂教学。但学生的反应却表明："敏感"的一方常常是汉语教师，而不是学生，学生只是单纯想表达自己的观点或者想知道教师的真实看法（亓华，2013）。

跨文化冲突可能由经济、政治、文化差异和社会认同等多种因素造成。而不同文化的人对于如何处理冲突，常常有不同的预期、定位和方法，如何管理和协调相互矛盾的因素是成功进行跨文化交际的关键所在（戴晓东，2011:152）。从案例中我们可以看出李老师具有较高的跨文化敏感性，也具有灵活处理跨文化冲突的能力。她通过使用"巴塞罗那"这样不涉统独的地域名词来规避"西班牙""加泰罗尼亚"这两个在当前语境十分敏感的词语，将课堂控制在单纯的"反问句"的复习中，避免介入学生的国家、民族认同，保持了该有的中立立场，可谓策略得体有效。当然这也有赖于师生双方的互相尊重和理解，学生的微笑回应及其开放理性的态度，缓和了课堂气氛，而李老师对于加泰罗尼亚地区文化知识的储备以及灵活的教学应对，也是极为重要的。

"西班牙"和"加泰罗尼亚"之所以成为政治敏感词语，主要是由于当地人的民族认同、国家认同出现了对立和分离。一般来说，民族认同和国家认同是重合的，但在多民族国家中，由于政治、历史、文化等方面的原因，国家身份认同与民族身份认同会发生错位乃至矛盾：表现为民族认同力量不断强化，对原有国家身份认同的合法性提出挑战。案例中，从名人、运动到建筑，学生们都明确其归属不是西班牙而是加泰罗尼亚，他们主观上并不认可加泰罗尼亚属于西班牙，意味着他们拥护对加泰罗尼亚的民族认同，但排斥对西班牙的国家认同，仅表现出对民族的归属认知和感情依附。好在学生们并没有表现出民族中心主义，消极地看待这种民族内部的文化性与政治性的分裂，而是保持着平等开放的态度，认为加泰罗尼亚和西班牙可以是好朋友，并不歧视、贬低西班牙，并且当老师无意触及这个敏感问题时，他们也以开放的心态和老师分享看法，这是一种互相尊重、平等包容的多样文化观，是跨文化交际双方都应具有的态度和意识。

"敏感问题"不一定会造成跨文化冲突，而且跨文化问题也不一定就带来交际障碍。如果处理得当，它能加深交际双方的理解，使交际更富有建设性；相反,冲突就可能会恶化,从而导致交际的失败。案例启示我们:(1)作为国际汉语教师,我们要具备一定的处理跨文化冲突的能力;(2)在教学设计上,要考虑一些文化、政治、宗教等敏感因素,而不只是关注语言知识技能的教学;(3)身份认同问题日益凸显,成为困扰并影响一些国家的难题,作为教师和学生,应该保持开放的心态,相互尊重、平等包容、求同存异,实现一种和谐深入的跨文化交流。

(张凌元)

延伸阅读

1. 郭丽双,付畅一.消解与重塑:超国家主义、文化共同体、民族身份认同对国家身份认同的挑战.国外社会科学,2016(4).

2. 胡超.跨文化交际:E-时代的范式与能力构建.北京:中国社会科学出版社,2005.

3. 杨鹍飞.国家认同与民族认同:少数民族身份认同变迁的实证研究——基于甘肃、青海、新疆三地的调查分析.广西民族研究,2015(4).

4. Deardorff, D. K. Identification and assessment of intercultural competence as a student outcome of internationalization. *Journal of Studies in International Education*, 2006(3).

案例 56　不爱竞争爱合作

我们的大学（捷克布拉格查理大学）中级汉语选修课上，一共有十个学生（来自捷克、荷兰、西班牙、乌克兰、韩国、日本，其中韩国2人，捷克3人，其他各1人），每周一次课，每次课为三个小时。我认为由于课堂时间较长，学生的身体和心理都可能产生倦怠，于是我尽量在课堂上多设计些可以调动他们兴趣的课堂活动，并且每节课变换形式进行，尽量让他们有新鲜感，调动他们的课堂参与热情。以前我设计过角色扮演、信息差互访等活动，效果都还不错。但没想到今天的课上，我的精心设计并没有收到预想的效果。

今天的课上我们要学习语法"时量补语"，我专门设计了"传话筒"游戏——将学生分为两组，坐成两列，分别发给各组第一名同学一张写有几个"时量补语句"的卡片（卡片A），再给各组最后一名同学每人一张写有与卡片A相对应的、但是打乱了顺序的"主谓语"和"时量补语"的卡片（卡片B）；任务为请同学们依次将听到的（根据卡片A）的句子重复给下一名组员，直到最后一名同学根据他听到的句子将卡片B上的"主谓语"与对应的"时量补语"进行连线。

以我对学生们的了解，他们一定会喜欢这种大家一起合作的活动。但是今天，我想再给他们加点"料"，给他们的热情再"助燃"一把——加入竞争模式。我想到在我的大学和研究生课堂学习中，有些老师就采用竞争的形式组织课堂活动，如对我们以小组形式做的汇报进行评分，选出分数最高的。往往在有竞争压力的时候，我们作为组员都会格外有干劲儿，一方面谁都不甘落于人后，另一方面在"比赛"的时候我们都有一种更加强烈的集体荣誉感，促使我们燃起更强烈的斗志，做起任务来格外卖力，效率和质量都会比没有竞争压力的时候强上几倍。

我就这么想当然地在我的课堂活动中引入了竞争机制。我告诉学生们两组将进行比赛，先完成任务并且全部正确的一组为第一名，会得到奖励。但是同学们的反应并没有我想象得那般热烈，大家并没有对"竞争"这一因素产生任何兴趣。他们只是在我说完规则之后问了些关于任务本身的问题，并没有问任何关于竞争的问题（如怎样算获胜或者奖励是什么)。但是我发现他们只是对竞争不感兴趣，而对于合作的问题还是如往日般充满热情：在我讲完规则后他们给彼此补充解释规则，明确组员的任务类型，讨论着应当怎么配合。

讨论准备结束后，任务活动正式开始。在整个活动过程中，同学们的热情都比较高，在他们遇到不懂的词汇或问题时会主动寻求其他组员或者我的帮助，任务完成度和效果都不错。很快，其中一组完成了，而另一组学生由于组内任务类型分配不合理，在最后一名"关键人物"的位置上选择了一位汉语水平较差的学生，而导致任务进行得并不顺利，在过程中耗费了很多时间。由于到了课间休息时间，我请第一组同学先休息，我留下来继续观察第二组学生们的任务。我发现他们并没有因为最后一名同学耽误了进度而气恼或者焦虑，也没有因为第一组已经获胜而泄气。他们仍然热情很高，每个人都尽量帮助下一位被传话的同学理解自己所说的句子。终于，第二组在几分钟后也完成了任务。

我发现在任务完成后，所有的同学，无论是获胜的第一组还是失利的第二组，都没有强调"哇，我们赢了"或者"唉，我们输了"，他们只是在完成任务的那一刻露出会心的笑容，满足于自己和组员合作完成了这个汉语学习的任务。我马上反思到"我的竞争机制引入可能是多此一举了"。此外，这使我回想到之前的一次课堂活动，我请同学们举手抢答我的问题，并且记下每个人正确回答的次数，准备选出第一名进行奖励，同学们也是这样，并没有对"争第一"表现出特别的热情。甚至有一次，我在活动前试着提出要小小地"惩罚"最后一名时，他们纷纷皱眉，集体表示反对。我想，他们还真是不像中国学生一样热衷于竞争啊，甚至可以说他们是讨厌竞争的吧。也好，就让他们享受合作学习以及在合作中进步的过程吧！

在这堂课接下来的活动里，我临时减掉了"比赛"的设计，不再强调竞争。同学们仍然配合得很好，在轻松的氛围里练习着汉语。

(韩 冰)

理论聚焦

学习心理状态

学生的学习心理状态是指学生从事学习活动时，学生心理活动在强度、稳定性、持久性方面所表现出来的特征，它是一个完整的结构，表明学习者在从事学习活动时的心理活动在当前一段时间内的特征，如分心、疲劳、镇定、紧张、松弛、克制、欲望和动机斗争等（刘毅玮，2003）。跨文化教学中，由于师生处于不同的文化背景，常常会对同一事件或状况呈现出不同的心理状态。此时汉语教师切忌"以己度人"，应密切关注学习者心理状态变化，及时调整课堂策略。

案例分析

韩老师本来认为学生一定会喜欢竞争，结果他们却"不爱竞争爱合作"，让韩老师颇感意外。可贵的是韩老师善于观察、善于反思，在发现了这个班级的"个性"之后，及时调整自己的教学策略，根据班级特点来实施自己的教学活动。学生们能享受合作学习、在合作学习中进步，这就是韩老师调整教学策略的结果。

韩老师发现，她预设的课堂活动与学生的实际情况有较大出入，其中一个较大的原因就是韩老师错误地评估了学生的学习心理状态。在中国，学生一般喜欢竞争性的活动，且习惯享受胜利后的喜悦与赞扬，竞争性活动往往能够激发学生更强的学习欲望，也能够在一定程度上缓解学生的课堂疲劳等。因此，深谙此理的韩老师在跨文化教学中也设计了竞争性活动。但是，她忽略了不同文化背景下学生学习心理的差异——并非所有学生都喜欢竞争性活动。这也给汉语教师提了一个醒：当下意识地想将国内的某种教学方式或教学活动迁移到海外课堂上时，需要考察其是否符合学生的学习心理状态，尽可能地避免组织与学生学习心理相悖的教学活动。

另外，学生们享受合作学习，而不喜欢竞争性的活动，或许是他们不确定性规避较高的表现。不确定性规避突出地表现为以下几个方面：对生活的不确定性的态度、对不同意见的态度、对竞争的不同态度。其中，不确定性规避倾向高的国家，如日本、韩国等，认为竞争会带来攻击性行为，应该避免；而不确定性规避倾向低的国家，如英国、美国等则认为竞争可以带来效率，有助于改进现状。

就韩老师课堂上的学生国籍来看，除了捷克和乌克兰两个国家的不确定性规避指数缺乏数据以外，另外的四个国家中，日本、西班牙、韩国均属于不确定性规避倾向较高的国家，其指数分别达到了92、86和85，而荷兰的指数也到达了53，属于中等不确定性规避倾向的国家。由于样本量太小，我们很难引入文化背景来做解释。但是如果我们将这个班级看成一个整体的话，这个整体可能恰好是不确定规避倾向较高的。所以大家就很难对竞争因素产生太大的兴趣了。

每个社会文化下的群体都有自己的特征，而来自不同文化背景的一个小团体也会有自己的特点。教学手段都是为了实现教学目标，因此教师应该关注自己教学对象的群体特性，不断调整、优化自己的教学策略。一个成人将汉语作为他的选修课，是会带着一定的学习动机进课堂的。面对这类学习者，比起形式上的东西，我们或许更应关注内容，他们能实打实学到什么。在课堂活动上，多设计一些带有内容导向的任务、情景，帮助他们增加语言知识，提高语言技能，获得成就感。

有竞争就必然有输赢，竞争会给学生造成压力，有可能会让一些学生觉得丢面子。为规避风险、照顾所有人的面子，很可能是案例中的这个班级不确定性规避倾向比较高的原因。作为一名新手教师，在教学过程中遇到问题应该多思考，并在思考中提升自己对问题的敏感度，以求更加快速、准确地处理以后在课堂中遇到的类似问题。

最后需要提醒的是，韩老师一开始对这些学生的认识其实有点先入为主，存在着刻板印象问题。当然，这种情况有时候在所难免，教师需要具有一定的跨文化敏感度，因人而异地及时调整。

（李　毅　唐　艳）

延伸阅读

1. 陈国明,安然.跨文化传播学关键术语解读.北京:中国社会科学出版社,2010.

2. 冯乃祥.霍夫斯蒂德及其文化维度简介.国际商务（对外经济贸易大学学报），2008(S1).

3. 罗民胥,廉张军.跨文化交际中的不确定性回避研究.燕山大学学报（哲学社会科学版），2007(4).

4. 刘毅玮.学生学习心理状态研究.河北师范大学学报（教育科学版），2003(4).

5. 王维荣.跨文化教学沟通.北京:教育科学出版社,2013.

案例 57　跨文化教学中的"地雷"

在跨文化教学中，课堂上一个细微的疏忽就可能会引爆"地雷"。在一节关于中国少数民族音乐的教学中，为了活跃气氛，我让学生听了三首少数民族的歌曲，并比较了曲风的异同，学生们都兴致盎然，回答得很好。临近下课时，我布置了作业：介绍你最喜欢的朝鲜族歌曲。这时我敏锐地感觉到他们的尴尬和疑惑，便解释道："因为你们是韩国人，出于历史原因，韩国传统民乐和朝鲜族乐曲有相似之处，比如我就很喜欢朝鲜族民歌《阿里郎》……"

这是高级水平班的学生，他们马上问："老师，你是让我们去了解中国的朝鲜族民歌吗？！《阿里郎》是我们大韩民族的民歌，不是朝鲜族民歌，这个问题比较敏感。"我马上意识到不对劲，赶忙致歉："谢谢你的指正，这是我的失误。"幸好，我和他们一直相处得很愉快，所以他们认为我对此确实一无所知，便和我详细解释："在韩国，朝鲜族特指中国来的朝鲜族人，北韩（也就是朝鲜民主主义共和国）也可以说是朝鲜族人，我们是大韩民族。"我曾经了解到，由于朝鲜族在韩国社会上地位较低，只能从事环卫、餐馆洗盘子和理发店洗头等地位较低的职业，因而韩国人认为他们并不是一类人，且法律规定他们不能和朝鲜人来往。"老师，我们和朝鲜的问题比你们和台湾的问题更复杂、更严重。"面对此种情形，我已不便多说什么，只道："好的，谢谢！我们海峡两岸已经实现了'三通'，希望你们的问题也能够早日解决。"

因为讨论这个问题下课时间推迟了十分钟，我为自己的政治敏感性不高而深深懊恼，为什么看似安全的音乐话题也能和政治扯上关系，并成了我课堂上的"地雷"呢？对于朝鲜半岛问题，因为他们是韩国人，所以还是发表了一些比较主观、偏向韩国的观点。对此，我只能沉默和微笑，或者装作恍然大悟的样子不予置评，因为入乡随俗是常识，我不愿意与我的学生发生任何冲突，而且我的本职工作是教授汉语而非宣传政治见解。

但是这种"明哲保身"和"高高挂起"的做法在牵涉中国时却没有那么好用，特别是在涉及两岸关系的时候。一旦话题讨论触及这些雷区，我便如坐针毡，叫苦不迭。比如在中级会话班讨论过一个话题：你去过哪些国家？有些学生会回答："我去过的国家有中国、香港、日本和台湾。"面对此类回答，我通常的做法是：简单明了地解释清楚香港、澳门已经回归中国的既定事实，而不发表自己的意见。

对于台湾问题，很多人并不了解中国大陆和台湾的历史渊源以及现状，我遇到过的韩国学生极少承认或知道台湾自古以来就是中国领土这一事实。对此，我的底线是，我无法干涉或改变学生的政见，但在我的课堂上绝对不能谈及"台独"，作为一个中国人，我有义务维护祖国的尊严，不能为了粉饰太平而装聋作哑。曾经有一位国际关系专业的博士生，课上当他谈及"台独"时，我立刻客气但果断地加以制止。我认为尊重是相互的，课下我找到了合适的机会和他讲了"一中各表"的概念，并鼓励他查阅更多的资料，客观全面地了解历史，甚至可以到中国大陆和台湾看一看，自己还原真相，而非偏听一家之言。

课后我也进行了深刻反思，任何时候，我们都不能麻痹大意，一时的疏忽会让看似安全、轻松的问题瞬间变成一颗颗"地雷"。因为不同国家的人们所受的教育、思维方式不同，甚至会有天壤之别。如果我把题目改成"你去过哪些国家和地区？"就可以完全避免这些尴尬、误会和自己的不适了。如果实在需要澄清，只摆事实不讲道理，不要尝试去说服对方。

（李红叶）

理论聚焦

敏感话题

一般意义上的"敏感话题"是指在现实社会中，不便公开讨论、说明、让人尴尬甚至难堪的事情。其内容宽泛、不能在明确的范围内一言概括，大到关乎国家、民族，如：国际上不同国家的历史、主权、国家政策等；小到个人隐私，如：在美国，我们不能公开谈论一个人的身材和体重，一旦触及就容易引起特定人或群体较为激烈的反应。

地缘政治关系与文化表征

所谓地缘政治关系是指与地理因素紧密相关的政治关系。地缘政治强调地理对政治的影响，将地理位置、自然和人文地理因素作为制定对外战略方针的理论依据（毛汉英，2014）。斯图亚特·霍尔（Stuart Hall）所建构的"文化表征"理论对20世纪后半叶以来的后殖民文学和文化理论研究的发展做出了杰出的贡献。

文化表征是一种复杂的意识形态关系的最集中的再现，拥有支配权力、垄断生产体制并对大众审美情趣加以物化导向的社会机构关系，往往可以在某一历史时段中，依据自身的需要，决定文化表征的内容和形式（邹威华，2007）。两国（两种文化）之间的关系与他们对彼此的文化表征之间成正向关系。案例中，地理环境是影响朝韩关系的重要因素，而朝韩关系直接影响着韩国学生对朝鲜的文化表征。

案例分析

国际汉语教学中不时会遇到各类敏感问题，有政治的，有宗教的，也有隐私等其他方面的，这就要求我们的教师要具有相当的跨文化敏感性，善于移情，以开放的心态恰当灵活地处理问题。但有时尽管心态开放，敏感性也有，却还是会碰到"雷区"，这里就突出了先验知识的重要性。

几乎每个地方的人都会有不同的习俗、禁忌，汉语教师无法做到对所有的敏感问题都了然于胸，但起码应对本国以及任教国关切的重大问题有比较深入的了解。案例中，李老师因为对"朝鲜族"所指不明确，而将《阿里郎》称为朝鲜族民歌，引起了学生的疑问，踩到了"雷区"的边缘。好在师生双方交际的心态都比较开放，教师赶紧致歉，表明自己在这方面确实无知，学生也乐于为教师讲解韩方立场及观点。最终，尽管课堂因为这个意外拖延了十分钟，但毕竟有惊无险，安全化解。在自身缺乏相关背景知识的情况下，不小心触碰到对方社会的敏感问题时迅速表明自己是无心之过，多听本地人看法，自然是可行又安全的做法，但突出的不足就是师生原本双向的交际会变为单向，教师在交际中处于被动地位，只能接受学生的看法。若学生出现偏颇言论，教师由于在这个问题上没有话语权，也自然就没有办法做任何引导。

在民族学领域，"朝鲜族"一般用来特指中国的少数民族，而"朝鲜民族／韩民族"是包括北朝鲜人、韩国人、朝鲜族和世界各地拥有朝鲜血统的人的总称，是一个泛指。中国朝鲜族的身份认同往往呈现多个层次，既有对中国的国家认同、作为中国少数民族之一"朝鲜族"的族群认同，又有对朝鲜半岛上拥有共同血缘、相似文化的朝鲜民族的跨境民族认同。我国朝鲜族与韩国的接触始于20世纪80年代，以个别朝鲜族人的探亲为主；1992年中韩两国建交后，朝鲜族的跨境流动骤然升温，不少朝鲜族人借探亲之机，携带中国名贵中草药赴韩倒卖，其中不乏假冒伪劣产品，导致韩国民众对朝鲜族人产生了不良印象。20世纪90年代初也恰逢韩国经济迅速发展，出现了严重的劳动力短缺问题，这样，具有语言优势的朝鲜族居民就开始以劳务输出的形式大量进入韩国，但是由于朝鲜族劳工多集中于劳动密集型产业以及服务业，整体社会地位较低，加之口音以及一些词汇的使用有别于韩国人，在工作和生活中常受到欺压与歧视。此外，韩国的媒体、电影等常有意无意给朝鲜族贴上偷渡者、罪犯等负面标签，导致韩国人对朝鲜族的认知与现实出现极大的偏差，形成极其负面的刻板印象（朴今海、姜哲荣，2017）。对于这种背景，赴韩教师应该有一定程度的了解，当碰到相关问题的时候，要心中有数，承认现实问题的存在，同时坚决反对刻板印象，做出灵活恰当的回应。

由于东亚地缘政治的关系，对于同一群体、同一地区，不同的国家站在不同的立场往往有不同的称呼，比如上面我们说到"朝鲜民族"，站在韩国的立场上就会是"韩民族"，"朝鲜半岛"就是"韩半岛"；此外，韩国把黄海称为"西海"，把日本海称为"东海"，等等。这些称呼问题也很容易造成冲突，比如有些韩国人会误以为中国把半岛称为"朝鲜半岛"是因为与北朝鲜关系好；围绕"日本海"海域的命名，韩国方面一直呼吁以"日本海""东海"两种名称并立，但是为世界各地水域命名的国际海道测量组织并没有支持韩国的提议……在不涉及国家领土、主权的情况下，有时在使用我国所用名称或国际通用名称的同时，也应考虑他们的情感，比如提到黄海、日本海海域的时候，不妨说，"中国的黄海，也就是你们说的'西海'；你们说的'东海'，也就是其他很多国家说的'日本海'"，既不失自己的立场，也尊重了对方的感情。

案例中还提到了香港和台湾的问题。首先我们应把香港和台湾的问题分开看，案例中学生在说去过多少个国家的时候，把香港也列在其中，多半是因为措辞的不严谨，并不代表他们认为香港是一个国家；但是台湾的问题就会复杂得多。台湾问题是我们在海外汉语教学中更常遇到、更为敏感的问题。作为当事方，很多教师往往不自觉地代入自己过多的情绪，导致交际失败。当学生或者其他人这样说起时，有几种可能：第一，完全不了解台湾的现状；第二，一定程度上了解两岸的历史渊源，知道目前的两岸分离现实是1949年国民党内战失败后撤退到台湾造成的，却并不了解台湾目前的国际法地位；第三，没有立场，纯粹试探教师观点；第四，支持台湾独立。在教学中，我们教师一般不会主动提起这些敏感问题，但是当学生提出的时候，我们也不应该规避闪躲，或者阻止学生发表自己的看法，这样实际上更容易加深学生对中国人的刻板印象，认为中国人一谈到政治问题就容易激动，不会理智探讨问题，或者不敢谈论政治敏感问题。实际上，只要我们事先掌握比较全面的知识背景，了解台湾问题的多方立场，就不会临阵露怯，或者只能态度僵硬地宣示我方立场而没有论据。如果学生中有人认为台湾是一个国家，我们不妨用以下几个问题来回应：第一，你认为哪些国家会承认台湾是一个国家？很多学生会误以为自己的国家承认。我们可以继续问，为什么你们国家在台湾没有大使馆？当然是因为你们国家不承认台湾是一个国家，正如世界上绝大多数国家一样，国际法上并不存在"台湾"这个国家。第二，台湾人都认为台湾是一个国家吗？如果台湾现实上是一个国家的话，他们为什么要追求独立？事实上，台湾岛内有独立的势力，也有统一的势力。第三，你知道台湾所谓的"宪法"是如何规定中国大陆和台湾的关系吗？是国家统一之前的两个地区的关系……总之，面对两岸问题，我们不应该规避分治的现状，应了解台湾目前有一个不受国际法承认的"中华民国"政权，而即使在这个不受国际法承认的政权的所谓"宪法"的框架中，同样规定台湾和大陆同属一个中国；台湾有一部分人追求独立，希望能够建立所谓的"台湾共和国"，但这本身也是违背他们自己的所谓"宪法"的，这同时也说明台湾从法理上、从现实上都不是一个独立的国家。

敏感问题，特别是政治、民族、宗教方面的，往往与一个国家的核心利益有关，我们谈论时不可不慎。我们不应主动刺激对方敏感的神经，但是在碰到敏感问题时也不应该规避，应在明确表达己方立场的情况下，尊重对方发表意见的权利、看法，切忌急躁、情绪激动，而应该理性地摆事实、讲道理。

（范红娟）

延伸阅读

1. 甘莅豪. 命名的象征力量与国际争端中的主权想象. 国际新闻界, 2015(9).

2. 毛汉英. 中国周边地缘政治与地缘经济格局和对策. 地理科学进展, 2014(3).

3. 朴今海, 姜哲荣. 流动的困惑：跨国流动中的朝鲜族身份认同多元化. 广西民族研究, 2017(3).

4. 杨福亮. 汉语教学中的"敏感问题"及应对策略. 三峡大学学报（人文社会科学版）, 2009(S1).

5. 邹威华. 后殖民语境中的文化表征——斯图亚特·霍尔的族裔散居文化认同理论透视. 当代外国文学, 2007(3).

6. Kaplan, R. B. Cultural thought patterns in inter-cultural education. *Language Learning*, 1966, 16(1-2).

案例 58　我该完全听你的吗？

　　这学期我接手了一个去年学过一学年汉语的二级班。虽然说是二级，但其实他们只学了八九课，远没达到HSK一级水平。第一节课让我印象深刻。我跟学生进行对话练习，内容都是学过的，学生却并不知道我说了什么，然后我把句子写在黑板上，在只有汉字的情况下，他们却明白了我要表达的意思，但还是说不出来。在课上我所说到的词，他们都希望我能写下来，便于他们记笔记。下课后，我翻看了他们的笔记，笔记特别工整，尤其是汉字，写得比很多中国人都好。这让我很不理解，为什么汉字能认也能写，但是说不出来呢？

　　这个班级比较特殊，课程的意大利coordinator也在跟着学习汉语。她对汉语教学提出了她的看法，她认为汉字特别重要，所以要求学生们要学好汉字，也希望我以后在课上尽量把所说的写在黑板上。我推测，或许正是因为coordinator对汉字的"偏爱"，并用这种"偏爱"要求任课教师，才导致现在学生重书写、轻听说的局面。

　　我一开始觉得，改变coordinator认为汉字最重要的想法，是改变现状的关键。为了能让她了解我的想法，我每次下课后都找她聊天。因为她本身是一个法语老师，也是语言工作者，对很多语言教学理论有自己的理解。刚开始，我没能成功地让她改变想法，也许是我的资历还不足以让她信服。但是无论如何，课堂都应由任课教师掌控，尽管暂时不能让coordinator赞同我的做法，却也不能因此牺牲学生的听说水平。于是每次课上，我还是坚持让学生做听说的练习，并且设计了一些活动，增加练习的趣味性，鼓励学生开口。在这一过程中，我也不断强调目前这个学习阶段，口语交流对他们来说比文字交流更重要。几次课下来，我再次跟coordinator进行了长谈，我告诉她汉语的语言体系跟意大利语和法语是不一样的，汉字不是表音文字，这不仅体现了汉字的特殊性，也体现了它的重要性，但是人们交流的时候，最重要的方式还是口语。学生要会说汉语才能跟中国人交流。就这样，她逐渐认同了我的观点。在之后的课上，她也开始积极地参与听说练习,学生也明显积极了很多,尤其是在我展示了HSK一级考试的样卷后,他们更加积极地开口说汉语了。

汉字是中国文化的一部分,在教学中不能因为学生畏难而不教,也不能因为很重要就忽视了听说的教学。当教学理念不同时,教学本身就是一种跨文化交际,不用据理力争,用实践的良好效果传达你想表达的理念,也是一种不错的交流方式。

(彭 升)

理论聚焦

教师信念

教师信念在教师早期所接受的教育中就建立了,其定义非常广泛,涉及认知、情意、技能、价值及态度等方面。教师信念由对学习者的信念、学习信念和教师对自身的信念三部分构成,会直接影响教学态度和课堂行为。比如,翟健岚、徐浩(2011)的一项研究发现,一位新手教师关于英语教学的信念——多做题、多练习,明显地体现在她的见习实践中,且由于直至见习期末都没有遭遇任何与其信念对立或冲突的事件,因此,这或许会成为她较为稳固的职业信念。

案例分析

这篇案例反映的跨文化问题发生在意大利的汉语课堂上。案例中的coordinator是当地学校指定的一个中文课的负责人,他们既不管教学,也不管纪律,只在必要的时候为中国教师提供帮助。案例中的故事引发我们思考,意大利老师作为教学协助者,为什么可以要求任课教师按照她的"偏爱"去教学?这不免有点喧宾夺主。

我们知道,中国是集体主义文化,和谐是中华文化主要的价值取向,中国人

"容忍、随和、谦让、中庸、适应环境、小心（谨慎）、注重面子"等价值理念最终都导向处世中的一个"和"字，即建立和谐关系，避免产生冲突。在相互依存和互助合作的人际关系里，如果一方表现得比较强势，另一方往往会选择去谦让对方、适应对方，因为建立一个和谐的合作关系要比争论谁对谁错更重要。而意大利属于个人主义文化，"自由、平等、独立"是人们所崇尚的价值理念，在这里，"自我"的概念至上，即使这种"自我"有时会包含些许固执。意大利《新闻报》记者Massimo Gramellini曾说："我们不是好的倾听者，而是十足的个人主义者，因此我们只对自己的声音感兴趣。"所以，相较于中国人会避免产生冲突而选择委曲求全的做法，意大利人往往会选择据理力争，会努力让对方认同自己的观点。当温和谦逊的中国老师碰到有想法且有点固执的意大利老师时，如果二者的观念相左，难免会出现意大利老师比较强势的局面。案例中，意大利老师也是一个语言工作者，是一个对语言教学很有想法的人，从她的理念出发，汉字非常重要，她要求学生认真学习汉字，并要求任课教师尽量板书汉字，彭老师与她多次交谈，试图改变她的看法，但效果并不理想，可以看出这个意大利老师不会轻易改变自己的想法。

彭老师和意大利老师都不能说服对方，使其按照自己认同的教学方式进行教学，根本原因在于二人有着不同的教学理念。意大利老师认为汉语学习重在书写而非听说，彭老师则认为汉语听说训练不容忽视。教学理念受各自的教育经历、教学经验等影响，一旦形成短时间内很难改变。但是，优秀的教师往往善于反思，能够从自身的教学活动、同行的教学方式中吸收养分，从而不断地提高自身的教学能力，完善自己的教学理念。可以看出，意大利老师很优秀，她对自己的教学理念坚持却不固执，勇于接受他人的教学方式。案例中，彭老师积极主动地与意大利老师进行沟通，虽然最初未能说服老师认同自己，但她并没有放弃争取教学主动权，她坚持自己的立场，并将理念付诸实践，用良好的教学效果改变了意大利老师的看法，从而实现了自己对课堂的掌控。

如今，汉语教学的星星之火在世界各地呈燎原之势，不同的国家、不同的文化形成了不同的汉语教学形态。这些形态的背后，是具有文化色彩的教育理念和工作理念，它们植根于当地的文化之中，具有深刻的社会文化根源和历史沿袭传统。在这样一个跨文化的工作环境下，中国教师首先要具备扎实的专业知识和理论基础，在遇到不同的教学理念时能够准确地分析出合理和不合理的部分，并能够因时因地确立正确的教学方向，如此，在与合作教师出现分歧时才能具备交流的底气，确保自己的话语权。在海外任教，尤其是在崇尚个人主义的西方国家，中国教师要避免因为委曲求全而造成的被动局面，应注意观察当地人的交流方式，适度合宜地表达自己的观点和看法，树立自己的一套原则和准则，同时也要及时地反思自己的言行，积累、总结经验，更好地与同事相处，营造平等共赢的合作模式。

（郎亚鲜　唐　艳）

延伸阅读

1. 马勒茨克. 潘亚玲译. 跨文化交流——不同文化的人与人之间的交往. 北京：北京大学出版社, 2001.
2. 王彩云. 个人主义与意大利文化的兴衰. 求是学刊, 1997(6).
3. 徐晓晴. 西方语言教师认知研究焦点之评述. 山东外语教学, 2010(5).
4. 翟健岚, 徐浩. 学生教师见习期间教师信念的变化——一项关于全日制英语教育硕士的个案研究. 中国外语教育（季刊）, 2011(4).
5. Behrnd, V. & Porzelt, S. Intercultural competence and training outcomes of students with experiences abroad. *International Journal of Intercultural Relations*, 2012(2).

案例 59　中国人会夹走我碗里的东西吗？

这学期我新接手的是美国政府东西方中心（夏威夷）的午间汉语课，学生们是就职于此的雇员，虽然只有11个人，但是每个人的年龄、种族、文化背景、生活经历都大不相同，学习目的也各有不同。学生们有粤语为母语的香港太太，有专业为汉语的华裔姑娘，有对中国很了解的历史系教授，也有完全零基础、只为享受和大家一块度过午间时光的斐济奶奶，以及同样零基础但动机十分强烈的瑞典瑜伽教师。虽然学生汉语水平各异、文化背景不同，不过素质都很高，学生们之间关系融洽，上课气氛很好。学生们对于跨文化的敏感度也很高，乐于了解其他各种文化，也经常跟其他同学分享自己所了解的文化。

这学期的课本对班里零基础的几个学生来说太难了。学生们希望在每周两小时的课上学到实用的汉语表达，提高汉语口语表达能力。因此，我格外注重引导学生多表达自己观点。课文涉及去中国人家里做客，我便从"请进""请坐""请喝茶"开始，和同学们一起梳理拜访别人家的流程，先从文化相同点说起，然后再讨论特别的文化礼仪。比如，各国文化中都包含了拜访朋友家时送礼物的情况，我先问大家去朋友家一般会带一些什么，再告诉他们中国人的习惯。同学们思维越来越活跃，也会谈到自己曾接触过的法国、瑞典、东南亚的文化，这样让大家表达自己所知道的情况，在存在信息差的语言输出中，学生以交际为目的，练习了语言表达。

谈到餐桌礼仪时，我们也从基本的筷子说起，然后谈到分餐制和现在中国的圆桌吃饭的情况。之前学生们认为别人给自己夹菜是一种比较粗鲁的行为，因为每个人都有自己的用餐空间。斐济老太太说自己在与中国朋友吃饭的时候也感到这个很奇怪，她开玩笑地说如果朋友的筷子伸过来她会毫不犹豫地打朋友的手。在讨论过程中，我才发现文化误解的存在。一个学生认真地问："那中国人会夹走我碗里的东西吗？"我只好哭笑不得地一再重申，中国人会把自己认为好的东西夹到你的碗里，但是不会从你的碗里夹走东西。在文化交往中，对文化的不了解、不理解可能造成交际的障碍，也有可能"好心被当成驴肝肺"，所以，文化观念的分享十分重要，只学会了语言不考虑文化，在社会交往中也面临重重壁垒。

从学生反馈来看，学生们很喜欢在课堂上有大家交流的机会，他们结合自己的文化会让讨论更加有意思，课堂上不仅能学习语言也能了解多种文化。在语言学习中结合学生生活进行语言点的操练并添加文化的讲解，能够更全面地介绍中国文化与知识。大家根据话题分享各自的文化特征，让学生们都有根据自己情况回答的机会，让大家有更多机会分享与了解文化，感受到"各美其美，美美与共"的包容文化观。

（张　悦）

理论聚焦

期望违背理论（expectancy violations theory）

该理论是指人们对彼此的行为有所期望，这种期望可能来源于社会规范、对他人以往的了解，或者行为出现的具体情境，并且这一期望往往通过非言语行为表现出来。一般来说，他人的行为如果满足期望就会得到正面评价，反之则只能得到负面的评价。"期望违背"也可以借助社会学中的越轨概念进行理解。社会学将违反重要的社会规范和要求并因此受到许多人否定评价的行为称为越轨。文化产生了对一种行为的期望，期望范围以外的行为就会被文化认定为对期望行为的越轨，这就是期望的违背（李悦逸，2009）。

案例分析

案例中张老师在面对学生提高口语表达能力的需求时，充分利用学生的背景资源来对某一文化现象进行讨论，由此发现了有些学生对中国餐桌礼仪的误解，并对此进行了澄清，这种有意识将跨文化资源调动起来运用到教学过程中的做法值得学习。

在中国人的餐桌上，关系亲近的人互相夹菜、主人给客人夹菜等都是很正常的行为。尽管近些年来，这样做的人越来越少，但人们依然可以理解或是接受别人给自己夹菜的做法。但对于大多数西方国家的人来说，这种做法却难以接受。其中一个原因是不同文化群体有着不同的民俗文化，在本案例中具体表现为餐桌礼仪、规范不同：西方主要实行分餐制，每个人都有自己的菜品；而中国习惯共同用餐的合餐制，有时会互相夹菜以示亲近或礼让。"自己吃自己的"常常作为西方人的预测性期望出现，"夹菜"这种行为对分餐制国家的人来说就违反了其预期，并会对此产生消极评价，例如案例中斐济老太太会说，"如果朋友的筷子伸过来她会毫不犹豫地打朋友的手"。甚至有学生会继续问道："那中国人会夹走我碗里的东西吗？"在进行跨文化交际时，有时很容易因为不了解对方的习俗，一番好意被人误解，从而引发了期望违背，导致彼此的消极评价。

来自不同文化背景的人面对不同文化的做法，接受或者不接受都是正常的，重要的是交流彼此的看法，了解某种做法背后的文化含义。如果学生提出在我们看来匪夷所思的问题，千万不要把好奇当成冒犯；相反，好奇往往是学习的开端，汉语教师这时就有了展示文化的一个绝好机会，可以答疑解惑，澄清误解。

（张德天）

延伸阅读

1. 李悦逸.期望违背理论在跨文化传播中的应用.中国传媒大学硕士学位论文,2009.
2. 王添森.文化定势与文化传播——国际汉语教师的认知困境.中国文化研究,2011(3).
3. 亓华.试论设立"汉语国际教育与传播学"一级学科的必要与可能.语言教学与研究,2010(3).
4. 斯蒂芬·李特约翰.史安斌译.人类传播理论（第7版）.北京:清华大学出版社,2004.

思考题

问答题

1. 如果有日本同学在课上指责韩国同学，指着地图说"竹岛"是日本的，你会如何处理？
2. 学生上课不守纪律被你批评，之后学生家长向校长投诉你，你会如何应对？
3. 如果学生对你安排的课堂活动不感兴趣甚至做出明显不配合的行为，你会如何应对？
4. 如果你在韩国任教，韩方教师对你的教学模式和理念不认可，且要求你按照他们的理念和模式进行授课，你会如何处理这种情况？

实战题

案例A

我们维也纳孔子学院每年定期举办汉语试听课，通过免费试听课程为对汉语感兴趣的学习者提供一个了解汉语的机会，并且通过试听课程招收新学习者。我主要承担学院试听课程任务，在2016年9月的试听课中通过"拼音与问候""数字与日期""复习与汉字"三个版块向学习者展示汉语的基本知识以及初级汉语学习情况。在"数字与日期"版块，学习完数字零至十后，经过认读复习、手势操练，为了加强学习者对数字在实际生活中的应用，我布置了相互询问电话号码的课堂任务，学习者开始相互询问对方的电话号码，但是很多学习者仅是说了电话号码的一部分或者任意说了一些数字作为自己的电话号码来回答问题。由于大多数学习者不太愿意交换自己的真实信息，效果并不是很好。教学后我进行了反思，此次试听课的情况较为特殊，国籍情况较为复杂，年龄层次差距也相对较大。同时由于是试听课程，本次课只是学习者之间的第二次见面，因此，电话号码恐怕是较为隐私的信息，所以这个练习并未达到最佳效果。

（史佳妮）

1. 如果你遇到上述案例中的问题，你会怎么处理？

2. 你给汉语零基础或初级水平的学生上过课吗？你的第一堂课安排了什么内容？课堂是否顺利？
3. 从跨文化角度考虑，你认为上第一堂课应该注意哪些问题？

案例B

直到很久之后我才知道学校的校长是个女性，真是让我大吃一惊。可是她平常的表现和穿着都是男性的样子，我平常跟泰国老师在一起说话的时候提到校长也总是说"he"，他们没有人特意告诉过我真实的情况，要不是Mrs. Fry跟我关系好，告诉我要用"she"，我真的会一直错到我离任。真是幸亏没有当着校长家人的面用英语谈论过他，也幸亏泰语中的"他"和"她"发音都是一样的，所以我没有在校长家人面前出丑，不然真的是尴尬了。可是这个尴尬有时候也没办法避免呀，泰国老师是不会主动纠正你这个错误的，学生们也都习以为常，而我们又不能打探别人的隐私。

再说一个小提醒，班里有偏女性化男生的时候，如果要分组，千万不要按照性别来分组，因为女生气严重（化妆、进女厕所）的男生虽然会主动加入女生组，但是别的男生会嘲笑他们，汉语教师平常也不要对他们的行为有过多的关注，也不要针对此类情况向班里其他学生询问。因为我曾犯过一个错误，至今感觉很对不起那位男生。

泰国的同性恋文化会对我们有较大的冲击，我们要做的就是不要过多关注和过多询问，以平常心对待。班里有特定人群时，分组时要有所注意。

（赵梦凡）

1. 你认为上述案例中的误会是否可以避免？如何避免？如果不可以该如何补救？
2. 据此案例，你认为国际汉语教师应加强哪方面的意识或能力的培养？

案例C

今天上课我介绍了中国的"花中四君子"。梅、兰、竹、菊在俄罗斯文化中都没有等同的含义，甚至没有意义。讲解时从这些植物美丽的外貌和独特的生长环境入手，会更容易让学生接受。

梅花在冬天开放，寓意不怕艰难、不怕痛苦、不怕失败的精神。同时点缀梅花的五朵花瓣，有梅开五福的含义，象征快乐、幸福、长寿、顺利和和平。菊花盛开在深秋，和梅花一样有勇敢坚强的含义。这些学生马上就能理解。

讲到兰花，学生就不太理解了。在中国文化中，兰花的寓意是洁身自好，不为金钱或权利展现自己的美丽，只为自己心中的理想，默默地绽放。在俄罗斯文化中兰花没有这个附属的文化含义，只是一种花。而且俄罗斯民族也不是内敛的民族，在他们的处事观念中，人应该突出自我，追求美好生活，乐于表现。如何将兰花的寓意形象地展示给大家，我费了一番功夫。我先从兰花美丽的外形导入，再告诉大家兰花一般生长在人迹罕至的山谷。接着提出问题并回答，这样的花如果有人欣赏会开得很美，那没人欣赏呢？它依然绽放美丽。最后总结兰花的寓意——洁身自好。讲解完后，学生觉得很有意思，一朵小花竟然也能有这么丰富的含义。

俄罗斯没有"竹"这种植物，但是学生都知道这是熊猫的食物。竹的含义丰富，我先从竹的"宁折不弯"入手，他们很快就明白是什么含义了，果然是"战斗民族"！然后我再告诉大家，中国是谦虚的民族，竹子因为体内中空为虚，所以竹子还有虚心的含义。

虽然课后学生反映很有意思，学到了很多，但是我感觉在讲的时候，由于中俄文化背景相差太大，想引起他们的共鸣还是比较困难的。在备课的时候，我曾设想将列夫·托尔斯泰比作兰花或竹。他生于富裕的贵族家庭，却同情穷苦人。他的所作所为不被同族甚至妻子理解，但他依然坚持自己的理想，最后甚至抛弃了万贯家财和地位，为理想挣扎奋斗。这和兰花不被关注却依然绚烂绽放，以及竹刚直奋进的文化内涵似乎有些相似。但我怕这样不够严谨，误导学生，最终还是放弃了这样的解释。若能在充分了解俄罗斯文学历史的情况下，做一些具体的比较和引导，"花中四君子"的形象应该会更丰富和立体。

（季晶静）

1. 季老师在进行传统文化教学时，采取的是从梅、兰、竹、菊的植物特点延伸到中国传统文化的方式，你觉得这样做怎么样？对你有何启示？
2. 你是否认同将中国文化与外国文化进行对应性的比较教学？需要注意什么？

第八章
跨文化的国际汉语教学管理

在教学工作中,课堂教学是实现教学目标的主要形式,而教学管理贯穿了课堂教学的始终。良好的课堂教学效果不仅有赖于教师的教学能力,教师的课堂管理能力也很重要。教育学家赫尔巴特说:"如果不坚强而温和地抓住管理的缰绳,任何功课的教学都是不可能的。"国际汉语教学更是如此,由于教师和学生的母语背景、文化传统、价值观等存在差异,课堂管理给国际汉语教师带来很大的挑战。美国亚利桑那大学曾就在美从教的国际汉语教师、志愿者应具备的基本素质进行调查,发现93%的教师表示课堂管理能力是最重要的基本素质之一,然而这一基本素质却是国际汉语教师较薄弱的一个方面。总的来说,教学管理虽然涉及课堂的方方面面,但最重要的是教师、学生、环境及规则四个因素。

教师。 课堂以教师为主导,"管理"即在特定环境下,教师对资源进行组织、领导、控制,以达成教学目标的过程。在跨文化的国际汉语教学中,教师与学生来自不同国家,具有不同的文化背景,因此在互动交流中,学生之间、师生之间、汉语教师与本土教师之间都有可能产生各种各样的问题。其原因多种多样,但最深层次的还是文化差异引起的适应性问题。对在跨文化环境中工作的汉语教师而言,尤其要关注不同文化背景下教学理念与方式、教师角色与师生关系这两大问题。首先,教学理念影响教学方式:在以学生为中心的教育理念下,课程设置和教学内容要充分考虑学生需求。一位教第二语言教学法的美国教师就告诫她的学生:教师在外语课上的话语量不能超过25%,这就有别于中国课堂上部分教师的"一言堂"现象。其次,不同文化中教师扮演的角色不同,师生关系也不一样。例如受"权力距离"的影响,西方研究文献在谈到教师角色时往往使用"facilitator"(促进者)一词,也就是说,教师主要是学习的促进者、组织者和友好的批评者,而在中国学生的眼中,教师更多的是知识的传播者或权威。这就要求汉语教师具备高度的跨文化敏感性及良好的跨文化沟通能力，正确看待教师的权威，追求理解和沟通，建立师生"对话"关系。此外，教师还应主动熟悉任教国相关规定及文化习俗传统，具备在课堂上主动激发自身积极情绪、抑制和消除消极情绪的能力，从认知、情感、行为三个层面对自身加以管理，保证教学有序进行。

学生。课堂以学生为中心，教师对于自身、环境、规则的管理本质上都是为学生服务。教师对学生的管理需要做到以下两个方面：问题行为的处理和积极行为的引导。在跨文化的汉语课堂中，学生国籍不同，文化背景、宗教信仰等都可能存在差异，这些都会直接影响他们的价值观念、思维习惯。当他们聚集在同一课堂中，按自身的文化属性来表达、相处时，多元文化冲突就很可能浮出水面，有时候这种冲突甚至会比较激烈，教师如不能有效管理，极有可能会扰乱正常的教学计划。例如，在汉语课堂上，学生大都喜欢跟自己的同胞在一起，他们之间很容易产生"小团体"，用自己的母语"相谈甚欢"，完全不在意老师的讲课内容；在多元文化的合作学习中，具有不同文化背景的学生学习风格有所不同，日韩学生比较依赖教材与教师，看重书本知识与学习成绩，而欧美学生从小培养竞争与创新意识，敢于尝试，学习上的独立性很强，当两种不同学习风格的学生在同一个课堂开展小组合作时，教师要积极引导。汉语课堂中的学生管理问题由于涉及文化因素，表现比较复杂，教师应该帮助学生意识到文化的"和而不同"，关注不同文化群体中的学生，通过科学有效的管理，为从冲突转向融合提供足够的协商与调解空间。

环境。课堂作为开展教育活动的主要场所，具有人与环境之间互动的性质，教师需要关注物理环境和社会心理环境两个方面。物理环境即教室环境，包括学生人数、座位安排、课桌椅摆放样式、教室的空间大小、通风程度、温度等因素；社会心理环境主要指师生之间相互作用而形成的关系，如人际互动、课堂气氛、学生参与课堂的状态等。以中美的中小学课堂为例，中国一般采取大班授课模式，教室和座位往往是固定的，这就使得学生之间比较熟悉，有利于培养集体意识、合作精神，但师生互动比较少，也限制了学生与其他班级学生的交流；美国课堂多为小班授课，教室内桌椅摆放比较随意，学生教室不固定，这方便了小组活动、师生互动。中西方国家课堂环境的不同在一定程度上影响了课堂交际的过程和特点。

规则。"没有规矩，不成方圆。"规则是一种行为准则，是师生共同制订的、能够规范学生行为的具体行为要求。在这里，制订规则的目的除了保障良好的课堂秩序外，更重要的是建立一种师生都认可的良好习惯，从人为的规则逐渐变成学生有意识的自我管理。规则的管理包括规则的制订和规则的实施。教师是课堂的主导，学生是课堂的中心，规则的制订应当由学生与教师共同完成，但在课堂上，教师还需要考虑学校管理模式、多元文化背景下的文化距离等多种因素。在西方国家，学校的课堂管理更现代化和科学化，以澳大利亚为例，一些学校的点名系统与校内网相连，点名系统不仅有学生的名字、照片，还可以查询学生的特殊信息，如是否对食物过敏、是否属于有学习困难的学生等，教师在遇到情况时可以查询学生信息寻找相应的解决方案。此外，对于"规则"，不同文化背景下教师的管理风格也各不相同。中国、日本、韩国等东亚文化圈的老师，更重于"管"，多控制、指挥性规则，呈现一种单向的、线性的课堂管理模式。而在美国、澳大利亚等国家的课堂上，本土教师更善于利用规则营造轻松、平等的课堂氛围。由于文化距离不同，汉语教师需要结合任教国的课堂管理传统及风格，与学生一起制订他们乐于接受并自愿遵守的课堂规则。

案例 60　请不要叫我"梅"

"你好！你叫什么名字啊？"

"Clara Mei."

"哦，找到了。那我可以叫你Mei吗？"

这是三级班的第一节课。当我拿着学生名单认人的时候，看到了这个中国女孩，一种亲切感立刻涌上心头，当下我就询问是否可以叫她"Mei"，因为在中国，叫别人的"小名"，会拉近彼此之间的距离，显得更亲切一些。

"不，我叫Clara。"

"哦，好的，那以后就叫你Clara。"

女孩笑着对我点点头。

当时，我到巴塞罗那只有一个月，跨文化意识并不敏感。对于这件事，当时只是奇怪了一下，很快就抛之脑后。直到有一次，和同事们一起聊起班里的学生时，我才意识到自己是多么的粗心。原来，在西班牙有很多收养家庭，很多西班牙夫妻会领养中国的小孩。如果一个学生名字的前半部分是"西语名"，后半部分是"中文名"，绝大多数情况下，这个孩子是被领养的。我知道这个消息后，第一反应就是Clara，怪不得她不让我叫她的中文名字呢。

我们都知道，一般情况下，被领养的孩子都比较敏感。尽管养父母会尽职尽责，把他们当作自己的亲生孩子对待，但是这类孩子内心还是容易产生敏感情绪。当他们慢慢长大，发现自己和周围的小伙伴在长相上的不同时，自然就会对自己的身份产生疑惑。为了不让自己显得那么与众不同，他们会想尽办法融入周围的小集体。他们不想因为自己不一样，而被同伴、被社会排斥。就好比我的那个学生，即使知道自己是中国人，她还是希望我能叫她的西班牙语名字，因为这样她就不是特殊的那一个了。我非常理解，毕竟她还只是一个高中生，是自尊心最强的时候。

所以，后来给大家起中文名字的时候，她告诉我，不要中文名字，叫

Clara就好，我也同意了。也许等她长大，她会处理好自己的这种身份。现在她除了知道自己是中国人以外，什么都不知道，中国对她来说是一个陌生又遥远的存在。她在西班牙长大，接受的是西班牙教育，她需要时间去慢慢理解并接受中国文化。我想这也是她的父母送她来学习中文的原因吧，希望有一天她可以打心底里接受自己的身份。

（李 翔）

理论聚焦

身份认同（identity）

身份是一种出身和社会位置的标识，而认同旨在表达与他人相似或相异的归属感和行为模式。身份认同是个体对自我身份的确认和所归属群体的认知以及所伴随的情感体验和对行为模式进行整合的心理历程。它回答了两个问题：我是谁、我归属于哪个阶层，同时也表征了身份认同结构的三个方面：认知、相伴随的情感和相应的行为表现。

案例分析

该案例叙述了李老师在巴塞罗那孔子学院第一堂课的一个小插曲：在拿着名单跟学生确认姓名的时候，本以为直接叫中国女孩的中文名字会让她更有亲切感，没想到这位中国女孩却只希望别人叫她的西语名字。后来李老师才认识到，西班牙有很多人领养中国孩子，而这个女孩恰好是被领养的。或许正是由于这种身份的缘故，这个女孩才对老师的称呼如此敏感。

首先，李老师第一堂课就"小心翼翼"，希望通过叫学生的中文名字拉近彼此的距离，显然他在课堂上是非常用心的。其次，李老师在课堂中并没有纠结，也没有继续追问为什么一定非得叫她Clara，而是顺着学生的心愿，这体现了她比较开放和包容的心态。正像李老师说的，通过慢慢地认知和感受中国文化，小女孩一定能够处理好她的身份认同问题。这也启示我们，在教学中遇到学生对自己身份敏感的情况时，比如学生残疾、父母离异等，教师不仅不能对他们"另眼相看"，反而应该"一视同仁"，给他们更多的关爱时应当注意不着痕迹。

小女孩从小就处于西班牙的文化环境中，接触的人、事、物都是西班牙的，对中国认识很少。因此，她不太可能对自己不了解的国家或者群体有太多的归属感。虽然在外表上她跟中国人是一样的，但从生活习惯、文化教育上来说，她可能和西班牙群体有更多共性，在她看来可能西班牙才是她的祖国。身份认同是动态变化的，随着时间的推移，或许慢慢地她会认识到自己和中国的联系不只是外貌、种族上的，更重要的是心理上的、情感上的。但是身份认同本来就是主观上的，我们看待这个问题时要有超然的态度，尊重对方的想法，切忌对此有道德评判，甚至说教，要求他们承认自己是中国人、接受中国之类。

要想成功地完成跨文化交际，我们需要在认知、情感、行为三个层面做出努力。身份的认同也有层次性，个体要达到对某一群体的认同，同样也要经历三个阶段：第一阶段是自己对自身归属与某一群体的认知；第二阶段是自己对于自身归属某一群体的情感，亦即态度或心理感受；第三阶段是主体对于自己归属某一身份、群体的自觉和情感基础之上一定的行为方式。在这方面，案例中的李老师可以说处理得不错。

（李　毅）

延伸阅读

1. 张恒君. 汉语国际教育案例与点评（亚洲国家篇）. 北京：华语教学出版社, 2016.

2. 张淑华, 李海莹, 刘芳. 身份认同研究综述. 心理研究, 2012(1).

3. Phinney, J. S. Stages of ethnic identity development in minority group adolescents. *Journal of Early Adolescence,* 1989(1-2).

4. Phinney, J. S. The multigroup ethnic identity measure: A new scale for use with diverse groups. *Journal of Adolescent Research,* 1992(2).

案例 61 该不该打断助教和学生的对话？

我的一门课程是孔子课堂的小学五年级汉语兴趣班。意大利的小学汉语教学一般由中国老师负责汉语教学、意大利老师负责管理班级纪律，双方合作来保证汉语课程的进行。在教学初期，我发现我和搭班老师虽然语言不通（她不会说英语和汉语、我不会说意大利语），但我们各司其职，合作得相当愉快。但随着接触的深入，我也发现了一些问题，比如说她有时会跟学生一起听课，看到一些我不完全正确的注释会帮助我向学生解说，在解说的过程中，有时候就会和学生用意大利语争论起来或者聊起来，这个时候我就比较尴尬，我是打断他们呢，还是等他们说完再继续？

举个例子来说，春节期间我设计了一节学习十二生肖的课，在课的开始我通过一个视频导入，让学生对十二生肖有一个初步的感知，并提出问题："这里面有多少个动物？它们的名字分别是什么？"这时他们还没有学习十二生肖的汉语词汇，我先用意大利语进行了展示，不巧的是，我误将猴子的意大利语"scimmia"错打成了"acimmia"，孩子们看到后随即笑了起来，七嘴八舌地开始讨论，有个学生还各种比画着跟我解释，当时意大利老师短暂离开了一会儿，正好不在教室，我也没有及时明白学生想表达什么，只感觉全班乱糟糟一片，就叫停了他们的讨论。后来在学习十二生肖的汉语词汇时，我仍把"猴子"的意大利语注释错打为"acimimia"，学生们由此开始了第二波的七嘴八舌，此时意大利老师已经回来跟他们一起听课，他们便争着跟她说明我这个错误，在意大利老师解释过后，我才恍然大悟，原来是将"猴子"的意大利语打错了，学生们也终于"如释重负"，我们都开心地笑了起来，我随即将PPT中的意大利语注释改正了过来。本以为事情到此结束，然后继续讲课。可是我却发现意大利老师和学生们聊起天来了，一个学生正在跟她解说刚才如何如何跟我解释这个错误而我没有听懂，其他孩子的注意力也全都被吸引了过去，纷纷加入了讨论，双方好一会儿仍在聊这个话题。此时我感觉我的汉语课被中断了，连说了几次"安静！Silenzio！"都被他们无视，但又不好直接去打断意大利老师，只能等他们停下来再继续上课，幸而意大利老师后来意识到自己似乎跟学生说得太多，重新把课堂交给了我。这种情况在后来学习生肖和年份对应关系的时候再一次出现，学生和意大利老师争论着他们的生肖问题，再次无视了我的课堂指令。

　　这件事情对我的触动很大，因为像这种教师和学生在课堂上聊天的情况在中国是绝对不会发生的。我开始思考为什么会出现这样的问题，后来在与同事们的讨论中我知道了答案。我们知道，意大利人爱聊天，往往一件小事就可以聊得热火朝天，他们可以很容易找到一个话题然后开始一个似乎没有尽头的谈话，在路上或在公交上你也总会发现，即便是两个陌生人，他们在一起也能侃侃而谈，而当意大利人开始一个话题并沉浸其中时，他们往往就会忽略其他人的讲话。而且，意大利中小学教育环境并没有中国中小学教育环境那么严格，课堂教学环境也不会那样有板有眼，套用意大利同事的一句话，"意大利学生是不害怕老师的"，在这里，教师不是绝对权威和威严的存在，学生行为和思想比较自由，所以课堂上经常会出现学生跟纪律老师争辩的情景，也会出现学生和教师一起聊天讨论的情况，教师并不认为那是对课堂的一种打断。

　　发现了这个问题后，等再一次上课时，我主动跟我的搭班老师说明了自己的想法，坦诚地指出，她和学生过多的对话会影响我的课程，我希望她可以帮我维持课堂纪律和秩序，但也希望她不要过多地加入课堂讨论当中。她意识到了这个问题，似乎感到有点抱歉，愉快地和我达成了共识。

（郎亚鲜）

理论聚焦

文化共情（cultural empathy）

文化共情具有三个层面：第一个层面是在跨文化沟通中，能够体会或感受到谈话对方的感受以及这种感受背后的文化根源；第二个层面是在体会对方感受的同时，能够察觉自身由文化差异引起的情绪感受的变化，如厌恶、同情、愤怒等；第三个层面是在体会和察觉对方和自己感受及文化根源的同时，能够分析情绪或感受的根源，并能够进行自我情绪管理，从而创造性地解决基于文化冲突的矛盾。

案例分析

初到意大利的郎老师，对意大利助教在课堂上与学生随意谈论的行为感到困惑与不适应，这一情况鲜明地反映出在不同文化背景下，中意两国迥异的课堂氛围。郎老师适应的课堂氛围是中式的，教师是比较权威、严肃的，而意大利学生习以为常的则是一种轻松活泼、可以随时畅所欲言的课堂。这两种课堂氛围的差异，部分体现了两国社会文化的不同风格，具体来说，可以将其理解为两国社会文化所体现的权力距离的差异。荷兰跨文化研究学者吉尔特·霍夫斯泰德（Geert Hofstede）把"权力距离"定义为"在一个国家的机构和组织中，弱势成员对于权力分配不平等的期待和接纳程度"（陈宝文、李俊燕，2013）。课堂作为社会的"机构和组织"的构成单位之一，自然会受到社会权力距离这一文化维度的影响。

案例中提到的"意大利学生是不怕老师的""课堂上经常会出现学生跟纪律老师争辩的情景"等，可以看作意大利文化中权力距离较小的特点在课堂中的具体表现。权力距离小意味着人们对于社会阶级或上下级之间的距离感不强，人们更加崇尚自由平等，不忌讳公然反驳上级的意见。因此，意大利小学生会直言不讳地指出郎老师PPT中的错误，并主动告诉意大利老师，而这位意大利老师则会不自觉地"旁若无人"，与学生在课堂上畅谈，完全没有意识到主讲教师郎老师的存在。与意大利文化相反，中国文化表现出高权力距离的特点，郎老师在这种情况下难免会感到"权威旁落"，因此觉得尴尬和不适应。

中国和意大利在权力距离文化维度上的不同表现有其深厚的文化根源。从历史上看，中国历史悠久的中央集权制度以及在文化上长期占据统治地位的儒家思想，都教导人们顺从、接受社会等级和个人权力差距。而意大利文化则体现出浓厚的浪漫主义气息以及对自由意志的尊重，以人本主义为核心精神的文艺复兴运动是意大利文化中兴的起点，加上海洋文化和基督教文化的长期影响，自由平等的观念在人们心中根深蒂固。面对中意两国在权力距离维度上的不同表现，意大利汉语课堂的管理策略应当做出相应的调整。郎老师的案例启发我们，在跨文化教学过程中处理权力距离差异问题时应具备"文化共情"，首先应树立理解尊重他族文化、摒弃我族中心主义的观念，并有意识地提升自身跨文化敏感度，从跨文化的角度而非个人喜恶来理解跨文化交际中的困惑与不适，并能够运用跨文化知识找出症结，在了解他族文化礼仪的基础上，或者选择入乡随俗，或者选择案例中郎老师的方式，指出交际中的文化矛盾，正面解决。中外教师合作难免会出现跨文化问题，这需要双方具有移情意识，言谈举止能够从对方的角度考虑，尽量减少不愉快的发生。即使发生了不愉快也要包容、宽容，互谅互让地往前进。

（林佳佳）

参考文献

1. 陈宝文, 李俊燕. 中美"权力距离"差异的原因探究和策略解析. 边疆经济与文化, 2013(10).
2. 贾玉新, 陈国明. 跨文化交际研究（第二辑）. 北京: 高等教育出版社, 2010.
3. Wubbels, T. Classroom management around the world. In Hayden, M., Levy, J. & Thompson, J. (Ed.). *The SAGE Handbook of Research in International Education*. London: Sage, 2007.
4. Osher, D., Bear, G. G., Sprague, J. R. & Doyle, W. How can we improve school discipline? *Educational Researcher*, 2010(1).

案例 62　文化不同引冲突

（一）

国际汉语教学具有独特的教学对象，他们或者是母语非汉语的同一个国家的学生或者是来自不同国家、说不同语言的学生。在我的班里就有来自四个国家的学生。有三个加拿大学生、三个塔吉克斯坦学生、一个俄罗斯学生和两个韩国学生。由于地域不同、语言不通，他们平时很少交流，都是自己国家的学生聚在一起。塔吉克斯坦人说塔吉克语和俄语，三个塔吉克人和一个俄罗斯人总是在一起。三个加拿大人在一起，两个韩国人在一起。这种分帮现象在国际汉语课堂中屡见不鲜。但是一旦某两个国家的个别学生相处得不融洽就会导致两个国家所有的学生不相往来。在我的班里就出现了这种情况。塔吉克斯坦的学生和加拿大的学生互不喜欢，导致两国学生之间互不往来。在课堂上我需要学生之间互相讨论问题的时候他们也总是各不理睬，回答问题的时候他们也总是各抒己见、互不相让。这不但影响了整个课堂的教学氛围，也影响了课堂教学效果。

（二）

民以食为天。在国际汉语课堂上，面对的是有着不同饮食文化习惯的各国学生，如果不了解他们特有的饮食习惯，就很容易在课堂教学中无意识地触犯某些国家饮食上的禁忌。我曾在一次课堂教学中讲到用筷子吃饭很卫生，如果直接用手去抓饭不太干净。当时我只是想简单讲一下用筷子的好处，没想到立刻引起了塔吉克斯坦学生的不满。他们说："我们国家很多美食都是用手抓的，我们的手很干净、很卫生。"当时我只能很不好意思地表示赞同他们的说法。我之前知道印度人会用手吃饭，但是没有了解塔吉克斯坦人也会用手吃饭，原本很小的一件事情却引发了学生心理上的不满。

（三）

中国自古就有脱帽行礼表示尊敬的礼仪。在中国课堂上，学生戴帽子尤其是花枝招展的装饰帽会被视为对教师的不尊重。这个礼节来源于冷兵器时代，当时作战都要戴头盔。头盔多用铁制，十分笨重。战士到了安全地带，首先是要把头盔摘下以减轻沉重的负担。这样一来，脱帽就意味着没有敌意。如到友人家，为表示友好，也以脱盔示意。这种习惯流传下来就是今天的脱帽礼。在国际汉语课堂上，并不是每个国家都奉行脱帽礼的。比如说，塔吉克斯坦学生上课时经常会佩戴各种各样的帽子，虽然我并不太在意他们戴帽子上课的行为，但是由于从小受到的教育就是上课戴帽子是对教师的不尊重，所以难免心存芥蒂。通过交流我才知道塔吉克斯坦人忌讳交谈时脱帽，认为戴着帽子才礼貌，他们上课戴帽子也是可以理解的吧。

（王　爱）

理论聚焦

文化异质性（idiosyncracy）

文化异质性，简单来说就是指不同文化之间的差异性。陈国明（2009:30）指出：比起同文化内的沟通，跨文化沟通的异质性高出很多。文化对团体分子，对认知、信仰、态度、价值观等系统的影响，直接塑造了一组特殊的沟通形态。来自不同文化的人们互动时，最明显的差异在于无法共享符号系统（shared symbol system），甚至赋予相同符号不同的意义。这种异质性是跨文化沟通的最大障碍。

案例分析

多元文化犹如万花筒，有差异也有共性。王老师的课堂更多地折射出了多元文化碰撞时的沟通障碍问题，主要集中在交往、生活、饮食、服饰等方面，而这种障碍出现的根源是文化的异质性，也就是不同文化之间的差异。

首先，由于文化的异质性，个体往往会区别对待内外群体，并不自觉地以本族文化中的价值标准对他族个体的行为进行主观评判，具有多元文化背景的汉语课堂，使不同文化间的差异被进一步放大。从跨文化的角度来看，王老师班上"俄语集团""韩国集团"与"加拿大集团"的存在，正是文化异质驱动的内外群体意识扩大化导致的结果。学生本能地选择与自己文化距离接近的同伴组成"内群体"（in-group），其他同学则相应地成了"外群体"（out-group）。"任何群体都会具有内群体偏见（in-group bias），因为通过对自己所属群体的良好评价，人们会拥有良好的社会同一性（social identity）"（严文华，2012:37）。王老师班上的三个小团体同样表现出了一定程度的内群体偏见，团体内的学生对同质文化成员表现出接纳、认可与理解的态度，对异质文化中的同学则表现出排斥、蔑视，甚至是敌对的态度。这种紧张的关系使学生们的敌对意识泛化，甚至在回答老师的问题时也会表现出互不相让、针锋相对的态度。同时，多元文化交融的环境使学生对内外群体间的关系更加敏感。群体中的每个成员都强烈维系同质文化所带来的认同感，因而在各群体的内部形成了一种不必要的"同仇敌忾"的氛围，某两个文化小团体中个别学生的问题会带来两个集团所有学生的矛盾。从这一角度来看，王老师班上的小团体问题，究其根本是多元文化碰撞的结果。

文化异质性的另一种表现是不同文化成员沟通时，无法共享符号系统（shared symbol system），因此更倾向于以本族文化的价值标准来评判他族人的行为。王老师在课堂上说用手抓饭不卫生，以及认为塔吉克斯坦学生上课戴帽子是一种不礼貌的行为，都属于心理层面的文化异质影响个体在行为上的表现。从案例中我们可以看出，王老师之所以遇到困惑是因为不了解他族文化习俗，在了解了中外文化习俗之间的差异之后，王老师便能理解外国学生的做法了。

从王老师所在班级的情况来看，她需要从学生与教师自身两方面进行多元文化意识的管理与疏导。在学生方面，她需要缓和学生之间的紧张关系，弱化彼此之间因文化不同产生的敌对意识。为此，在教学过程中应尽量避免带有竞争性的活动设置，并适当增加合作性的活动，寻找合适的契机让学生明白，不同文化间确实存有差异，但可以"和而不同"。在教师的自我管理上，建议以中立的态度来对待异文化中的现象，"要从文化本身来解读，而不是对其强加普遍性"（严文华，2012:19）。王老师有意识地了解了塔吉克斯坦的文化习俗之后，重新审视学生上课戴帽子的行为，这一做法值得肯定。

文化的异质性是由不同文化的社会历史现实和文化心理共同决定的，并无优劣之分。文化差异根植于特定的社会历史现实和文化心理，具有客观性和特殊性，我们在跨文化交际过程中应该秉承文化相对主义的观点，意识到每种文化都是平等的，并无优劣和对错之分，很多问题没有应该不应该，只是个人选择的差异。在教学中，国际汉语教师也应当具有文化对比的意识和跨文化敏感性，通过积极的引导，使学生对多元文化更为开放包容。

（周　鑫　林佳佳）

延伸阅读

1. 陈国明.跨文化交际学（第2版）.上海：华东师范大学出版社，2009.

2. 董娜.内群体与外群体对语言交际的影响.黑龙江教育学院学报，2001(6).

3. 李军靠，李延.基于有效教学理论的课堂管理研究.教育探索，2009(2).

4. 孙野.教师课堂情绪管理能力及其应对学生课堂问题行为研究.西南大学硕士学位论文，2012.

5. 王爱.对外汉语教学中的课堂冲突与解决对策.曲阜师范大学硕士学位论文，2013.

6. Evertson, C. M. & Weinstein, C. S. *Handbook of Classroom Management: Research, Practice, and Contemporary Issues*. Mahwah: Lawrence Erlbaum Associates, 2006.

7. King, P. M. & Baxter Magolda, M. B. A developmental model of intercultural maturity. *Journal of College Student Development*, 2005, 46(6).

案例 63　学会管理课堂

（一）

今天是5月17号。我"训"孩子的能力提高了，这里的"训"不是指对孩子大声地训斥，而是指给孩子好声好气地讲道理，让他们意识到自己的错误。我在跟他们讲道理的时候，通常会说"你这样做不对"，并告诉他们为什么不对，应该怎么做，并且鼓励他们，相信他们能做得更好，孩子们都是会听进去的。

孩子也是需要鼓励的。在下课前我也会更多地给孩子们反馈。例如，我会说孩子们今天哪方面做得好（比如表演），哪方面还需要加强（比如纪律有点乱），并且告诉他们纪律不好的后果是影响其他同学听讲。我希望我的课堂是一个有秩序的、确保尽量多的孩子能够听讲的环境，同时又是孩子们喜欢的课堂。还有就是讲知识的时候，不能蜻蜓点水，要循序渐进，一点点深入，让孩子可以更好地接受知识。

（二）

今天是6月7号。第一次给五年级B班上课，我简直要气晕了，我从来没有碰到过这么难管的班级。孩子们七嘴八舌，想说什么就说什么，毫无纪律。我心里还想，他们的班主任也太差劲了，怎么管理的。后来我发现他们班的问题学生多，有的学生没法参与课堂、需要特殊老师跟着，有的学生组成小团体、一直捣乱，有的学生程度很好、你教的他都会，所以更是捣乱，有的学生随便乱坐……我第一次给他们上课的时候，我真的生气了，我停下来三次，管理纪律，最终我真的忍无可忍了。他们的班主任老师看情况不对，也站起来严厉地训斥了他们。但后来我发现批评这些孩子没有用，他们只会跟你硬碰硬，所以我就想着改变。今天，每当课堂中出现问题的时候，我就停下来制止他们，并好声好气地告诉他们，他们差劲的课堂表现给我造成了哪些负面影响。比如他们不举手就直接说答案，我就告诉他们："如果你说的时候别人也说，我就不知道是谁在回答。""我知道你很聪明，但是你该举手，要不然别人也会学你不举手，我希望你也给别人思考的机会。"我觉得教育孩子要非常耐心，需要反复说，还需要好声好气地说，孩子就是孩子，你说过他，可能他玩一圈回来又忘了，所以给孩子讲道理，改变他们的态度是很重要的。

我的课堂管理技能虽然在成长，但是还不够。去每个班做复习课的时候还是要更注意进门和出门时管理学生（pack up）。同时我还要注意，不要给班主任老师增添太多的麻烦，不要再让他们帮我管理课堂纪律，比如有学生不举手就回答问题，我就会制止他们。

（三）

今天是7月21号。我从其他老师身上又学了一个新的管理技能，上完课后，老师不能让孩子们都一窝蜂地跑了，他会说："Let me see who can go first."小孩子听了这句话之后，都坐得直直的，表现得特别好。然后老师就会点名，让整节课表现都很好的学生先走。

之前在去每个班做十分钟复习的时候，一进门我都傻眼了，干什么的都有，所以我需要快速地把他们安排到地毯上坐好，才能开始上课。但我根本不知道要如何开口，要说什么，要怎么以老师的口气说。往往都是班主任老师看我进来了，就会帮我，问我想让孩子们坐在哪里，我说"坐在地板上吧"，班主任老师就会让所有的人停下手中正在做的事情，快速坐到地板上。而我却在旁边傻站着，看老师们替我做本来属于我的工作。如果孩子们做事情慢腾腾的。老师就会倒数，同时对每个坐在地板上的孩子夸奖"well done"。

后来我就自己尝试着把孩子们聚集在地毯上，我会说："Let me see who is the first to sit on the carpet." "Well done." "I really appreciate that you sit there so beautifully."当孩子们捣乱的时候，我也会说："Who allowed you to speak?" "That is inappropriate." "That is irrelevant." "Show your manners." "You are distracting."这些话都是澳大利亚老师在管理学生的时候会用的，只要你一说，学生就知道他们这么做不恰当了。

当掌握了这些管理课堂的语言后，我在管理学生方面就更自如了。

Z老师也屡次提醒我，不要让别的老师帮你管纪律，这是你自己的事。刚开始的时候，如果我的课有学生捣乱，他们的班主任老师就会马上出来训他们。后来上课的次数多了，我自己都觉得我不能再让他们管了。所以如果有哪个孩子捣乱了，正好我没有看见，他们的班主任老师一提他的名字，我就会立马跟上去制止他，说他这么做不对。我想，到这个时候，我才能做到和其他班主任老师的co-teaching。

澳大利亚小学中文课堂（王若琳供图）

（王若琳）

理论聚焦

文化距离

文化距离，指国别、地域、民族等差异的量化表现，具体指一国文化观念思维与别国的差异程度。研究表明，文化距离是个体跨文化经历中的重要压力来源和主要文化冲突源，对个体跨文化情境中心理健康、生活和工作满意度等都有着深刻的影响。文化距离集中体现了目的地国和本国在社会制度、风俗习惯、思维观念等方面的差异性。差异性越大，个体感受的文化休克就越大，适应环境的困难就越大，需要获得的创新动机就越强，所需的外部社会资源支持就越多。

案例分析

该案例回顾了王老师在澳大利亚实习时，作为新手教师的成长历程。她围绕课堂纪律管理问题，介绍了自己如何从"简直气晕了"到主动参与课堂管理的过程。在这个过程中，王老师综合使用了内省和向他人学习的方式，逐步积累经验，最终渐渐胜任岗位要求。从跨文化分析的角度来看，这个过程反映了王老师从意识到中澳文化的差异，到通过不断自我调整、最终适应差异的过程。从中我们可以明显地感受到中澳两国存在的文化距离。

"我从来没有碰到过这么难管的班级"，这句话暗示了王老师早期进入澳大利亚课堂的心理落差，跟中国学生怕老师的情况不同，澳大利亚学生不但不怕老师，还敢于跟老师"硬碰硬"。他们在课堂上的大胆与活泼，不仅仅是个体性格的反映，在一定程度上也是澳大利亚课堂文化的反映。中澳两国迥异的课堂文化氛围是两国文化差异因素综合作用的结果，是两国文化距离的一种外在表现。张倩倩（2016）通过量化的数据，考察了中澳两国五个文化维度的差异表现，并总结如下：

国别	个人主义	权力距离	不确定性规避	男性气质	长短期趋向	文化距离指数
中国	20	80	30	66	118	NA
澳大利亚	90	36	51	61	31	5.39

*此处文化距离指数是根据Kogut and Singh的计算公式，文化距离为u（中国）、j（对象国）两国第i个维度上差的平方与所有国家在该维度指标的方差（V_i）商的平均数

根据表中的数据，我们可以看出中澳两国在个人主义、权力距离、不确定性规避以及长短期趋向等几个文化维度上表现出较大的文化距离。中澳两国文化的对比差距，能够为中文教师在澳大利亚课堂上的管理策略提供方向性指导。比如，澳大利亚在个人主义文化维度上表现出较高指数，提示我们在澳大利亚的课堂上应当更加关注学生的个体性。这一点可以在王老师的案例中得到印证，如班级里存在少数问题学生，他们无法参与课堂活动，需要"特殊老师跟着"，由某位老师专门负责某一个学生，这种情况在中国十分罕见。再比如，澳大利亚在权力距离维度上表现出了较低指数，这一点与案例中提到的老师"批评这些孩子没

有用"的说法相吻合。权力距离指数低意味着教师权威对学生的影响力较小,过分施加教师权威的影响,会导致学生跟老师硬碰硬,因此在课堂上宜采取"以理服人"的协商式管理方式。王老师课堂管理方式的转变表明她潜意识中已经认识到了中澳的文化距离,并有意识地做出调整。

需要注意的是,澳大利亚课堂上学生的表现,也可能不完全是澳大利亚社会文化的反映。活泼好动是儿童的天性,本文仅从跨文化的角度对这则案例做出解释,没有探讨这一过程中儿童性格的作用。因此,在实践中,针对澳大利亚幼儿课堂究竟应当采取何种管理方式,除了文化距离层面的考量,还应综合考虑教学对象的性格和年龄特点,针对实际情况,具体而论。

(林佳佳)

延伸阅读

1. 胡善贵,曹瑞娴,刘芳,等.跨文化情境下前摄性人格、感知文化距离对创新能力的影响研究.安徽工业大学学报(社会科学版),2017(2).

2. 孙有中.外语教育与跨文化能力培养.中国外语,2016(3).

3. 张倩倩."文化移情"能力在国际汉语教育中的作用——以澳大利亚新南威尔士州教育与社区部孔子学院为例.南京晓庄学院学报,2015(2).

4. 张倩倩.从文化距离看国际汉语教育中的文化碰撞——以澳大利亚新州孔子学院为例.新疆教育学院学报,2016(3).

案例 64　遭遇女权主义

在教授初级中文班的时候，为了配合教"职业、工作、职位"相关的生词，我准备了一些图片：一张图片配上生词、拼音，展示给学生看。在教学引入、带读的一系列过程中，都没有任何的问题。但是在一个练习记忆的环节，出现了状况！

为了让学生熟记这些名词，我在课件里做了一个"看图片快速反应"的练习，也就是随机快速展示刚才学习的生词的图片（如医生、老师、经理、服务员、秘书、老板、律师等），学生们需要在几秒内快速说出图片展示的是哪个生词。为了增加难度和效果，每个生词，如"医生"，我都会准备5—6张不同的图片，而所有的图片都是打乱顺序随机出现的。

刚开始进入该练习环节的时候，一切正常。但是到了"秘书"出现第三次的时候，有一个美国女孩突然打断了整个练习："老师，对不起，我必须要打断你。我刚才就注意到了，凡是'老板''经理'的图片，你每一张都是找的男人的图片；而'秘书'出现了几次，都是女性的图片！我认为这个有点歧视女性，难道女人就不能当老板和经理，只能当个秘书吗？"我头一次碰到这种情况，一时还没做出反应，又有一个法国女生和一个美国男生在一旁"附议"："没错，老师，我也发现了。""我完全同意凯丽的说法，如果在美国，这会被认为不尊重女性。""我认为你最好修改一下你的图片，我相信很多西方人都会跟我们有同样的观点。"

我整理了一下思路，让同学们保持安静，然后解释道："首先，非常感谢同学们给我提出的意见，我肯定不是故意这样做的，这是搜索了图片资源后的自然结果，不代表我的任何个人意见，这仅仅是语言的练习。今天下课以后，我就会修改课件。"然后我又说道："既然说到这个话题了，我也想问问大家，在你们的国家曾经出现过女总统或首相的，请举一下手。"七八个学生里，有一半以上都举起了手。"但是中国还没出现过女主席呢。在职位平等这个问题上，中国从过去到现在，还是男性的地位高一些，这个或多或少会给我带来一些思维定式。但是，现在这个情况已经发生了变化，不仅女企业家越来越多，而且你们应该都知道，在中国家庭里，女人的地位很高呢。"然后我给他们简单解释了"妻管严"，大家听了都哈哈大笑，尴尬的气氛也就被化解了。

从此以后，在制作教学课件的时候，我都会刻意去注意一下这方面的文化差异，避免再次发生这样的情况。

（顾毅君）

理论聚焦

男性度和女性度

荷兰人类文化学家吉尔特·霍夫斯泰德（Geert Hofstede）调查认为，男性度与女性度是区分人类社会的文化维度之一。"男性度"和"女性度"主要指性别所扮演的情感角色。"在男性化社会里，性别所扮演的情感角色对比很鲜明。在女性化社会里，性别角色重叠，没有太大区别。"（蒋绍君，2011）社会的性别倾向度不同，对男性和女性的社会要求也会有所不同。男性度社会要求男性必须表现为权威和自信，教养孩子的角色由女性承担；而女性度社会中的男性则不必表现出权威和自信，并可以承担教养孩子的角色。

案例分析

本案例讲述了顾老师教学过程中的一个小插曲，由于老师PPT展示的内容略有偏颇，在课堂上引发了一场关于男女平等的讨论，顾老师被指有歧视女性的倾向，最后老师虚心接受了学生的建议，并以"妻管严"一词的讲解，用轻松幽默的方式化解了尴尬。从跨文化的视角来看，这个过程折射出顾老师对女性主义了解不够。究其原因，是由于中国社会与西方社会在性别倾向度上有所不同。此外，顾老师在解决问题时表现出的高水平文化共感性，为中文教师提供了示范。

这场文化冲突源于人们对女性主义的不同认识程度。美国学生提出抗议后，顾老师立刻意识到了自己的失误，并及时道歉和解释，这说明师生对女性主义均持认可态度。西方学生对女性主义的敏感度明显高于顾老师，这一现象从一个侧面说明，虽然女性主义是21世纪的重要国际性话题之一，但在不同国家的践行程度却大相径庭。以中国和美国为例，女性主义在美国社会中的发展领先于中国社会。这一现象的背后有着深厚的社会、历史根源，虽然中美两国均从男权社会发展而来，但美国基督教文化中宣扬的"人人平等"思想对当代女性主义的发展大有助益，而中国古代的伦理纲常和等级制度划分的思想，给女性主义在当代中国社会中的推行造成了阻碍，加上社会发展程度与国民思想开放水平等各方面因素的影响，女性主义在中美社会中的发展程度明显不同。虽然当代中国社会不属于典型的男性度社会，但受制于传统文化等因素的影响，中国社会仍旧表现出一定的男性度倾向。在这种环境下成长的顾老师，会将这种倾向不自觉地流露出来。顾老师在备课过程中无意识地将代表"医生""经理""老板""律师"的图片设置成男性形象，将代表"老师""服务员""秘书"的图片设置成女性形象，这种行为就是潜在男性度倾向的不自觉表现。

当美国学生敏锐地发现PPT中的性别"歧视"时，顾老师冷静应对，先肯定对方的观点，然后从文化根源做出解释，最终借用"妻管严"在轻松幽默中化解尴尬。顾老师的处理过程具有良好的示范意义。课堂上师生意见发生分歧时，教师应保持沉着冷静，首先对学生提出自己观点的行为予以肯定，接着教师可以尝试对双方产生分歧的原因进行解释，在课堂条件合适的情况下也可以邀请学生展开小讨论。切勿将分歧升级为冲突，必要时幽默一下要比针锋相对的辩论效果更好。

（林佳佳）

延伸阅读

1. 蒋绍君.从差异走向融合的《我的盛大希腊婚礼》——从Hofstede文化因素模型角度解读.名作欣赏,2011(12).
2. 李文娟.霍夫斯泰德文化维度与跨文化研究.社会科学,2009(12).
3. 吴越民.在跨文化语境中解构女性主义媒介批评.浙江大学学报（人文社会科学版），2008(4).
4. 朱世达.美国的文化模式：对中国文化的启示.美国研究,1994(3).
5. Planel, C. National cultural values and their role in learning: A comparative ethnographic study of state primary schooling in England and France. *Comparative Education*, 1997, 33(3).

案例 65　危险的橙子

2015年10月1日，我来到国立卡佩切古典高中孔子课堂任教，负责整个孔子课堂的汉语听说课教学。汉语作为第三外语，在卡佩切高中的课程设置中占很大的比例。意大利高中的学制是五年，学生的年龄段是14至18岁。卡佩切高中学习汉语的学生共有150人，分布在高一至高四，4个年级7个班。这样的教学环境，特别要求教师能够做到针对不同年级的学生，因材施教，结合学生的心理、兴趣、关注点等方面进行合理的课程设置。

高一AB班是高一A班和高一B班选修汉语的学生的混合班，学生人数32人，平均年龄14岁，从未学习过汉语。由于学生的特殊性，在之前的语音、听说课教学过程中，我一直秉持着最大限度调动学生学习积极性的原则，多设计有趣味的练习和活动。事实也证明学生对我的教学设计非常满意，每周一次的汉语口语课可以说是学生们最期待的课程。

今天是我给高一AB班上的第一次词汇课——讲授水果词。基础水果词汇是日常生活中常用的词汇，也较容易引起学生注意力，方便进行有趣的课程设计。我希望能够带给学生一节生动形象的课程，于是在上课的前一天，我就去超市里买了一些不同种类的常见水果，如苹果、香蕉、橙子

意大利高中汉语课堂（刘庆辉供图）

和梨等。第二天,我拿着准备好的水果来到教室,开始上课。如我所料,水果成功吸引了学生的注意力,大家学习热情高涨,气氛热烈。但当我拿出橙子正准备向学生介绍的时候,坐在前排的一个叫玛利亚的女生突然间举手,捂着鼻子跑出了教室。当时我并没有在意,认为她可能有一些突发的状况要去洗手间。而我的意大利搭档老师跟着她出去了解情况。后来我的搭档老师走进教室告诉我,玛利亚对橙子有着非常严重的过敏症状,她不能吃橙子,也不能闻到橙子的气味,情况严重的时候甚至会导致休克,所以这节课她没有办法参与了。一时间,我心里五味杂陈,本来轻松愉快的一节汉语课就这样草草结束了。

(侯东海)

理论聚焦

定式(stereotype)

沃尔特·李普曼(Walter Lippmann)最早提出"定式"的概念,他认为其代表的是一种过分简化的意见、具有影响力的态度和不加鉴别的判断。"定式"可分为"社会定式"(social stereotype)和"文化定式"(culture stereotype)两种类型。其中,社会定式又可分为思维定式和行为定式(孙英春,2015),前者指人们头脑中稳定的、难以改变的对事物和情境的认知,例如很多澳大利亚人认为生日非常重要;后者指受本文化制约的行为模式和行为策略,例如中国人因传统的儒家文化而尊师重教。不同社会环境中的群体会对某一现象产生不同的定式,例如中国人认为白色不吉利,西方人则把白色看作纯洁的象征。

案例分析

侯老师精心准备了一堂水果词汇课,本想一定会受到学生喜爱,没想到却因为有学生对橙子过敏而草草收场。这类突发事件可以说是十分罕见的,我们很难预料一个橙子就能产生如此严重的后果。尽管侯老师无可指摘，但是这个案例还是给我们很多启示，启发我们去了解相关方面的背景知识，比如欧美人的体质、欧盟法规，学校的一些相关规定等。

健康，作为一项基本人权，一直受到欧盟的极大关注。欧盟对于食品安全等制定了非常严格的标准，拥有完善的食品安全法律体系，从生产到流通的监控都非常严格。在没有得到HACCP（Hazard Analysis and Critical Control Points，危害分析和关键控制点）等相关认证、许可的情况下，任何单位、个人不能向公众提供未经检验的食品。学校也会明确规定，老师以及家长不能把自己做的任何食物带进学校给其他学生吃，因为没人知道食物里有什么成分、是不是卫生、是不是含有对某类人群的致敏物质等。我们有些老师喜欢自己做一些食物带给学生，认为这一方面是推广中国饮食文化，另一方面也有利于增进师生关系，殊不知这本身是一种违规行为，一旦出现问题，老师有可能要承担法律责任。

那么我们就不能组织饮食方面的文化活动吗？当然也不是。我们经常可以看到有些孔子学院组织一些中华美食活动，向当地居民展示中餐、中国小吃的制作过程，但美中不足的是，最后做出的美食大多数时候都不能给公众品尝。如果想让公众品尝，就只能依照法规向有关部门申请许可。老师如果想做一些美食给学生品尝，那么也必须提前做很多准备工作：首先必须要得到学校的许可，其次也需要学生家长提供未成年学生无过敏方面的证明。所有相关事宜，教师务必与校方、学生家长沟通好，请求支持、协助。

如果是从正规商店里购买的密封、成分标注清楚的食品，那么一般问题不大。如果老师想给学生食物作为奖励，那么最好去商店里购买成品。如果在这种情况下，老师购买的食品还是导致学生出现了过敏反应，除非学生方面提前向校方、老师出示过相关证明，否则一般情况下，老师不用对学生过敏负法律责任。像案例中的情况，这位同学对橙子过敏的情况连本土老师都不知道，说明学生并没有告知校方，或者校方虽知悉，却没有告知相关负责老师，所以侯老师对此并不负有责任。

在国内，我们极少听说对水果过敏的现象，但是在欧美，对水果过敏的现象却屡见不鲜，除水果外，花生、大豆、鸡蛋、牛奶、坚果、海鲜、小麦、芝麻、花粉等也是常见的过敏源。目前我国在食品安全、食品过敏源标签方面的法律还很不完善，国内公众对此也缺乏足够的认知。了解这方面的背景知识，对于推广中华文化活动、组织课堂教学，都很有意义。

本案例带给我们的教学和跨文化方面的启示有：（1）教师应在不触犯学生隐私的前提下，尽可能多地了解学生的基本信息；（2）尽量摒弃思维定式以及相似性假定的负面影响，提高自身的跨文化敏感度；（3）在跨文化的教学环境中，采用直观教学法时要全面考虑存在的隐患。在未考查学生信息的情况下，建议教师尽量不带实物教具进入课堂，可用塑料制品、图片、PPT等代替；（4）遇到课堂突发状况，教师应具备良好的心理素质，提前做好应对挑战的心理准备，保证教学效果。

（范红娟　王如心）

延伸阅读

1. 刘亚平，李欣颐. 基于风险的多层治理体系——以欧盟食品安全监管为例. 中山大学学报（社会科学版），2015(4).

2. 王梦娟，李江华，郭林宇，等. 欧盟食品中过敏原标识的管理及对我国的启示. 食品科学，2014(1).

3. 吴迪. 论欧盟食品安全法的最新发展：前瞻与启示. 河北法学，2014(11).

4. 吴勇毅，石旭登. CSL课堂教学中的非预设事件及其教学资源价值探讨. 世界汉语教学，2011(2).

5. 乐国安，李绍洪. 心理定势发生机制的模型建构. 心理学探新，2006(2).

案例 66　不一样的美国高中

（一）

因为美国高中普遍实行选课制，在教室里学生们一般没有固定的座次。起初，我尊重他们的习惯，让学生自由选座位。后来发现，我高估了这些美国高中生的自觉性：橄榄球队的队友、啦啦队的女生、谈情说爱的恋人都聚在了一起，不停地交头接耳，还时常发出咯咯的笑声。我的授课频频被打断。

为了避免这类问题，我决定给他们指定座位。于是，我打印了一张座次表，贴在教室入口处。

——"为什么让我跟麦克坐在一起？我讨厌他！他太臭了！"

——"我要跟奥特姆在一起！我不要跟瑞秋在一起，她总是嗑药，上课睡觉时还打鼾！"

——"你才打鼾呢！"

——"嘿，哥们儿，我给你十块钱，如果你让我跟我的队友坐在一起的话。"

——"我不是你哥们儿，我是你老师！"我不客气地指出。

——"我能跟我的女朋友坐一起吗？她需要我。我们保证很安静。"

我的态度很明确，必须按座次表就座。学生们嘟嘟囔囔，很不情愿地落座了。我心中窃喜：这次我赢了。结果，整堂课都死气沉沉的。很明显，学生们在闹情绪。对于我提的问题，他们置之不理，没有任何互动。

第二天上课前，我提高音量提醒学生按照墙上的座次表就座。但学校橄榄球队的三个男孩子，显然把我的话当作耳旁风，继续聊着他们感兴趣的话题。我几次督促他们回到自己的座位上去，都被拒绝。

——"我们就要坐一起，我们是队友，应该在一起。"

由于他们三人的"带头"作用，其他原本已经坐到各自座位的同学们也开始换座位了。

——"既然他们可以坐在一起，为什么我们不能？"

——"过来,奥特姆,坐我这儿。"

整个课堂立刻乱作一团,学生们为自己的胜利嬉笑着,只有我一个人,铁青着脸站在那里。这些学生拿我的话当"耳边风",让我感觉颜面扫地,教师的权威受到了严重挑衅。于是,我命令道:"乔治、迪伦、尼克,我最后一次警告你们,立刻回到自己的座位上去!"显然,这几个男生有意跟我斗争到底了。"乔治、迪伦、尼克,你们三个如果再不回到各自的座位上去,就给我出去!"我吼道。"好啊,巴不得呢!你的课我不上了!"说完,身高近一米九的乔治突然站起来,拎着书包,吹着口哨,大摇大摆地走出了教室。接着,他的"死党"迪伦也跟着离开了教室。尼克见他的两个队友中途离开了教室,便悻悻地回到自己的座位上。其他同学随后也各归各位了。虽然乔治和迪伦走之后其他学生回到了自己的座位上,但那天我没有心思讲课。

(二)

期末考试中,平时认真学习的学生不到半小时就把题答完了;而平日不学习的学生也已经在答题纸上完成了几幅"美术作品"。于是我准备收卷。没想到,这时候米奇提出了抗议。

——"你干什么?我还没有做完呢!"

——"米奇,如果你认真复习了,这些题目你早该做完了。如果你不会,无论你磨蹭多久还是不会,不是吗?"我说。

——"你不能这样做!"他用胳膊压住试卷,拒绝上交,跟我对峙起来。

——"那好吧,你不交,我就不收了。直接算0分,还省得我批改试卷了。"我越过米奇,继续收其他人的卷子。

——"你没有权力这样做!"米奇大叫到。

其他学生也开始嘀咕,邵能这样做吗?其他老师没有这样啊,不知道邵为什么要这样做。

向校方核实了关于考试时间的规定后,我才知道只有等最后一个学生答完题后我才能收卷。也就是说，学生们是对的，我的确无权收米奇的试卷！这还是我生平第一次遇到不限时的考试。无奈，我把已经收上来的试卷又发还给学生。已经答完题的学生开始看小说、听MP3、写其他学科作业、趴桌子上睡觉或发呆。全班同学都陪着米奇一人答题。临近午饭时间，有的学生终于熬不住了。

——"米奇，拜托！我快饿死了！求你交卷吧！"

在饥饿的驱使下、在其他同学的催促声中，米奇终于交上了他的试卷。

（邵仲庆）

理论聚焦

第三空间（the third place）

外语和二语教学与传播中的跨文化"第三空间"，指的是母语文化（C1）与目的语文化（C2）交流过程中产生的、介于两种文化之间的语言文化空间（王永阳2013）。"第三空间"建立在多元文化理论的基础上，不是折中文化的拼盘和杂烩，而是一种文化创新。交际者通过跨文化的探索和协商，创造性地摸索出本族语言文化和外来语言文化之间的一个中间地带：在这里母语和外来语文化都会得到加强和深化，融合成一种新的文化，让来自不同语言文化背景的交际者能成功自如地进行交流。

案例分析

　　该案例组讲述了邵老师在美国高中教授汉语时的两段经历，一段讲述了邵老师用固定座位解决汉语课堂的纪律问题，另一段讲的是因强行收取学生试卷而引发"抗议"。在这一过程中，我们可以看出中美文化在以下两个文化维度上的对立：一是集体主义文化与个体主义文化的对立，二是中美社会在权力距离指数上一大一小的对立。

　　实行选课制度以及不给学生安排固定座位，是美国高中的普遍做法，这种管理模式在一定程度上反映了美国社会的个体主义倾向，即强调个体意识的重要性，追求个人利益与舒适感的最大化。设置"不限时间的期末考试"，从本质上也可看作个体主义化教育理念的延伸。而邵老师则认为课堂纪律与考试规定远比个人的舒适感重要，为了维持课堂纪律和考试的严肃性，可以在一定程度上牺牲个人舒适感，所以邵老师选择了固定座位的方法来解决课堂纪律问题，并在大部分学生完成试卷的情况下强行收取学生的试卷。然而，对于美国学生来说这些做法却是难以接受的。师生双方均站在自身文化思维惯性的立场上，没有做出适当的移情，因而无法相互理解，导致了师生之间的"冷战"与"对峙"。当然，青少年学生对于老师的逆反心理在这个过程中可能也发挥了一定的作用。

　　中美两国文化权力距离观的不同也可能是冲突的原因。案例中的邵老师对于不服从安排的学生采取了"提高音量""警告""吼"等教育方式，对晚交试卷的学生采取强行收卷、口头警告的方式，这些方式在美国学生身上均未达到预期的效果。中国社会表现出权力距离较大的特点，教师在学生心目中比较威严。而美国的社会文化则表现出权力距离较小的特点，美国人对社会等级距离以及上下级关系的意识较为淡薄。从某学生称呼邵老师"哥们儿"，以及学生质疑老师"你没有权力这样做"等可以看出，老师在美国学生心目中的权威感较小，邵老师的"吼""警告"等方式并没有达到预期效果。邵老师的做法实际上是试图在权力距离意识淡薄的文化群体中施加权力的影响，这种尝试无疑会以失败告终。

　　邵老师的经历提醒大家，要回到教学对象国的本土文化中解决问题，不可将本国的课堂管理方式简单粗暴地运用到他国课堂。在这种情况下，我们应当对本国文化与他国文化有一个理性的对比分析，因地制宜地解决问题。针对邵老师遇到的情况，我们的建议是：增加教学内容的趣味性，并适当加快课堂节奏，以此来使学生集中注意力，而非强制推行固定座次；对于严重违纪的学生，可以效仿美国本土教师的做法，向其明确说明相应的惩罚措施，而非采用"吼"的方式；对于晚交卷子的学生，建议邵老师以当地的考试制度为准，给予学生充分的答题时间。

该组案例是中国式课堂管理模式不适用于海外课堂的个例，但是我们不能因此全盘否定中国课堂模式在海外汉语课堂上的适用性。据了解，某些中国课堂的独有方式在海外汉语课堂上大受欢迎。比如说，有教师在海外汉语课堂上采用与中国课堂相同的模式，要求学生上课前集体起立、问候老师，下课时向老师鞠躬致谢，结果证明这种方式有利于营造汉语课堂氛围，受到了当地学生的欢迎。因此，我们还是应当具体问题具体分析。

（林佳佳　李　瑶）

延伸阅读

1. 桂靖.论跨文化交际文化规则使用的适度性问题.云南师范大学学报（对外汉语教学与研究版），2012(3).

2. 邵仲庆.对外汉语教学中课堂冲突的文化归因研究——以美国俄克拉荷马州M高中汉语课堂为个案.西南大学硕士学位论文,2010.

3. 王一力.对比分析集体主义与个人主义文化背景下教学的差异.西南民族大学学报（人文社会科学版），2011(S2).

4. 吴育林.西方本真的个人主义及其现代嬗变的文化成因.云南社会科学,2006(3).

案例 67　我在蒙古教汉语

我在蒙古国蒙根综合中学教汉语。该校校风严谨，对学生和老师的管理都比较正规、严格，教师上班要求穿蓝色的西装。我教授的课程是一年级到五年级以及十一和十二年级学生的汉语选修课。学生一年级刚刚开始学习汉语，属于汉语兴趣基础课，且只有最后一学期才上；从二年级开始学习汉语拼音字母、汉语拼音拼读和汉字笔画；到了三年级开始学习汉字，到了四、五年级已经学生学习汉语1—3年了。由于之前培训时学习了很多汉语教学的游戏，于是给我造成了一种错觉：汉语课上一定要有一到两个游戏，可是最后我的实践证明游戏太浪费时间，而且更坏的影响是，本身蒙古老师特别是班主任对学生的管理非常严格，而汉语课有做游戏的环节，让学生觉得汉语课可以玩儿，不需要认真学习，导致汉语课堂管理出现了很多问题。

我们学校是蒙古汉语老师和中国汉语老师一起上课。刚开始上课的时候我也没怎么批评过学生，因为管理课堂一般都是蒙古老师用蒙语和学生沟通，我的课堂上也会做一些游戏，我给学生的印象就是一个温和的老师，所以学生都不怕我，但是和我一起上课的蒙古汉语老师期间请了两次假，每次请假都差不多有一个月左右，这就给上课造成了一定的不便。没有了蒙古老师，我在学生心中的威严又没有树立起来，于是小学生就开始调皮起来。上课注意力不够集中、懒散、讲话，最严重的一次是三年级的学生，有一个调皮的小团伙，在课上乱跑，影响其他的学生上课，课堂乱得不成样子，那是我上过最漫长的一次课。由于我平时对学生过于亲切，没有树立起老师的威严，无论我怎样批评调皮学生、生气或者做游戏都没有用，吸引不了学生的注意力，最后我只能找了另外一位蒙古汉语老师来教室严厉地批评了学生他们才变乖。

现在二年级和三年级的课堂管理相对之前已经好了很多很多，四、五年级差不多完全变乖了，以前上课调皮的学生也不怎么调皮了，对此我分享一些我的课堂管理方法，仅供参考，希望对大家的汉语教学能起到一定的作用。

方法1：奖惩分明。刚开始的时候一定要对学生严格一点，树立起老师的威严。但是该关心学生的地方一定要好好地关心。批评学生的时候一定要当着全班的面批评，并且营造出批评学生的气氛，这时全班的学生都会安静，一来可以树立老师的威严，二来也有一种"杀鸡儆猴"的感觉。

方法2：老师进教室的时候就要给学生布置任务，一定不能让学生无事可做。千万不能一节课全是老师讲，要把老师讲、学生回答问题、学生做笔记、学生说、学生做练习结合起来，形式多样化，这样小学生更容易集中注意力，也能更好地管理。游戏能不做就不做，避免给学生留下汉语是"玩儿"的课堂，变得越来越没有纪律。除非这个游戏非常好，不会造成课堂混乱，也不浪费时间才可以考虑。

方法3：每节课都要检查学生的笔记和作业，提前两分钟开始检查。检查好了的学生下课可以先走，没写的学生一定要留下来批评，利用课间时间来补写。老师要做好相应的记录，以后家长会的时候可以给家长看学生的作业和上课表现的情况。

方法4：看外国父母一般都用什么社交媒体，像Facebook这样的可以建一个群，平时多和家长沟通说明学生学习情况，对于常不写作业或者上课表现一直都不好的学生，要及时与他们的班主任和家长沟通，让学生知道自己在学校的表现父母也是知道的，这样就会有所忌惮。

不同国家老师的管理方式不同，汉语老师对学生的管理方式也应该不同。如果像英美国家对学生是开放式的管理，那么汉语老师也相应地要调整自己的管理方式；如果所在国是严格式的教育方式，那么我们也应与其一致。另外，针对不同孩子也要多尝试不同方法，对待学生要付出极大耐心和爱心，不能轻易放弃任何一个学生。在教学的过程中，要不断尝试新的方法，不断探索，最后找到适合学生的方法，形成自己的教学风格。

（陈　洁）

理论聚焦

民族性格

民族性格亦称"民族共同心理素质",指各民族在形成和发展过程中凝结的表现在民族文化特点上的心理状态。在同一个民族多数人共同认可的心理状态和行为模式下,所形成的性格体现民族性格。民族性格的形成以该民族的价值观念为基础,具有长久性和反复性。比如说:中国学生和西方学生同时走进教室,先来的中国学生会坐在教室的后面,后来的学生因为后排坐满了,才坐在了前面;而西方学生先到的就会自然地坐在教室的前面,这一现象所体现出的内在因素就是中西民族性格的差异。

案例分析

案例中,陈老师从组织课堂游戏的失败经验中吸取教训,参考、借鉴蒙古本土教师从严管理的教学方式,总结出了一套自己的教学管理办法,包括奖惩分明、布置大量的课堂任务、严格检查学生的笔记和作业以及加强与学生父母的沟通等具体措施。从陈老师"轻松汉语课堂"到"严格汉语课堂"的理念转变,可以看出陈老师在跨文化教学过程中,为顺应文化差异,因地制宜,积极地调整了课堂管理策略。陈老师的做法有一定借鉴意义,但其中的部分做法带有主观化倾向。因此,在实际中读者应结合具体情况进行具体分析。

陈老师在学生心目中没有教师威严,没有蒙古本土教师的协助就难以维持课堂纪律。事实上,这不仅仅是陈老师的个人感受,不少在蒙古工作的教师均反映蒙古学生具有"不服管教"的特点。尽管我们应当避免对某一群体的"刻板印象",但是我们必须承认每个文化群体的内部,都会表现出一定程度的共性,这种共性在大多数群体成员行事风格或性格上的体现即为"民族性格"。

以蒙古为例,悠久的游牧文化传统、"逐水草而居"的生活方式使蒙古文化表现出崇尚自然、自由、英雄的基本特征,这一文化特征使蒙古人民在民族性格上表现出闲适、浪漫和豪放的特点(吴团英,2016)。年轻人性格外向,个性张扬,他们喜欢我行我素,缺少集体意识(陈金香,2009)。因此,蒙古学生在课堂上的自律能力相对较差,大多数教师建议对蒙古学生采取严格的管理制度,不能放任自流。案例中的陈老师一改往日的"温和"形象转而变成"严师",正是从蒙古教学实际情况出发做出的选择。

但是陈老师在案例中提到,为了维持课堂纪律,"游戏能不做就不做",这种做法略显主观化。严格的课堂管理制度并不意味着不能进行课堂游戏,课堂游戏能够给枯燥的语言学习增添趣味性,其本身就具有重要的教学管理效用,并且蒙古学生的某些性格特点非常适合游戏教学。蒙古学生大多能歌善舞,活泼好动,是积极的游戏参与者。在学生学习动机相对较弱时,"教师的教学活动是增强学习动机的最直接的因素"(陈金香,2009),我们正可以利用教学活动来激发蒙古学生汉语学习的兴趣,调动他们的学习积极性。此外,蒙古学生所表现出的民族性格特点对于语言学习也具有有利的一面。比如,蒙古学生性格外向、个性张扬,在学习第二语言的过程中勇于回答问题,不怕出错,教师应当对此加以充分利用;同时这种性格也有助于建立融洽、积极的师生关系。

(林佳佳)

延伸阅读

1. 陈金香.蒙古国留学生的认知因素与对外汉语教学.内蒙古师范大学学报(教育科学版),2009(9).

2. 杜萍.有效课堂管理:方法与策略.北京:科学教育出版社,2005.

3. 吴团英.论蒙古族文化的基本特征及其在民族性格上的体现.内蒙古社会科学(汉文版),2016(2).

4. 张大毛,张艋.浅论跨文化交际中的民族性格差异.西南民族大学学报(人文社会科学版),2011(S2).

5. Lewis, R., Romi, S., Qui, X. & Katz, Y. J. Teachers' classroom discipline and student misbehavior in Australia, China and Israel. *Teaching and Teacher Education*, 2005, 21(6).

6. Mitchell, K. Education for democratic citizenship: Transnationalism, multiculturalism, and the limits of liberalism. *Harvard Educational Review*, 2001, 71(1).

案例 68　对儿童的特殊保护

（一）

去中学做助教的第一周我就遇到了一个大问题：我没有申请WWC（Work With Children）审查。这是一个帮助保护儿童（十八岁以下）免受身体和性伤害的审查，旨在防止会对儿童构成危害的人员参与儿童教育工作或担任教师志愿者。从事儿童工作的有薪职员或志愿者，需要在从事与儿童相关工作前申请，由司法部对申请人的持有资格进行评估，审查申请人是否有严重性犯罪、暴力犯罪和毒品犯罪方面的刑事犯罪记录。

由于初来乍到缺少申请资料，我不能马上办理。作为"无证人员"，我不能单独和学生待在教室等封闭空间内，只得亦步亦趋地跟着主教老师，在回答他们的问题或者帮他们写字的时候也得注意，要避免一切身体接触。第二周，学校的人力部老师直接让我回家去，立刻离开学校，什么时候办理了什么时候再来。对于这种严格的要求我可以理解，有法律规定是应该遵从，但心里也很不舒服，我一个从小生长在红旗下的"良民"，用得着防贼一样防止我伤害他们的儿童吗？何况和这些学生站在一块儿我才是弱势群体。

办好审查以后我的助教生活步入正轨，也逐渐发现澳大利亚确实把儿童，或者说未成年人当作"温室里的花朵"在保护。在学校，所有的工作人员必须有WWC，不然轻则需要作为"参观人员（visitor）"签到签出，重则像我这样不能待在学校。学生无论迟到早退，都要到规定的地方签字，以确保安全。如果有上厕所、喝水等离开教室的需求，必须经过教师允许，而我作为助教无权让他们离开教室，因为教师要对他们外出期间发生的任何意外负责。学生除了语文、数学、外语、音乐、体育、绘画外，还有木工和烹饪课。这种生活技能教学的初衷并不是为了培养他们成为木工或者厨师，而是为了让学生知道如何正确使用厨房用具、电器、煤气、刀、锤子、锯子等，由此避免儿童因不当使用这些器具造成伤亡。此外，办公室张贴了学生急病处理守则，由轻到重分为绿色非紧急情况、橙色非紧急情况和红色紧急情况，并一一说明了学生身体不适的表现以及教师应该采取的措施。

不涉及教育理念或教育模式的差异，我感受到的是这里的政府用一系列举措"大费周章""上纲上线"地保证未成年人的安全。每个家庭的能力和对孩子的期望值各有不同，可能有的家庭培养有方，有的家庭完全"放养"，但政府保证了这个下限，系统地设计了一个未成年人的"温室"；此间土壤肥沃，水源充足，阳光普照，他们的花朵可能天赋异禀，可能调皮捣蛋，但安全有保障。

对比国内的儿童保护现状，没有WWC，在缺乏正确教育的情况下，猥亵儿童的案件要么销声匿迹于受害人的忍辱负重中，要么一经披露震惊社会引发各种争论。没有学校明示的急病管理细则，学生过敏、哮喘、心脏病发作就可能致命。没有木工和烹饪，甚至体、美、劳也缩水严重，这些生活技能或者常识，如果家里重视会教给孩子，不重视可能要等到成年独立门户之后才会遇到。我们的"安全教育"集中在火灾、地震演习，而没有严格的训练教我们在日常生活中如何自保。

我并不知道政府给予了这一保障的西方社会养出的孩子是否就一定健全，他们当然也有放纵懒散、得过且过的。但以此为契机去思考中国学生的成长过程，会发现我们中国学生的世界里充满了守则、标准、任务，却没有一个强硬贯彻的保障。

（康晓盈）

（二）

每年夏天，维也纳市都会联合全市各教育单位和各教育机构举办"儿童大学"项目。该项目旨在为儿童提供体验大学校园学习和生活的机会，让孩子们感受学习的乐趣，并鼓励他们积极探索。学院每年都参加此项目，并开办与中国语言和文化相关的主题兴趣课程。2015年，学院开设了6门兴趣课程，共计125名孩子报名参加。项目开始后，我们的课程反响很好，受到了孩子和家长们的喜爱。为了更好地呈现此次活动的情况并撰写相关新闻报道，我们需要拍摄各种兴趣课程的相关照片。在奥地利，涉及儿童肖像的照片有着比较严格的使用要求，而且需要经过家长的同意。因此在课程开始之前，作为学院活动主管的我向项目主办方提出了拍摄新闻照片的要求，但是最终没有得到主办方的允许。不久之后，主办方告知我"中国结"课程吸引了许多孩子报名，因此他们已经安排了摄影师前往拍摄，而拍摄的照片也会发送到学院，我们可以进行合理合法的使用。

教学活动和文化活动中的照片，不仅便于新闻稿的撰写，更有助于课堂真实情况的记录。虽然在此次项目中我们得到了"中国结"课程的照片，但其余课程的活动情况却无法呈现。我们略有遗憾，但更应反思。跨文化交际是开展教学和文化活动的必要环节，提前了解当地情况是避免产生沟通误解的最好办法。由于工作需要，我们曾了解过奥地利关于儿童肖像使用的相关规定。所以在参加"儿童大学"时，我们就新闻照片拍摄的问题提前与主办方进行了沟通，并征求他们的同意和支持。然而由于准备不足，主办方最终没有同意我们的请求。因此在今后的活动中，如涉及儿童照片的拍摄以及使用，我们应事先与主办方联系，明确表达自己的需求和意愿。此外，为避免误解，我们也要根据相关法律规定及时给各位家长草拟照片使用协议，尽最大的努力完成我们的各项工作。

（史佳妮）

理论聚焦

儿童保护制度

儿童保护制度是一个广泛使用的概念，有广义和狭义之分。广义的儿童保护制度指现代福利国家为改善儿童状况、促进儿童发展的所有制度安排。如：在加拿大，家里有了孩子后便可向国家领取牛奶费；如果是低收入家庭，孩子上托儿所的所有费用由政府补贴。狭义的儿童保护制度是一个有特定法律含义的概念，指一个国家通过一系列的制度安排，包括社会救助、法庭命令、法律诉讼、社会服务和替代性养护措施，对受到或可能受到暴力、忽视、遗弃、虐待和其他形式伤害的儿童提供的一系列旨在救助、保护和服务的措施，使儿童能够在安全的环境中成长。如：在澳大利亚，从事和儿童有关工作的人员发现儿童有受到虐待的迹象时，有义务向有关机构报告。

案例分析

案例（一）中，康老师在澳大利亚某中学的助教经历使她深切感受到澳大利亚对儿童的特殊保护。例如：学校的所有工作人员必须通过WWC（Work With Children）审查，学生有任何离开教室的要求都必须经过老师同意，学校的办公室都要张贴学生急病处理守则，等等。此外，为避免儿童不当使用器具可能带来的隐患，学校开设了木工课和烹饪课。诸如此类的种种保护虽让康老师有些不适应，但也促使康老师在反思中逐步接受。案例（二）中，史老师在参加维也纳市举办的"儿童大学"项目时向主办方提出了拍摄新闻照片的要求，但限于奥地利儿童肖像使用的严格规定，主办方并未同意这一请求；只有深受喜爱的"中国结"课程，由主办方安排摄影师拍摄的照片才能提供给史老师合法使用。

这两个案例折射出中西儿童保护制度的显著差异。儿童是社会的弱势群体，对弱势群体进行特殊保护是当今世界立法的总体趋势。在西方国家，儿童保护制度经历了漫长的发展过程。时至今日，大多数西方国家已在家庭、学校、社会、司法等各个方面实现了"儿童最大利益"的制度理念。与这些国家相比，我国的儿童保护制度起步较晚，在法律的可操作性、儿童保护服务的配套、组织保障等层面还存在明显不足（程福财，2014）。案例（一）中，康老师在做助教的第一周就因没有WWC审查成为"无证人员"，到了第二周学校更是让她直接离开。在中国，教师资格准入制度已为教师队伍建设提供了强有力的保障，但这一制度考量的核心是专业能力和职业道德。而澳大利亚的教师准入制度显然更加注重对儿童身心的保护。康老师初来乍到，碰到两国在这方面的差别，感到非常不适应。办好审查后，康老师的助教生活慢慢步入正轨，学校里的种种见闻让她发现澳大利亚的确把未成年人当作"温室的花朵"来细心呵护。在这里，学校真正从儿童自身出发教育他们，并将保护意识渗透在教师管理和学生培养的各项制度中。而在中国，虽然已渐渐建立起了"爱护儿童""以人为本""全面发展"等理念，但在落实的过程中，儿童的安全保障、自由发展以及心灵健康等方面仍没有得到足够的重视。因此，在儿童保护问题上，我国仍需将现行理念融入制度保障，真正使儿童健康、安全、快乐成长。案例（二）中，史老师虽然因当地儿童肖像使用的严格规定而遭遇请求被拒，但从另一角度也体现了史老师较为敏感的肖像使用意识。在中国，儿童肖像的使用也有明确的法律规定，但是和奥地利相比仍然不够细化。整体来看，我国民众的隐私观念和法律意识较为薄弱。

无论是澳大利亚还是奥地利，与中国的文化距离都比较大。当两位老师面对较大的文化差距时，康老师稍感不适，史老师虽对两国的文化距离有所准备，但她与主办方的沟通仍以失败告终。的确，文化距离是客观存在的。但作为一名跨文化交际者，我们一定要提前准备，充分了解，以从容的姿态和开阔的胸怀对待母国与东道国的文化距离。案例中，两位老师对目的国的社会文化知识缺乏了解，而且在交际中错误地从母文化出发去理解对象国的儿童保护制度，因而在适应中产生了交际障碍。但值得肯定的是，两位老师均具备较好的跨文化意识，能够很快地克服两国文化距离带来的不适。

近年来，随着国际汉语教育事业的全面发展，各国的汉语学习者都呈现出低龄化趋势。作为一名国际汉语教师，我们首先要对目的国的社会文化知识进行详尽了解，其中一个重要的方面就是目的国的儿童保护制度和儿童教育模式。其次，我们也应消除文化相似性假定倾向，在跨文化交际中保持敏感，灵活应对。这既是跨文化教学有效性的重要保障，也是国际汉语教师应有的素质。

（常璐倩）

延伸阅读

1. 程福财.中国儿童保护制度建设论纲.当代青年研究,2014(5).
2. 陈苇,王鹍.澳大利亚儿童权益保护立法评介及其对我国立法的启示——以家庭法和子女抚养（评估）法为研究对象.甘肃政法学院学报,2007(3).
3. 倪树干,亓华.赴澳国际汉语教师志愿者跨文化适应研究.国际汉语教育,2012(1).
4. Zhao, Y. Cultural conflicts in an intercultural classroom discourse and interpretations from a cultural perspective. *Intercultural Communication Studies,* 2007(1).

案例 69　特殊儿童

　　初教克拉科夫小学班的时候，有一次，我和助教正在课上教学，有一个女学生突然情绪失控，表现出很生气的样子，一直说着我不懂的波兰语，其他在认真听课的学生纷纷让这个女学生安静下来。我不知所措，以为是自己讲课的内容和方式引起了她的不满。我看向自己的助教，以求解释，她也满脸无奈，表情很严肃。正在这时，随堂听课、管理纪律的班主任走到那名学生的旁边，半蹲下来，嘴里说着安抚的话，同时帮学生打开书本，解释刚才老师讲的内容，但那名学生还是有些难以控制情绪，表现出焦躁烦心的状态。在班主任的耐心开导下，学生才慢慢恢复了平静。班主任最后望向我和助教老师，露出了表示抱歉和一切已经结束的神态，微笑着表示我们可以重新开始教学。我和助教面面相觑，被打断的课堂教学一时不知道该怎么再次开始，我清了清嗓子，有些尴尬地重新开始了教学活动，其他学生的注意力才慢慢集中到教学中来。

　　课后，我的助教告诉我，在波兰，一些特殊儿童是可以和正常的孩子一起平等地接受教育的，刚才那个情绪失控的儿童便是一名特殊儿童。后来我了解到，她在情绪和行为控制方面有障碍，可能是一名自闭症儿童。患有自闭症的孩子，通常语言发育迟滞，情绪暴躁，并且有可能自残自伤，有情感表达障碍，社会交往困难。这名学生虽然在发音方面咬字不清楚，而且情绪容易激动，但是在其他方面却与其他儿童没有很大不同，相反，她学习一些特定事物的能力很强，比如她在书写汉字方面就比其他儿童表现得要好很多，学习能力并不比别的学生差。我找到这个学生不同于他人的特点，从她的长处和兴趣点出发，给予她学习上的帮助，在教学的时候会多用一点时间和耐心锻炼该学生的发音咬字能力，并向她解释相关的汉语意义。

　　她虽然不善表达，但是从她的眼神和整个课堂的表现来看，她绝大部分时间都是在认真听课的，只是有些时候由于自身情绪障碍的原因会吵闹一下。有一次课上，她一直在玩一枚波兰硬币，我向她示意课上不可以这样，她便收起了硬币。没过一会，她又玩了起来，这时候碰巧下课了，我就没有再次提醒，收拾自己的课本和卡片准备离开。突然，我听到她歇斯底里地哭了起来，并低下头到处找什么东西，班主任走上前去询问发生了什么，并和她一起寻找，助教告诉我，她把自己的一枚硬币弄丢了。我想起来丢了的那枚硬币应该是她课上一直在玩的硬币，看到她哭得很伤心，我便建议可以直接把我的一枚硬币给她，告诉她是她丢了的那一枚，助教老师说没必要，她应该为自己的行为负责，应该让她记住这次教训，并明白这么做是不对的。当然更多的时候，班主任会在该学生遇到问题或情绪不稳定时耐心地陪伴和安抚。

助教还告诉我，没有特殊儿童的班里，班级人数最多可以达到25人；但是如果班级里有一位特殊儿童，班级人数最多只可以有20人；如果有两位特殊儿童，班级最多只可以有15人。因为特殊儿童随班就读会给教师带来很大的工作量，管理学生的难度也会增大。我数了一下4C＋5A班上的人数，发现班里一共有15人，难道班级里有两位特殊儿童吗？我怎么从来没有发现另一位特殊儿童？后来，在下课的时候，我看到一位学生跛脚前行，我才知道，原来班级中汉语水平最高的这个小男生腿脚有残疾。因为他在课上总是坐着，我之前并没有注意到。他在课上总是认真听讲，提问的时候，他总是第一个回答出来。

虽然在有特殊儿童存在的班级教学时会遇到一些问题，但是我却看到了波兰教育体制中对特殊儿童的关爱。人接受教育是一项最基本的权利，每个普通的学校都会接纳所有类型的学生。让特殊儿童和正常学生共同成长，不仅有助于除去人们心中的"标签意识"，也有助于消除健全人对残疾人的歧视观念。

（杨　档）

理论聚焦

全纳教育

1994年在西班牙萨拉曼卡召开了世界特殊需要教育大会，会议发表的《萨拉曼卡宣言》提出：教育应当满足所有儿童的需要；学校必须接纳服务区内的所有儿童入学，并为这些儿童都能受到自身所需要的教育提供条件，即全纳教育。全纳教育的出发点是相信受教育权是一项基本人权。萨拉曼卡会议的召开，标志着世界性全纳教育实践的开始。再以英国为例，作为倡导全纳教育较早的国家之一，英国在推进全纳教育发展过程中，提出了一系列的教育法案和政策。1997年，英国新工党政府发布的白皮书《成功学校》提出，只要学生有特殊教育需要，普通学校就有责任为他们提供受教育所需的强大社会和道德支持。

案例分析

案例中，杨老师初到波兰克拉科夫小学任教的时候，在课堂上遇到了一名自闭症儿童情绪突然失控的情况，由于事先对波兰特殊儿童随班就读的情况不了解，杨老师一时不知所措。在班主任老师的耐心劝慰下，小女孩最终情绪平复，课堂教学活动得以继续进行。事后，通过向助教老师请教，杨老师对波兰的全纳教育有了更多了解，并且在课堂上对特殊儿童给予了更多关怀。经过此事，杨老师更好地适应了波兰的全纳教育文化。

特殊教育需要儿童是指所有学习有困难或因残疾难以像大多数同龄学生那样学习的、需要其他或不同帮助的儿童（钱丽霞，2008:2）。自20世纪90年代以来，随着全纳教育理念的提出，世界上许多国家、地区开始进行研究和实践。中国也在努力推动全纳教育的发展，随班就读是我国发展全纳教育的重要方式，20世纪80代即尝试在普通学校安置残疾儿童，获得了一定的发展。在波兰，全纳教育发展得更加完善，学校可接受的特殊儿童类型更多；接受特殊儿童就读的学校的类型也更丰富，包括提供全纳教育的主流学校、有特殊班的主流学校等，父母可以根据自己的意愿为孩子选择合适的学校。此外，教育法还对有特殊儿童的班级人数做了详细规定,例如班级内如果有两名特殊儿童,班级人数最多只能有15人。案例中,杨老师所教的4C+5A班一共有15名学生,这就意味着班上可能有2名特殊儿童。

虽然杨老师赴任前对波兰特殊儿童随班就读的情况不甚了解,但是案例发生后,杨老师主动应对,给予学生更多的关怀和帮助,这些以解决问题为导向的策略不仅使杨老师更好地融入了波兰的教育文化当中,也使杨老师自身的课堂管理能力得到了提高。

(李晓萌)

延伸阅读

1. 关世杰. 跨文化交流学:提高涉外交流能力的学问. 北京:北京大学出版社,1995.
2. 钱丽霞. 普通学校促进不同学习需要学生有效参与的策略——可持续发展教育视野下的全纳教育实践研究. 北京:教育科学出版社,2008.
3. 杨东平. 中国教育发展报告. 北京:社会科学文献出版社,2015.
4. Weinstein, C. S., Mignano, A. & Romano, M. *Elementary Classroom Management: Lessons from Research and Practice.* New York: McGraw-Hill, 2011.

案例 70 课堂中的"特殊"小朋友

（一）

在上汉语课的时候，学前班的老师领过来一个孩子说："我们班上来了一个韩国的小孩子，他只会说韩语，不会英语，哭了一早上了，他爸爸会在这里陪着他。"汉语老师上课的时候，他爸爸坐在他的后面，他显得非常依赖他爸爸。后来我们看他已经开始融入课堂了，便示意他爸爸可以离开了，结果没想到，过了一会儿，孩子回头看见爸爸不在了，一下子变得很惊慌，然后开始大哭。要离开教室去找他爸爸。我顺势拦住了他，并告诉他不要哭了，无奈他听不懂英文，我就找了班里有韩国背景的小孩子，让他翻译我的话给这个小孩，结果他哭得更厉害了，最后还是冲出去找他爸爸了。好在他爸爸还没有离开。

（二）

在给二年级学生上课的时候，有一个小男孩爬到我的脚边，举着手，我以为他在捣乱，并没有理会。几分钟之后，他坐在了我的正前方，我还是没有对他说话，但是他仍然很坚定地举手，我觉得很奇怪，就问他怎么了，他说："我有哮喘，需要我的呼吸器。"我这才意识到他喘不过来气，就赶紧让他和另一个学生去找护士了。

我现在回想起那件事仍然很后怕。在澳大利亚，像我这样没有教师资格证的人在给孩子上课的时候，必须要有一位有澳大利亚教师资格证的老师监管我，因为万一出现突发情况，他们受过专业培训，知道该如何处理。事发的时候孩子的班主任老师并不在，我非常担心。因为如果孩子出了问题，是要负法律责任的。

下课后，我也及时地跟校长沟通，希望他能够跟全校的老师强调，我只是一个助教，不能单独和学生们在一起，我需要澳大利亚当地的老师来监管我，这是法律规定的。

(三)

今天在给四年级学生上课的时候,有一个孩子让我非常下不来台。虽然这个孩子不捣乱,但是也从来不回答我的问题,即使我提问他,他也会说"我不会",比较冷酷。今天上课我问他,"你能回答这个问题吗?"他说不能,我感觉被堵了一下,然后转向了别人。我觉得这是一种教师权威的丢失,不知道在课堂上应该如何处理这样的情况。我也很疑虑如果我再提问这个孩子,他会有什么反应。我想在课下的时候和他的班主任老师聊一聊,也许更了解他才能更好地给他授课,毕竟不是每个孩子都乐于接受新的老师。

(王若琳)

理论聚焦

教育观

教育观是人们在实践的基础上对教育的系统性认识。它可以分为教育活动观、教育体制观、教育机制观和教育观念观等。具体地说就是人们对教育者、教育对象、教育内容、教育方法等教育要素及其属性和相互关系的认识,还有人们对教育与其他事物相互关系的看法,以及由此派生出的对教育的作用、功能、目的等各方面的看法。如许多中国家长信奉"知识改变命运",对孩子的培养一般着重放在学校教育上,认为读书才是唯一的出路。而美国家长通常会更多关注孩子的兴趣爱好,如果自己的孩子喜欢做饭,他们会认为,成为一名出色的厨师对孩子来说也是不错的人生选择。

案例分析

案例中展示了王老师在澳大利亚任教过程中遇到的几个特殊学生:特别依赖

爸爸的韩国小朋友、有哮喘病的小男孩、不愿回答老师问题的孩子。这几个特殊的小朋友给王老师的课堂带来了不小的挑战。

国际汉语教学是一种跨文化交际行为,教学过程中,师生间的文化差异会给交际双方带来困扰,严重则会造成不适的心理反应,这种文化休克现象在儿童身上的反应可能更加强烈。案例(一)中的韩国小朋友,既不懂汉语,也不会英语,因此身处非母语环境课堂的他极度缺乏安全感。加上年纪太小,自主能力不够,对亲人的依赖比较强,所以他在课堂上看不到自己的爸爸后会感到格外无助甚至号啕大哭。国际汉语教师作为课堂的引导者,不仅要教会学生使用目的语,也有义务帮助他们走出文化休克的沮丧阶段,协同他们调整适应。王老师虽然不能直接用语言和韩国小朋友沟通,但是可以利用非语言的形式来安抚小朋友。比如温暖的微笑、鼓励的眼神、爱抚的拥抱,相信这些非语言手段也能稳定小朋友的情绪,帮助他慢慢适应课堂。

非语言交际形式在跨文化交际中非常重要,案例(二)中的王老师不仅忽略了孩子的非语言交际手段,也缺乏跨文化沟通中需要的非判断性态度意识。小男孩哮喘病发后多次举手示意王老师自己不舒服,但王老师未加注意,没有意识到小男孩是在向自己求助,却带着"小男孩都比较调皮,他应该是在捣乱"的刻板印象,直接无视。正是因为王老师先入为主的刻板印象,使自己忽略了孩子求助的手势,最后差点造成教学事故。体态语具有一定的地域特征和民族特点,我们对体态语要有一定的敏感性。在跨文化交际中,可以用"试探"和"观察"的方法来了解对方的习惯,以调整和适应不同文化背景下的非语言交际行为,帮助自己快速获得相关的跨文化知识。跨文化交际中,也应该增强自己的非判断性态度意识,学会倾听和观察,多重视此时此刻意识到的东西,尽量避免先入为主的偏见或刻板印象的影响,进而做出正确判断。

有的文化差异显而易见,如建筑风格、饮食喜好等,但有的文化差异则更加深层,比如伦理道德、思维习惯等。案例(三)反映了一种隐性的文化差异——教育观。文中比较冷酷的小孩总是直接拒绝回答王老师的提问,王老师认为这对自己来说是一种权威的丧失,从这个矛盾可以看出,不同国家对于教育中教学双方关系的看法是不一样的。澳大利亚属于低权力距离的国家,他们认为老师和学生之间是平等的,学生不会或者不愿意回答老师的提问,可以直接表示拒绝。而我国属于高权力距离的国家,在我们的观念中,尊师重教从古至今都是我们应具备的基本品德，更有"一日为师，终身为父"的说法，我们国家的学生面对老师的提问，不会回答的时候往往会先表示歉意，一般不会直接拒绝回答。王老师虽然身在澳大利亚，但仍然保持着我国传统的师生观。对于国际汉语教师来说，适应其他国家的文化习惯也是很重要的一个能力，王老师可以在认识到中澳文化不同的基础上，有意识地构建介于中澳之间的第三空间，并形成自己第三空间的文化身份。

在国际汉语教学中，汉语教师会面临很多意想不到的文化冲突，而对这些文化冲突的处理方法会影响教学工作的有效性。国际汉语教学是一项跨文化行为，国际汉语教师的跨文化能力对能否有效教学和管理有着举足轻重的作用（朱勇、成澜，2017）。培训、提升国际汉语教师的跨文化能力是教师发展的应有之义。国际汉语教师要永不停止学习探索的脚步，不断提高自身的教学实践能力和跨文化交际能力，比如，可以在任教前有意识地了解任教国的文化习惯，多阅读一些跨文化交际的书籍或者查看影像资料等，以此来增强自己的跨文化敏感性；在实际的课堂教学中，要理解、接纳不同文化背景的学生，面对文化冲突时尽可能用自己的跨文化知识有效化解。

（郑小姣）

延伸阅读

1. 吕必松.关于对外汉语教师业务素质的几个问题.世界汉语教学, 1989(1).

2. 李建军,李贵苍.跨文化交际.武汉:武汉大学出版社, 2011.

3. 孙绵涛.关于教育观的思考.教育理论与实践, 1999(4).

4. Fantini, A. E. A central concern: Developing intercultural competence. *SIT Occasional Papers Series*, 2000(1).

5. Hammer, M. R., Gudykunst, W. B. & Wiseman, R. L. Dimensions of intercultural effectiveness: An exploratory study. *International Journal of Intercultural Relations*, 1978(4).

案例 71　饺子，没你不行

我在英国任教。M学校是我们孔院下设的一处教学点，也是我任教学校的其中一所。临近圣诞节，我收到M学校校长热情的邮件，邀请我和先生参加学校的大聚餐。作为刚赴任没多久的我来说，自然非常感动。与先生简单商量后，我便很快回复了邮件。在邮件里，我除了表示感谢和确认准时参加外，还向校长表达了我的想法："聚餐那天我正好没有课，我和先生可不可以提前去学校，为同事们包一些饺子，让大家尝尝？食材和工具我们自己带过去。"

邮件发过去，很快就有了回复。我的这个想法被否定了。原因是当天学校后厨要准备三百多份食物，肯定会忙得不可开交，加上场地有限，根本没有我们的"用武之地"。所以，M校长说："你们什么也不用准备，直接带着嘴来吃就可以了。至于饺子，等以后赶上机会再说吧！"

看到校长合情合理的回复，我们便就此作罢。当天，我和先生拎了当地非常受欢迎的新鲜蛋糕，便去赴宴了。聚餐很温馨，气氛很和谐。临了，负责总务的老师，推出了一个装着很多盒子的推车。我脑子当时一懵，心想，糟糕，我们没有准备礼物。当时大家要么在拆礼物，要么正翘首期待，总之大家都超级开心，而此时的我们，却有些尴尬。然而每个人都得到了礼物，我们也不例外——是校长贴心地为我们准备了一大盒巧克力。

那次，我和先生都因没有准备礼物，而有些遗憾。圣诞节之后不久，便迎来了中国新年，于是我又想起了饺子。鉴于上次的经验，既然学校准备午餐很忙碌，我们索性一早起来，在家里包好，晾凉，装盒，带到学校，邀请校长和同事们午餐尝尝饺子。午餐时间，同事们都来围观微波炉里转动的饺子。待热好，香味扑鼻，有的同事甚至想用手直接抓起来吃。我赶紧拿出筷子，因为饺子相对较大，所以很容易被夹起来，而会用筷子的成就感也在他们脸上洋溢出来。同事告诉我说，当地几乎所有的中餐馆都只有炒面、炒饭以及一些改良的油炸食品，这是他第一次吃饺子，想不到传说中的饺子竟然如此美味。还有个同事更是心急,吃完后,一定要我当场展示一下是怎么包的。我想了一下,便在旁边的教室借了橡皮泥,手把手地教起大家来,学的人还真不少。

对了,校长反馈我包的饺子说"饺子真是又漂亮,又好吃!"而看到我用橡皮泥展示时,对我说,或许下学期,可以用这种方式,来教教我们的孩子们。

看来,饺子,没你不行!

(唐昕昕)

理论聚焦

文化旅居者(sojourner)

"文化旅居者"是指"带着特定的工作或任务奔赴异国他乡,但较少参与客居社区生活的群体"(刘学蔚,2016)。这个概念可以应用到在任何国家居住并保留了本民族文化传统及态度的外国人,比如留学生、外商、外交官、国际新闻记者等,以及所有类型的、在全球不同地区的流动群体。文化旅居者具有共文化倾向,他们在与异文化的交往中不断寻找共同点,并以此建构与他者之间的跨文化关系。深度参与客居地的社会文化生活恰好是文化旅居者的首要目标。汉语教师就属于文化旅居者群体。旅居者在国外旅居的过程中,其本身是重要的参与因素,旅居者个人的个性特征、性格特点等在很大程度上影响着其对异文化的适应程度和同当地人交往的深度。马勒茨克(2001)讨论了那些对旅居者的跨文化交往适应有着积极作用的个性特征,它们是"聪明才智,宽容、顽强的个性,建立积极的社会关系的能力和意愿,将精力集中在工作上的勤奋、耐力、可靠性和责任感"。我们可以从自身出发去反思是否具备这些能力。

案例分析

这篇案例记录了唐老师参加英国M学校圣诞聚会时的一些小插曲。圣诞节将至，学校举办教师们的大聚餐活动，唐老师收到了校长热情的邀请，倍受感动，为表诚意，唐老师想为同事们准备中国的饺子，但由于现实条件不允许只好作罢。聚会当天，唐老师和先生带着当地非常受欢迎的新鲜蛋糕去赴宴，但是从唐老师的反思中可以看出，这个蛋糕并不合宜，当大家开开心心地交换礼物时，唐老师和先生不觉有些尴尬。虽然聚会很开心，每个人包括唐老师他们最后都得到了礼物，但唐老师因为自己的疏忽而留下了遗憾。

中国和英国在节日习俗方面有着很大的文化差异。从渊源上来看，中国的传统节日建立在农耕文明和宗法制的基础之上，呈现出等级制、封闭式和家族式的特点，许多节日在家族的背景下才显得更有规模和意义。即使现代社会小家庭逐渐取代了传统大家族的生存模式，各节日也仍是以家庭内部的活动为中心。与中国不同，英国的传统节日建立在基督教文化的基础之上，有着浓厚的宗教色彩，加上西方近代"人文主义"思想的影响，节日更侧重于个人与个人之间的关系，特别是人与人之间的关心、友爱和亲情，表现出互动性、众人参与性和狂欢性。具体我们可以通过对比春节和圣诞节来一探中英节日习俗的差异。春节是告别旧年、迎接新年的日子，人们经过一年的劳作，回归家庭，享受着这一年的丰收和团圆幸福，这种幸福是对内的，是各家各户的天伦之乐。圣诞节则是耶稣诞生的日子，基督教提倡的"平安与世，善意与人"的精神使人们在享受着家庭团聚的幸福的同时，也会想着去传递这种幸福，所以传递爱是圣诞节永恒的主题。在中国，因为节日面向家庭内部，虽然许多单位也会举办一年一度的年会，但很少举办节庆性质的大聚会；而英国临近圣诞，会有各种各样的圣诞派对，进行节日狂欢。此外，尽管春节和圣诞节都有"礼物"的概念，但中国人强调"送"，英国人强调"交换"，前者有一种等级的意味，后者则凸显平等的观念。中国人春节拜年送礼，基本上都是在亲属之间，亲属圈外则基本限于下级对上级、晚辈对长辈、学生对老师、受人情者对施人情者的范围。而英国人圣诞节交换礼物，面向的人群就广了，人们会参与公司、学校以及朋友聚会等各种圣诞派对，玩一些妙趣横生的圣诞礼物交换游戏，制造众人欢乐的节日气氛。唐老师第一次参加当地学校的这种圣诞聚餐活动，头脑中并没有交换礼物的节日文化概念，以为只是单纯的聚餐，所以只考虑了饺子、蛋糕。其实带蛋糕的做法放在平时的聚餐活动是恰当的，只是在节日期间聚餐也就有了节日的特色。

汉语教师作为文化旅居者，在异文化中要工作和生活较长的一段时间，难免会遇到因文化差异带来的交际问题，这就需要我们具备积极的跨文化交际态度，当面对失利时，不失落丧气，做好及时的反思和总结，寻求解决或弥补的办法。良好的反思能力是一个人"聪明才智"的表现，"聪明才智"加上"宽容、顽强的个性"以及"建立积极社会关系的能力和意愿"，可以帮助我们更好地实现跨文化交际。案例中，唐老师因为不了解当地的圣诞习俗而出了"洋相"，这让她感到些许尴尬和遗憾，当春节来临之际，她再次想到了包饺子，有了上次的经验，她不再麻烦学校后厨，而是直接在家里煮好带到学校，午餐时间邀请校长和同事们来品尝。香喷喷的饺子让大家格外喜欢，也让不少老师对制作饺子产生了浓厚的兴趣。唐老师用她的行动弥补了圣诞节时的遗憾，同时又让同事们了解了一些中国的文化，自己的心意也很好地得到了表达，可以说是一次非常成功的交际体验。唐老师真诚、积极的交往态度值得我们学习，真诚的态度加上合适的时机和妥当的做法，效果不言而喻。

（郎亚鲜）

延伸阅读

1. 杜学增,胡文仲.中英（英语国家）文化习俗比较.北京：外语教学与研究出版社,1999.
2. 刘学蔚.游牧·块茎·无根——西方文化旅居者在华实践研究.武汉大学学报（人文科学版）,2016(3).
3. 马勒茨克.潘亚玲译.跨文化交流——不同文化的人与人之间的交往.北京：北京大学出版社,2001.
4. 熊阳浩.对外汉语课堂冲突探研.湖南大学硕士学位论文,2013.

思考题

问答题

1. 跨文化的国际汉语教学课堂管理需要考虑哪些因素？如果你是一名国际汉语教师，你认为哪些因素比较重要？
2. 你觉得跨文化的国际汉语教学课堂管理与国内普通外语（英语）教学课堂管理相比有哪些特点？更需要注意什么？
3. 你认为理想的国际汉语教学课堂应该是怎样的？从哪些角度入手加以管理才能营造更为高效、有序的课堂环境？
4. 在国际汉语教学课堂上，你听说过或者见过什么样的"焦点学生"？面对"焦点学生"，你会如何处理？

实战题

案例A

八年级有一个学生很喜欢与老师顶撞，上课喜欢吃五颜六色的糖果，把自己的牙齿也弄得五颜六色，然后张大嘴说话，班上的同学好像都不是特别喜欢他。有一次，学生做完一个project之后，作为奖励，我给学生播放了一个关于中国的视频《舌尖上的中国》，视频中一头牛在拉磨，结果这个学生就说"好大一匹马"，同学们就笑他，我也笑了一下，跟他说："这是牛，不是马。"然后他就有一点儿生气，跟我说："难道你没有受过教育吗？难道你不应该换位思考一下？这头牛24小时一直这样，它好受吗？为什么你们中国的牛那么惨呢？"同时他还把矛头指向我，问我为什么这么没有同情心。因为大家都知道这个学生不是一个很好相处的人，大家都只是笑笑。在课堂上，我不想因为这个问题影响大家，而突然被顶撞了一下，我心里也不太好受，所以我当时一下子也没反应过来怎样回应。于是我就采取了冷处理的方式，没有回应他。对于笑他的同学和冷眼旁观的同学，我就做了一个手势，表示继续上课。平时七、八年级的学生下课后都会过来和我击掌，这次课，他们没有过来和我击掌。当时我没有很好地处理这个问题。这算是我在课堂上遇到的跨文化交际不怎么成功的例子。

（迟晓雪）

1. 案例中师生之间的"小尴尬"产生的原因是什么？
2. 如果你是迟老师，你会从哪些方面入手对本课堂加以管理？

案例B

教室门突然被推开了，我听到一句用英语说的、非常粗俗的表示不满的话，转头看到杰克离开的背影，这时同学们都抬起头看着我，很紧张地在看我的反应。我平静了一下心情，克制着自己的情绪跟学生说："你们继续考试吧！"大多数学生都埋头继续考试，我站在讲台前越想越气愤，于是我出去了，看到杰克并没走远，我走过去问他："你怎么了？"他说："又考试，又考试，我是来学汉语的不是来考试的。"我给他做了解释，然后他阴着脸不说话，这时我的声音抬高了："你是不是该跟我说声对不起啊？你不觉得你很不礼貌吗？"他很诧异："我没有不礼貌，我说了什么啊？你为什么这么大声跟我说话？"我自己并不觉得我的声音很大，于是继续要求他跟我道歉，他还说我对他不礼貌，他激怒了我，我的声音变得很尖利，结果他没有道歉，走了。

第二天他还是来上课了，第一节课休息时，我走到他的课桌前跟他说："你要在全班同学面前跟我道歉，否则你就离开这个教室。"他没有道歉，愤愤地离开了教室。当天下午，主任告诉我，杰克投诉我在公共场合大声训斥他，对他这样的老人很不礼貌，而且还不让他上课。于是我去主任的办公室把前后经过跟他说了，主任语重心长地跟我说了一番话，我意识到自己处理急性事件的能力还是缺乏。

（选自熊阳浩，2013）

1. 案例中，杰克不配合熊老师的教学是哪些方面出了问题？
2. 请你结合案例，试评价并分析熊老师解决问题的方式。

案例C

老师最希望看到的就是学生们兴致勃勃地融入课堂、全神贯注地学习语言。但是，由于教师教法、学生自身原因、当天环境等种种因素，不可能保证两节语言课下来学生们始终都精力充沛。学生在被强烈睡意支配的情况下，基本没办法听课，强撑着也只是一只耳朵进、一只耳朵出，学习效果非常差。这让我感到有些挫败，我怎么也成了一个"催眠"的老师了呢？这周的课尤其如此，有两三个学生在被点到回答问题时都是一愣神，然后不好意思地说对不起。我发现，基本词汇练习是学生走神的"高峰期"，因为有的词汇部分学生可能已经理解，而当老师在与其他学生进行对话练习、等待学生回答时，安静的教室就很"助眠"。

在备课的时候，为了避免学生们"小和尚念经"，我更注重提供互动的机会，有意识地设计一些小组活动，让学生能主动参与课堂，希望能够帮助学生从"睡眠状态"切换至"工作状态"，但是课堂不能一直处在综合练习环节，因此，在讲课时，教师和同学时不时的"干扰刺激"就显得比较重要。上课时，除了师生问答，我也经常随机安排学生之间互动，在教学的呈现上，我也选择一些图片或视频，切换学生的输入方式，在讲课时，避免长期"扎根"在电脑操控台前，经常在练习对话时在教室走动，以制造距离上的"压迫感"。

但是随时刺激只是治标不治本的方法，根本上还是应该从教学内容入手。如果学的内容过于简单或者过难，学生们也会丧失耐心。所以在打了基础之后，我会根据学生的掌握情况进行适当巩固或补充，有难有易地根据学生情况进行提问。教学时，讲解、练习、齐唱、书写练习、对话练习相互穿插，控制课堂节奏以保证学生在不同的时候有不同的任务，以集中注意力。

（张　悦）

1. 案例中张老师采取了哪些课堂管理方法？你觉得什么方法才能"治本"呢？
2. 面对课堂上学生容易犯困这样的问题，你能从别的角度提出更好的管理方法吗？

参考文献

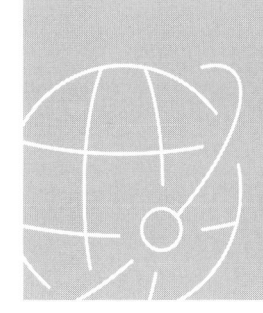

[1] 陈国明, 安然. 跨文化传播学关键术语解读. 北京：中国社会科学出版社, 2010.

[2] 陈国明. 跨文化交际学（第2版）. 上海：华东师范大学出版社, 2009.

[3] 陈俊森, 樊葳葳, 钟华. 跨文化交际与外语教育. 武汉：华中科技大学出版社, 2006.

[4] 陈申. 多元文化环境中的国际汉语师资培养研究. 北京：北京语言大学出版社, 2015.

[5] 陈雪飞. 跨文化交流论. 北京：时事出版社, 2010.

[6] 戴晓东. 跨文化交际理论. 上海：上海外语教育出版社, 2011.

[7] 杜萍. 有效课堂管理：方法与策略. 北京：科学教育出版社, 2009.

[8] 樊葳葳, 陈俊森, 钟华. 外国文化与跨文化交际（第2版）. 武汉：华中科技大学出版社, 2008.

[9] 高一虹. 沃尔夫假说的"言外行为"与"言后行为". 外语教学与研究, 2000(3).

[10] 高永晨. 跨文化交际中文化移情能力的价值与培养. 外语与外语教学, 2005(12).

[11] 关世杰. 跨文化交流学：提高涉外交流能力的学问. 北京：北京大学出版社, 1995.

[12] 顾晓乐. 外语教学中跨文化交际能力培养之理论和实践模型. 外语界, 2017(1).

[13] 胡文仲. 跨文化交际学概论. 北京：外语教学与研究出版社, 1999.

[14] 胡文仲. 论跨文化交际的实证研究. 外语教学与研究, 2005(5).

[15] 林大津. 跨文化交际研究：与英美人交往指南. 福州：福建人民出版社, 2008.

[16] 米尔顿. J. 贝内特. 关世杰, 何惺译. 跨文化交流的建构与实践. 北京：北京大学出版社, 2012.

[17] 潘一禾. 超越文化差异：跨文化交流的案例与探讨. 杭州：浙江大学出版社, 2011.

[18] 彭凯平, 王伊兰. 跨文化沟通心理学. 北京：北京师范大学出版社, 2009.

[19] 亓华. 论汉语国际教学中的"敏感话题"及其应对策略及其应对策略. 北京师范大

学学报（社会科学版），2013(2).

[20] 王维荣. 跨文化教学沟通. 北京：教育科学出版社, 2013.

[21] 王攀峰, 赵云来. 构建"以学生为本"的课堂文化. 中国教育学刊, 2008(9).

[22] 王永阳. 国际汉语教学传播与跨文化交际第三空间模式. 云南师范大学学报（对外汉语教学与研究版），2013(1).

[23] 史兴松, 单晓晖. 近五年SSCI期刊跨文化交际研究方法探析. 外语教学与研究, 2016(4).

[24] 史笑艳. 留学与跨文化能力——跨文化学习过程实例分析. 北京：外语教学与研究出版社, 2015.

[25] 孙有中. 外语教育与跨文化能力培养. 中国外语, 2016(3).

[26] 颜静兰. 外语教师跨文化交际能力的"缺口"与"补漏". 上海师范大学学报（哲学社会科学版），2014(1).

[27] 严文华. 跨文化沟通心理学. 上海：上海社会科学院出版社, 2008.

[28] 严明. 跨文化交际理论研究. 哈尔滨：黑龙江大学出版社, 2009.

[29] 叶敏, 安然. 短期来华留学生跨文化敏感与效力分析研究. 高教探索, 2012(2).

[30] 扎拉特, 莱维, 克拉姆契. 傅荣译. 多元语言和多元文化教育思想引论. 北京：外语教学与研究出版社, 2016.

[31] 张红玲. 跨文化外语教学. 上海：上海外语教育出版社, 2007.

[32] 张利华. 论文化价值观的性质与作用. 理论学刊, 2013(6).

[33] 张民杰. 案例教学法——理论与实务. 北京：九州出版社, 2006.

[34] 祖晓梅. 跨文化交际. 北京：外语教学与研究出版社, 2015.

[35] 朱世达. 美国的文化模式：对中国文化的启示. 美国研究, 1994(3).

[36] 朱勇, 成澜. 跨文化冲突视角下的法国电影《岳父岳母真难当》解读. 海外华文教育, 2017(5).

[37] Pinho, A. S. Intercomprehension: A portal to teachers' intercultural sensitivity. *Language Learning Journal*, 2015(43).

[38] Berry, J. W. Psychology of Acculturation Understanding Individuals Moving Between Cultures. In R. W. Brislin (Ed.). *Applied Cross-Cultural Psychology*. Newbury Park: Sage, 1990.

[39] Byram, M. *Teaching and Assessing Intercultural Communicative Competence*.

Clevedon: Multilingual Matters, 1997.

[40] Byram, M. *From Foreign Language Education to Education for Intercultural Citizenship: Essays and Reflections*. Clevedon: Multilingual Matters, 2008.

[41] Byram, M. Intercomprehension, intercultural competence and foreign language teaching. In P. Doyé & F. J. Meissner (Ed.). *Promoting Learner Autonomy Through Intercomprehension*. Tübingen: Gunter Narr Verlag. 2010.

[42] Chen, G.M. & Starosta, W.J. The development and validation of the intercultural sensitivity scale. *Communication Research*, 2000(3).

[43] Hall, E. T. Monochronic and polychronic time. In Samovar, L. A. & Porter, R. E. (Ed.). *Interculture Communication: A Reader*, 2000(9).

[44] Hofstede, G. *Culture's Consequences: International Differences in Work-Related Values*. London: Sage, 1980.

[45] Kim, Young Yun. *Becoming Intercultural: An Integrative Theory of Communication and Cross-Cultural Adaptation*. London: Sage, 2001.

[46] King, P. M. & Baxter Magolda, M. B. A developmental model of intercultural maturity. *Journal of College Student Development*, 2005(6).

[47] Lysgaard, S. Adjustment in a foreign society: Norwegian Fulbright Grantees visiting the United States. *International Social Science Bulletin*, 1955.

[48] Mak, A. S. & Tran, C. Big five personality and cultural relocation factors in Vietnamese Australian students' intercultural social self-efficacy. *International Journal of Intercultural Relations*, 2001, 25(2).

[49] Oberg, K. Cultural Shock: Adjustment to new cultural environments. *Practical Anthropology*, 1960(7).

[50] Robert, Polizer. *Developing Cultural Understanding Through Foreign Language Study. Report of the Fifth Annual Round Table Meeting on Linguistics and Language Teaching*. Washington D.C.: Georgetown University Press, 1954.

[51] Samovar, L. *Understanding Intercultural Communication*. Belmont: Wadsworth Publishing Company, 1981.

[52] W. Zhou, G. Li. Chinese language teachers' expectations and perceptions of American students' behavior: Exploring the nexus of cultural differences and classroom management. *System*, 2015(49).

后 记

《跨文化交际案例与分析》终于完稿了。抬眼一望，不远处的西山正沐浴在冬日的暖阳下，宁静、惬意。2005年到2013年我先后在日本、意大利和美国工作或学习，其间还曾赴智利、阿根廷和德国短期讲学，虽然自己没遇到太多跨文化问题，但听说的倒不少，一直觉得跨文化问题值得研究。2015年完成《国际汉语教学案例争鸣》之后不久，便萌生了写作一部《跨文化交际案例与分析》的想法。因为目前的跨文化教学资源多为一般性的跨文化交际、跨文化沟通心理学教材，以案例为中心编写的跨文化教材尚不多见。为了搜集跨文化案例、提升自身跨文化理论素养，2015年开始我陆续指导了5篇跨文化方向的硕士论文，并于2016年春季开始先后三次在北京外国语大学中文学院为对外汉语学术硕士开设"跨文化案例分析"课程，教学相长，获益良多，这些都为本书的完成奠定了基础。

2010年开始接触案例，2013年完成《国际汉语教学案例与分析》，2015年完成《国际汉语教学案例争鸣》，到2018年完成《跨文化交际案例与分析》，很高兴自己的想法依次实现，最终形成"案例三部曲"。"案例三部曲"参与者众，是以"众筹"的形式完成的。之所以这样操作，一是学科发展的需要，很多汉语国际教育专业的"小白"嗷嗷待哺，亟需此类著作，众筹的方式可以加快速度；二是本人的时间精力有限，若单打独斗，恐怕至今一本也不能完成；三是案例必须来自一线教师的实践，而个人的经历即便再丰富也难免过于个性化。回首过去的八年时光，主编"案例三部曲"殊非易事。一个人的时间精力是恒定的，"案例三部曲"耗费的时间多了，写论文、做科研的时间必然就少了。现有的科研评价机制对教材类成果基本无视，因此做出这样的选择是要下决心的。国际汉语教育学科的发展是众多方向合力的结果，不仅需要高大上的SSCI、CSSCI论文，也需要基础性的教材、教法等的创新。当前的这种偏向性不利于学科的可持续发展。

说到学术管理，今天读到我曾经工作过4年的东南大学樊和平教授的一段话，他说："一定要设定一个方向使自己的学术研究聚焦，并沿着这个方向严格地走下去，形成自己的长远优势，而不是不断切换自己的研究主题。……做学问必须找到自己的聚焦点——从发散状态过渡到凝聚状态，然后咬住不放、执着地去做，才能实现大的突破。"这再一次提醒我自己学术兴趣与学术聚焦的选择问题。其实在2012年，我在美国爱荷华大学访学时曾就此专门征询过柯传仁、沈禾玲两位教授的意见，2013年回国也跟颂浩师有过交流。老师们的意见是兼顾广度与深度，先要有广度、拓宽视野，然后适度聚焦向纵深发展。跨文化交际理论我以前涉及不多，本不想延伸到这一新的领域，但是又觉得跨文化案例出版后很可能会产生一定的社会价值，可以促进国际汉语教育领域的案例教学与跨文化交际等专业课程的融合，可以为国际汉语教育学科的发展略尽绵薄之力，于是我再一次"拓宽了视野"。不过，希望从此能够拒绝"诱惑"，逐步聚焦，早日建立一块自己的"根据地"。

本书能够按计划完成，要特别感谢重庆大学范红娟老师的及时帮助。书稿准备如火如荼时，另一件很有意义的事情不期而至——2017年5月由我牵头组建国际汉语"产出导向法（POA）"团队，在文秋芳教授的指导下进行教学实验研究。分身乏术，于是我向北大的同门小师妹（刘颂浩教授是我们的导师）、正在意大利比萨孔子学院任教的红娟发出邀请，请她助我一臂之力，担任本书的副主编。进入角色后，红娟充分发挥其学能强、悟性高的特点，审稿稳准狠，势如庖丁解牛，分析思路清晰，不人云亦云。本书编写过程中，我们参考了很多前辈时贤的论文和著作（行文中尽量标明出处，如有疏漏，敬请谅解）；北京外国语大学丁超教授（罗马尼亚语）、郑书九教授（西班牙语）和史铁强教授（俄语）等外语教育界的专家，对我们跨文化案例搜集等前期工作给予了充分的肯定和热情的鼓励。当然，掌握足够的多样化的跨文化案例是编好本书的前提，征稿过程得到了世界各地同行们的热情支持（有些案例最终未能入选，特向作者们表达我深深的敬意和歉意），此外我们还从几篇相关的硕士论文中选取了几则案例。在此一并致谢！

我还要感谢刚刚过去的2017年。一年之中我有幸问学于中国外语教育界的两位名家：跟随广外王初明教授学习读后续写的研究，跟随北外文秋芳教授学习产出导向法的研究。王老师多次利用来京的出差机会抽空指导我们的研究，把最新的研究思路毫无保留地分享给我们，我们聆听时有如醍醐灌顶；文老师几乎全天候地对我们的材料编写、研究设计和论文撰写进行指导，她对我们的论文以及研究想法的反馈速度之快、切中要害之准也常常令我们感佩。高山仰止，景行行止。虽不能至，然心向往之。

此外，衷心感谢两位审稿专家：北京外国语大学冉利华博士、厦门大学王彦博士。他们对本书初稿提出了详尽而富有建设性的修改意见，这对于保证书稿的质量起到了非常积极的作用。感谢本人供职了15年的北外中文学院的历任领导对我出国任教、赴美访学、教学科研、系部管理等方面的关心、帮助和支持。

最后，我要感谢我挚爱的亲人。耄耋之年的父母近几年一直在江苏老家生活，由于我远在北京，陪伴老人（尤其是他们偶尔生病时）的重任多由大姐、二姐和哥哥承担，他们替我分了很多忧、解了许多愁。我的爱人应会，宽容淡定，对人对事从不计较。在她怀有身孕的多数时间，因我在日本工作，陪在她身边的日子很少很少；女儿上幼儿园中班的时候，由于我在意大利工作，不论酷暑寒冬，每天接送孩子的任务只能落在她的肩上；女儿的学习也多由她辅导，奥数、钢琴、舞蹈，无一例外。女儿应子，安静单纯，从不打扰我的工作。细细想来颇有些愧疚，节假日的时候，也许别的爸爸会陪着孩子去游玩、带着孩子读书交流，而我这个爸爸则常常去办公室读书、写作，有时一待就是一整天。不过略感心安的是，我也曾长期陪伴在女儿身边，2012年我在美国访学时，应子是我身边唯一的伙伴，除了白天她上学以外，其他时间我们形影不离。"案例三部曲"的第一部《国际汉语教学案例与分析》正是在那段时间完成的。总之，感谢亲人们对我的包容和支持，祝愿大家永远健康快乐！我将在今后的日子里学会放弃、努力陪伴！

落笔的这一刻别样的轻松，静谧的名古屋、古典的罗马和清新的爱荷华，一幕幕跨文化过往在心头掠过……

朱勇于北京怡秀园
2018年1月26日

郑重声明

高等教育出版社依法对本书享有专有出版权。任何未经许可的复制、销售行为均违反《中华人民共和国著作权法》，其行为人将承担相应的民事责任和行政责任；构成犯罪的，将被依法追究刑事责任。为了维护市场秩序，保护读者的合法权益，避免读者误用盗版书造成不良后果，我社将配合行政执法部门和司法机关对违法犯罪的单位和个人进行严厉打击。社会各界人士如发现上述侵权行为，希望及时举报，本社将奖励举报有功人员。

反盗版举报电话　（010）58581999　58582371　58582488
反盗版举报传真　（010）82086060
反盗版举报邮箱　dd@hep.com.cn
通信地址　北京市西城区德外大街4号　高等教育出版社法律事务与版权管理部
邮政编码　100120

图书在版编目（CIP）数据

跨文化交际案例与分析 / 朱勇主编. -- 北京：高等教育出版社，2018.8（2021.8重印）

ISBN 978-7-04-045367-6

Ⅰ.①跨… Ⅱ.①朱… Ⅲ.①中外关系－文化交流－案例 Ⅳ.① G125

中国版本图书馆CIP数据核字(2018)第171370号

策划编辑	梁　宇	责任编辑	李　玮	封面设计	水长流文化	版式设计	水长流文化
责任校对	杨　曦	责任印制	刁　毅				

出版发行	高等教育出版社	网　　址	http://www.hep.edu.cn
社　　址	北京市西城区德外大街4号		http://www.hep.com.cn
邮政编码	100120	网上订购	http://www.hepmall.com.cn
印　　刷	山东韵杰文化科技有限公司		http://www.hepmall.com
开　　本	787mm×1092mm 1/16		http://www.hepmall.cn
印　　张	22.75	版　　次	2018年8月第1版
字　　数	383千字	印　　次	2021年8月第3次印刷
购书热线	010-58581118	定　　价	68.00元
咨询电话	400-810-0598		

本书如有缺页、倒页、脱页等质量问题，请到所购图书销售部门联系调换

版权所有　侵权必究

物料号　45367-00